yanashita cinema massacre

天下御免

by
kiichiro yanashita

kanzen

皆殺し《みなごろし》映画通信《えいがつうしん》

天下御免

柳下毅一郎《やなしたきいちろう》

KANZEN

序　映画考現学のススメ

世の中にはあなたの知らない映画がある。そのことを実感したのは、逆説的だが〈ぴあ〉がなくなってしまったときである。紙媒体としての雑誌〈ぴあ〉がなくなって、名画座や特集上映の情報を知りたければ映画館のチラシを集めるしかないという状況が訪れたとき、御多分にもれずぼくも映画館をまわってせっせとチラシを集めはじめた。そのときふと、これまで気にも止めていなかった映画がたくさんあることに気づいたのだ。一応ぼくは映画評論家でもあるはずなのだが、試写状もポスターも見た記憶もない映画が普通に何本も公開されている。日本映画の公開本数が増えすぎて、誰も知らない映画がこの世に氾濫しているというのを実感した瞬間であった。

その後もひたすら公開本数は増えてゆき、ますますわけのわからない映画が作られて、誰にも顧みられぬまま公開されて消えてゆく。なぜこんな映画は作られてしまうのか？　商業映画なのだから誰かに見せようと思っているに違いない。だがいったいどんな客に見せようと思って、こんな映画を作ってしまうのだろう？　そんな疑問を抱かざるを得ない映画が次から次へとあらわれる。そもそも映画ファンというのは心のどこかですべての映画を見てみたいと思っているものだ。そして誰も見ていない、誰も知らない映画には途方もない映画表現が眠っているかもしれない、と思ってしまうものである。ひょっとしたらとてつもないアウトサイダーアートのようなものに——エド・

ウッドの映画のようなものに――出会えるかも知れない。そう思うとどうしてもそういう映画を見たくなってしまうのだ。

本書にはもちろん、大予算の失敗作について書いた原稿がおさめられている。なぜわざわざそんなものを見ているかというなら、それはいろんな意味で映画界を駄目にし、ひいては日本文化を駄目にするものだと考えているからだ。上澄みのいいものばかりを見て評するだけでは現実の映画界がどうなっているのかはわからないだろう。だからあえて見に行ったりする映画もある。だけどそれと同じくらい、誰も知らない低予算映画も気になる。駄目とわかっている低予算映画をなぜ見に行くんだ、とよく言われるが、その「そこらへんで公開されているけれど、誰も見むきもしない映画」にどうしようもなく興味があるのである。別に叩くために見に行っているわけじゃなく、これは一種の考古学のようなものだと思っている。いや、現在の映画を発掘しているのだから映画考現学と言うべきだろうか。これにもそれなりの意義があるだろうか。誰も見ないまま消えてゆくかもしれない映画を拾いあげる作業、あるいは百年後くらいに評価されるかもしれないじゃないか。

柳下毅一郎

CONTENTS

皆殺し映画通信　天下御免　目次

CONTENTS

おまえ20万円返してないだろ！　亀田大毅主演の任侠映画

『ヒットマン　明日への銃声』

監督・脚本＝辻裕之
出演＝亀田大毅、岡崎二朗、五月馬、せんだみつお、渡嘉敷勝男、西岡德馬

10

「史上初！　現役世界チャンピオン映画デビュー！」だそうである。だが、そう聞いてもまったく快挙と思えないのは、亀田三兄弟の次男[※1]**亀田大毅**の「チャンピオン」に重みがないからなのだろうか。ともかく現ＩＢＦスーパーフライ級王者（２０１３年12月に行われたＷＢＡ王座との統一戦で、対戦相手が体重超過の失格となったため負けたのに防衛[※2]してしまった）亀田二号主演の任侠映画。近年ここまで香ばしい映画もそうはない。いったい誰がこんな企画を立てたのか……と調べてみたら、これどうやら大ボス役で出演もしている**岡崎二朗**[※3]の肝いりらしい。かつて東映や日活でも活躍した岡崎だが、近年はもっぱらヤクザＶシネ中心。いろんな意味で想像をたくましくさせられるフィルモグラフィーの持ち主である。正直、現役チャンピオンがそっち系の方とつきあうのってどうなん？　とも思いますが、もはや亀田にそんなことを言ってもはじまらないか。

さてある日、浅草をぶらぶら歩いていた亀さんは、チンピラが寄ってたかって子供に殴る蹴るの暴行をくわえているところに出くわす。

「何しとんねん！　やめたれや！」

得意の右腕で二人のチンピラをワンパンＫＯする亀ツー。ボクサーってよりはチンピラの喧嘩み

たいだったけどな！　あ、ちなみに亀がパンチを見せるのは映画の中でここだけなんで見逃さないように！　気絶した子供を抱き上げ、家に連れ帰る亀。話すうちに相手が家出少年だと知る。翌朝、大家（**せんだみつお**）が溜めこんだ家賃を取り立てにやってくる。亀は隠れようとするが、臆せず出てゆく少年ケースケは、四ヶ月分の家賃20万円を現金で支払う。寝ているあいだに空っぽの冷蔵庫も食材で満たし、白飯に味噌汁の朝ご飯まで用意してくれている。このガキ、いったい何者だ？　実を言うとケースケは孤児院から逃げ出してきた少年スリだったのだが、亀はそんなことは知らぬが仏。「親は死んだ」とケースケが言うと「ほなら、遺産か～20万円借りにしとく！」と平然としている。

翌朝、縁日でたこ焼きを焼いている亀。そう、亀は浅草一帯を締める神農道の……つまりテキヤ一家松菱会のチンピラだったのだ。

「テキヤはヤクザと違う！　〝きょうしょう〟や」という亀だが、ケースケに「〝きょうしょう〟って何？」って聞かれると「……わからん」。知らないのかよ！　ちなみに〝侠商〟と書く、とのちに岡崎二朗が説明してくれる。たこ焼きは焼けても売り上げには苦労して会費も満足におさめられない亀。組では満足に金もできねえ！と凹られたりしている。見かねたケースケはスリで稼いでは毎日数万円をこっそり売り上げの中に紛れこませる。

「おかしいなあ。なんでこんな多いんやろ」

と不思議がりながらもそのまま受け入れてしまう亀。これ、驚くべきことに亀、最後までケースケがスリで稼いでいると知らないままなのだ。孤児のケースケと、同じく親の愛を知らないチンピラ亀が出会って「ケースケ！」「にいちゃん！」と満場の涙を誘う……はずなんだが、これほど基本的なことを知らないままというのはどうなのか。なお、亀の演技は意外とスムーズで、さすがにリング上であれだけパフォーマンスをくりひろげていれば、カメラ慣れはしてくるのかなあ。とは言っても、それはセリフをちゃんと噛まずに言えるというレベルで、とりたてて演技ができるわけではない。たいていの場面ではほぼ突っ立ってるだけ。それでもVシネ専門の端役がずらりと並んだ中ではそれほど目立たない、という……。

そんな中、一人気をはくのが松菱会会長役の岡崎二朗。周囲に睨みをきかせる大親分ながら普段はダボシャツにモモヒキで歩きまわる気さくなお方だ。録音が悪いのか、ミックスの問題か、街頭シーンではセリフが蝉の声に負けてよく聞こえなかったりもするが、まあそんなのたいした問題じゃない！　松菱会の縄張りを狙っている関西連合・山下組のチンピラ相手には、自転車を投げつけて追い払う大暴れ。父なし子で大阪から流れてきた亀にとっては父親代わりの存在でもある。そんなある日、亀の兄貴分・岡の女房がママをつとめる場末のスナックで会長の誕生日を祝うことになる。中森あきないという謎の物まねタレント（だったのか！）の歌と踊りが華を添える宴もたけなわ、いきなりメットの男がスナックに乱入、会長に向かって銃弾を発射した！

「会長！」

ととっさに身を呈して会長をかばう亀。『ボディガード』[※4]みたいにかっこいいもんじゃなくて、どっちかというと抱きついただけみたいな感じですが。誕生会の会場がその日決まったと聞いて、あるいは身内に……と示唆する刑事（**渡嘉敷勝男**）。まあ、そんなこと言われなくても襲撃のときに意味ありげに顔を見あわす理事長とその右腕を映してたらそいつらが黒幕だってわかってしまうわけですが。ちなみにこの刑事と会長は肝胆相照らす仲、というか完全にズブズブでツーカー、暴対法以前の描写だなあ。一命をとりとめた亀に手料理を食べさせるケースケ。屋上で会長にしみじみと人生を語る。

「そうか。おまえさんのスリの腕前は父親ゆずりってわけか。そんでお母さんは行方知らずとはな……」

いやそれを全部会長がセリフで説明するのもどうかと思うが、亀が一切その話を知らないままで終わってしまうのはもっと困る。これ、亀とケースケ、二人の孤児の心の触れあいを描く話じゃなかったのか？　全然触れあってないじゃないか！

ケースケの看病の甲斐あって、健康を取り戻した亀。そこへ理事長から呼び出しが

「会長を襲った奴らがわかったぞ。山下組の鉄砲玉だ。ついては……わかるな」

と拳銃を渡される亀。覚悟を決めるが、心残りはケースケのことである。いつものように仕事に出かけるふりをして車に乗せ、そのまま少年が脱走してきた施設に向かう。

「ぼくを騙したな！」

「おまえは、わいなんかとおってもあかんのや！　まっとうに生きるんや！」

涙ながらの別れと言いたいとこだが、少年スリだと知らない人間が言ってるんじゃ説得力ない！ **ていうか亀、おまえ20万円返してないだろ！** 金も返さないまま、泣く泣く人っこ一人おらず廃墟にしか見えない施設に置き去りにし、兄貴分をひろって山下組組長狙撃に向かう亀。だが、指定場所についたとたんに警察がわらわらとあらわれる。騙された！　と感づいた兄貴は亀の銃を奪って自ら逮捕される（亀の罪を軽くするため）。亀、懲役二年となりました。

一方、またしても施設を脱走したケースケは会長の弟である画家（**西岡徳馬**）の家で亀の帰りを待つことにする。会長は祭りの地割りもせず、ネットカジノ経営（ってノートパソコンいじってるだけなんだけど）にいそしむ理事長一派に怒りを爆発させる。

「ヤクザは年でも金回りでもねえ。器量と度胸なんだ。おめえらみたいに襲撃があったとたんテーブルの下に隠れてブルブルしてるような奴らにこの組が仕切れるか。そもそもおめえらが山下組とつるんでるのは先刻ご承知でい」

いやあんたさっき「侠商はヤクザと違う」って言ってたやん……そういうわけで出所を待って、組の跡目は亀に譲ると宣言する会長。当然反発する理事長一派とは全面対決へ……。

出所の日、今度こそ必ず迎えにいくとケースケに誓う亀。だが刑務所を出たところを待ち構えていた会長に車に乗せられ、事情は何もわからぬまま襲名披露会場へ連れていかれる。堂々たる会場で盃を受ける亀。何度も言うけど、ここまで亀がやったのは会長に抱きついたのとパチンコで大当たりを出したのとガキといちゃついたくらい。それで跡目を継げるんだから理事長が怒るのも無理はないと……襲名披露が終わるや、亀は車に飛び乗ってケースケがいる北の別荘へ。一方、会長は理事長一派と最後の決着をつけるため、懐に拳銃を呑んで組事務所に向かう……って「明日への銃声」って会長のことだったのかよ！　亀、ヒットマンにもならないし、この映画のタイトルいったいどういう意味なのか……まあ岡崎二朗の岡崎二朗による岡崎二朗のための映画だったってことで。

※1 亀田三兄弟　大阪府西成区天下茶屋出身のボクサー亀田興毅・亀田大毅・亀田和毅の兄弟。父亀田史郎の英才教育?を受け、全員が世界タイトル保持のスーパーブラザース……とはいうものの、素行の悪さや挑発的言動が親兄弟そろって問題視されることもたびたびで、こちらで注目を浴びることのほうが大きい。

※2 負けたのに防衛　WBA・IBF世界スーパーフライ級王座統一戦にて、亀田三兄弟の亀田大毅が事前の合意内容を反故にして負けてもタイトルを防衛。これを問題視した日本ボクシングコミッション（JBC）は、亀田ジムのライセンスをはく奪。大毅も後にIBF世界スーパーフライ級王座を返上した。このため2014年11月現在、亀田三兄弟は国内での試合が行えず、事実上海外追放状態である。

※3 岡崎二朗　1943年生まれ。俳優。東映に入社後、『狼と豚と人間』（深作欣二監督1964）でデビュー。二枚目役で多数の東映作品に出演。その後日活に移籍。『野良猫ロックシリーズ』、『夜の最前線』、『ハレンチ学園』などにも出演。他に代表作に『唐獅子牡丹』、『同期の桜』、『地獄の波止場』、『修羅の群れ』等。

※4 『ボディガード』　1992年のアメリカ映画。監督はミック・ジャクソン。主演はケビン・コスナー。元大統領警護官が人気歌手の身辺警備をすることからはじまる恋と悲劇の物語。ヒロインを演じたホイットニー・ヒューストンが歌う「オールウェイズ・ラヴ・ユー」が大ヒットしたことでも知られる。

渋谷を生きるピンプの「ストリートのリアル」がさっぱり謎

『HO～欲望の爪痕～』

監督＝柴田愛之助　脚本＝久保田浩康
出演＝横山美雪、虎牙光輝、桃宮もも、中原翔子、島津健太郎、黒田勇樹、前田耕陽

２０１１年３月11日、東日本大震災が日本を襲った。その後の東京、渋谷。アンナ（**横山美雪**）は渋谷の街角に立ち、客を取る〝売春婦〟。ある日、アンナは警察に捕まりそうなところを偶然居合わせたもう一人の〝売春婦〟ミク（**桃宮もも**）に助けられる……。あーはいはい、震災ものかと言いたいところなのだがチラシによると「本作の企画は渋谷を生きるリアル・ピンプ（売春斡旋業）のＹＯＣＣＨＩがピンプとして見てきた、数々の女の子達の末路をよりリアルに描く」って「ピンプ」とか言うとストリートな響きだけど要するにヒモじゃん！　てかたぶん映画内の描写を見るかぎりはデリヘル業者。そいつが企画を立てて、「ヒップホップＭＣ」のＤ.Ｏ[※1]が原案、「ヒップホップ的な流れと映画が合体」して横山美雪主演の震災映画が誕生してしまったのである。ちなみにタイトルは『ＨＯ』＝（売春婦）を意味するストリートスラングである」だそうで、たぶんＨｏｏｋｅｒ[※2]の略なんですが、「ほー」と発音してください。さて。

いきなりシャブを打たれつつ激しい「キメセク[※3]」でいっちゃってる女ミク（桃宮もも）。「なんでこんなことになっちゃったんだろ……アンナ……会いたいよ……」

話は少し前に遡る。渋谷の街角でぼーっと立っているアンナ（横山美雪）、男に声をかけられ

ると「割り切りで2万」と答えてホテルに向かう。あわや入ろうとしたところ、いきなり見知らぬ女がなれなれしく声をかけてきて、男から引きはがす。

「何よ。邪魔しないでよ」

「あんたはじめてなんでしょ……あいつ囮警官だから。このままホテル入ったら逮捕されちゃうよ～」

というわけで妙に馴れ馴れしいミクに救われたアンナ。

「お金困ってんなら仕事手伝わない？」

「それってウリよりヤバイ仕事じゃないの……？」

「もっとクールな奴！」

ミクは「美女二人神待ち中。3万で3PもOK」と出会い系掲示板に書き込む。おいおいさらに値下げしてんじゃねーかよ……と渋々のアンナがついていくと、ミクはうまいこと相手をシャワーに送り込んでおいて、客のカバンをもって脱兎のごとく逃げ出す……**「クールな仕事」って枕ドロかよ。**

「やったあ！　あたしたち、ズッ友[※4]だよね……！」となついてくるミクはアンナをつれて、いきつけのクラブで「ラムネ切らしちゃったんだ～」と錠剤を買う。「えー別に危ない薬じゃないよ。鬱病の人が飲む奴だけど、気持ちよくなるんだよ～」（デパス[※5]か!?）と無邪気なミクに対し、アンナはいきなり薬をライターで焼き「もうやめないと友達もやめる！」と迫る。ミクも薬をやめると約束。二人は仲直りのために違法カジノに出かけて大勝利……いやこの描写、クラブは性的にも乱れてて違法薬物のやりとりしてるって世間的偏見のままなんですけど、ヒップホップな人たちはいいんでしょうか……？

そんな感じでクールな枕荒らしを続ける二人。貯金もせずに現金をバッグに放りこんでコインロッカーに預けているアンナ。

「お金、貯めてるんだ。夢とかあんの？」

「夢とかそんな大げさなものじゃなくて、でもあるでしょ、何か……」

「なんなのよ？」

「内緒」

「じゃあ、かなったら教えてよ。約束だよ！」

「うん、約束……」**ズッ友だよ！**

荒稼ぎを続ける二人。「渋谷、そろそろヤバくね？」となると「じゃあ秋葉原に行こうよ。メイド服姿で一緒に散歩したりする商売あるらしいよ」とオタク相手にコスプレで写真を撮らせたりするボッタサービスでさらに稼ぐ。それにも飽きて渋谷に舞い戻ってくると……。


危惧は的中した。渋谷のラブホに隠しカメラをしかけ、盗撮ビデオで売春客を脅しているヤクザが二人組の枕荒らしに気づいたのだ。追われる身になった二人。ホテルにいるところを襲われるがかろうじて逃げ出す。あわやというところにあらわれたのが渋谷署のイケメン刑事川村（**虎牙光輝**）であった。おしゃれなバーに連れていかれ「あの組織をつぶすために協力してくれないか。頼む！」と頭をさげられてたちまち夢見心地のアンナである。アンナは「おまえは罪から逃れられない」という匿名の脅迫メールが送られてきていることを川村に明かす。その謎はアンナの過去に隠されている……どうやらアンナは母を殺したヤクザ者の父（**島津健太郎**）に犯されていたらしい。すっかりラブラブな二人に当てられたミクは、二人を置いてそっと姿を消す。一人で裏カジノに行くと今度は大負け。

「負けたら身体で払うよ……一発2万」

見事大負けしてホテルで支払いをするミク。一方でミクのことなどすっかり忘れた二人は高級なバーで遊んでいる。すっかり酔ったアンナをホテルまで送り届け、ベッドに寝かせ、キス……しようとしたところに電話が鳴って、仕事だと呼び出される川村。ほっとしながらもちょっぴり残念なアンナであった。どうでもいいけど、横山美雪はここまでまったく脱いでないんだけどどういうことなのだろうか!? 桃宮もものほうは嫌というほどおっぱい放り出して大活躍なのに、この差は……金を作らなければならないミクは一人で枕ドロをしようとする。そこで脳裏にフラッシュバックするアンナの声。

「川村さんが危険だからせめてちゃんとウリにしろって。それならケツもってくれるからって」

……いやいくらなんでも警察が売春のケツもちはないだろ……それをふりはらって取った客。だがもちろんそれはヤクザの罠だった！

「大丈夫です。じきに向こうから連絡してきますよ」

何かと思ったら、このヤクザ、かばんの中に餌の大金とともにシャブを放りこんでいたのだった。シャブを見たらやらずにいられれず、一服で中毒になって欲しくなるからすぐに連絡してくるに違いない、ダメ、絶対……という仕掛けなんだが、シャブやらないで捨てちゃったらどうするんだよ！だが心配御無用。風が吹けば桶屋はもうかるのだ。

一ヶ月後。

すっかりドロドロのシャブ中になったミクはアンナが貯めていた金を盗み出してヤクザに貢いでいる。ホテルではシャブを打たれ、四人のヤクザにまわされて……ここで話は冒頭に戻る。それにしても一ヶ月放置とはアンナもいいかげん冷たい女だな……と思っていると、お金を取りに来て盗まれたことに気づいたアンナ。川村に電話している。

「昨日は済まなかった。今日はちょっと仕事を済ませてから会おう。三時過ぎにホテルで」

え？　これ翌日なの？　一ヶ月後なの？　どっち？　それともさっきカットバックで表現されていた二人の時間はまったく無関係なのか!?　難解すぎて何がどうなってるのかさすがにわからない。これに加えてアンナと父がかつてミクを助けたことがあるという過去話があって、これがいつどこのことなのかこれまたさっぱり謎。ここまで難解な映画を見るのははじめてかもしれない……。

電話を切った川村はヤクザの事務所に乗り込む。事務所に入るや部下とともにいきなり拳銃を乱射してヤクザを片っ端から射殺。え！と思う間もなく何やら格闘したりして、ついにヤクザを皆殺し、ボス（**前田耕陽**）を楽しく拷問しはじめる。裸にして焼いたハンダゴテを体中にブスブス……かなり本気のゴアシーンで、エロを期待してきた客はドン引きするレベル。しまいにはパンツをおろして肛門に……**前田耕陽がんばってんじゃねーか**、というか川村って何者なの？

約束の時間にホテルにやってきたアンナ。風呂場から音が聞こえるのでそっと覗くとそこでは死体をギコギコやっている川村が！（ここまでわざわざ死体を持ってきたのか⁉）驚くアンナに、川村は自分こそが脅迫者だと告げる。川村はもともとアンナの父の舎弟だったが、組で扱うシャブを横流ししていた兄貴分に見切りをつけて切り捨てたのだ（川村、結局ただの偽警官だったらしい）。アンナの父は事業をはじめるために川村に5000万円の借金を申し込んだ。担保にアンナの母を差しだそうとしたが、「あんな女に5000万の価値があると思ってるんですか」とあえなく拒否される。じゃあアンナならいいだろう！　だが母は当然怒り、もみあいから父は母を殺してしまう。そのままアンナを犯す父（これ、当然連れ子なんだろうと思ったが、描写を見るかぎりでは実娘らしい）。父はアンナに手伝わせて死体を捨てる穴を掘る。アンナは隙を見て父を殴り、そのまま逃げてきてしまった……オレはすべてを見ていたんだよ、と語る川村。実はアンナは父を殺し損ねており、とどめをさしたのは川村だった（じゃあアンナには別に罪ないんじゃねーのか？）。

「オレはあんな奴のことはどうでもいいんだよ。ただ5000万円返してもらえばな」

どうするアンナ？

アンナは高級エスコート嬢として川村の元で働いていた。命じられるままに今日もホテルで客を取るアンナ。いや、川村が偽警官だったなら（しかもアンナは結局父親を殺してないんだったら）普通に警察に駆けこめばいいと思うんだが！　まあそんな知恵がまわる女だったらこんなことにはならないか。そして最後まで胸の谷間すら見せない横山美雪。川村の元に、変わり果てた姿となったミクが届けられる。シャブ中のミクは両手両足を切り落とされ、ダルマ女にされていたのだった……まさかこんな結末にたどりつくとは思わなかった……これがストリートのリアルって奴か……で、この話、どこらへんに東日本大震災が関係していたんですかねえ……あと、アンナの夢、いったいなんだったたんだろう……。

※1「ヒップホップMC」のD.O　1978年生まれ。日本のラッパー。「JUST HUSTLIN' NOW」にて2006年にデビュー。練マザファッカーのMCとしても知られる。園子温監督の『TOKYO TRIBE』（2014）にもラッパーとして出演している。過去の薬物での不祥事もなんのその、ストリートのアウトロー路線で活動中。

※2 Hooker　「売春婦」のスラング。南北戦争の北軍の将軍、ジョセフ・フッカー（Joseph Hooker）からつけられたとの説あり。曰く、酒飲みで女にだらしないこの将軍の陣営には多数の売春婦が群がっていたから、とか。

※3 キメセク　脱法・非合法のドラッグなどを用いながら性交を行うこと。別名「シャブセックス」。抜けられなくなるほどの快感といわれるが、一方で心臓発作などの危険性も。芸能人の麻薬事件でもたびたびその話題が取り上げられる。

※4 ズッ友　「ずっと友達」の略。

※5 デパス　睡眠導入剤としても使われる抗不安薬。デパスは商品名で、薬品名としてはエチゾラム。自律神経失調症、不安神経症、更年期障害、パニック障害、不眠症、うつ病などなんでもござれの安価でお手頃なお薬ですが、依存性が高いので注意も必要。

CM業界の不愉快さだけはすべてリアル

『ジャッジ！』

監督＝永井聡　脚本＝澤本嘉光
出演＝妻夫木聡、北川景子、リリー・フランキー、鈴木京香、豊川悦司、荒川良々

以前トム・クルーズ主演の『ザ・エージェント[※1]』という映画を見たとき、その自画自賛のエージェント賛歌に大いに鼻白む思いをしたものだが、**ついに日本にもそれに匹敵するお手盛り映画が誕生した！**　正義と真実の使徒、裏工作と嘘が嫌いな電通マン！　そんなSFの世界にしかいないようなスーパーマン、役名が「キイチロー」というので「キイチローって無能だよね」「キイチローありえないっしょ」と罵られまくる事態が発生。これなんてプレイ？

さて主人公**ブッキー**は大手広告代理店「現通」のクリエイター「太田喜一郎」。「CMで世界中の人を幸せにしたい！」という夢を抱いて入社したものの、社内ではあからさまに無能と軽んじられ、合コンでは「キモい」とハブられる。同じ名前を持つ身としては涙なしには見られない展開。同僚には同じ発音の名字を持つギャンブル狂の「大田ひかり」（**北川景子**）がおり、仕事は「おまえじゃなくて有能な方のオオタ！」に振られてしまう。今日は今日とてエースコックの「きつねうどん」のCMで、キツネの着ぐるみに入って腰を振らされる日々。スタークリエイターの「大滝一郎」（**豊川悦司**）が「工夫しないという工夫だよ。裏の裏の裏の裏の裏は裏だからねぇ」とか適当なことを言って作りあげたCMなのだが、「腰が売り」の麺だから腰を振るという手抜きの極地。ところが

そいつをエースコックの宣伝部長に見せると「う〜ん、猫に見えないね」と滅茶苦茶なことを言われて「みゃーみゃー」と猫の鳴き真似をダビングして猫のCMにするように求められる。もちろんその仕事をするのはブッキーで、トヨエツはさっさと名前を消してすべてをブッキーに押しつける。

トヨエツはサンタモニカのCM映像祭で審査員をつとめることになっていた。そこへ難題が発生する。大スポンサーであるちくわ屋のドラ息子（現通マン）が作ったCMが出品されるのだが、それを映像祭で入賞させなければCMをすべて引き上げるというのである。ちくわCMのあまりのつまらなさに「無理！」と見限ったトヨエツは、自分の代わりにブッキーを審査員として送り込もうと画策する。

「発音すればオレの名前もおまえの名前もオオタキイチロウだろ？　ローマ字で書けば一緒だし、外人には顔の違いなんかわかりゃしないよ！」

　えーでも英語できませんし。

「大丈夫大丈夫。詳しいことは社史編纂室にいる鏡さんに相談してみろ」

　というわけでかつて敏腕ディレクターだったが今は窓際に飛ばされているという鏡（**リリー・フランキー**）が登場するのだが、電通でCM映像祭の審査員とかやってる鏡ってひょっとして鏡明[2]のことですか!?（本当にそうだったらしい）　藁をも掴む思いのブッキーがリリーを訪ねてみると、教えられるのはペンまわしの技のみ。

「いいか、まずペンまわしで注目をあつめろ。そこでおもむろに『わたしがペンをまわすのは、言いたいことがあるときだ』って言うんだ」

　あとは料理の注文英会話の本と、ラムちゃんTシャツ[3]を渡されただけ。「キャラを作るのが大事なんだ。何かネタを考えないと、誰も相手にしちゃくれないぞ」

　不安なブッキーは有能なほうのオオタに一緒に同行してくれと頼み込む。

「なんであたしが……」

22

「だって性が同じだから夫婦のふりができるでしょ？　LAからならラスヴェガスも近いし（いや近くないだろ！）。向こうの審査員ホモばかりだから一人でいくと狙われるし」

それでも興味なしだったヒカリだが、ちくわCMが入賞しなかったらブッキーが詰め腹を切らされるという噂を聞き（ブッキー本人は無能で馬鹿なのでもちろんそんなことは知らない）、義侠心から同行を承知する。

というわけでLAにやってきた二人。会場ではライバル白報堂のクリエイターで、今年のグランプリ有力候補とされるトヨタのCMを作った木沢はるか（**鈴木京香**）も審査員として来ており、「日本人の評判を落とさないでよ」と嫌みを言われる。一方アメリカの大手広告代理店のクリエイターは自作にグランプリを受賞させようと工作を……いやこれCM界の慣例はまったく知らないんで、ひょっとしたらこれが当たり前なのかもしれずぼくはとんでもなく間抜けなことを言っているのかもしれないが、こんなことってあるのか⁉︎　自分の作ったCMを自分で審査して、入賞とかグランプリとか決めるの？　**それってお手盛りどころの騒ぎじゃなくね？**　一応自作（所属会社の製作）CMへの投票を求めた場合は失格とかいうルールがあるらしいのだが、すでに裏工作とかいうレルじゃなく、表の審査会自体がおかしい。だがブッキーはいいCMが評価されるべきで、裏工作で決まるなどあってはならないと信じているので、ブラジル人カルロス（**荒川良々**）から自作とのバーター投票を求められても釈然としない。

荒川良々の片言日本語とか、タイの審査員のオカマネタとか、ギャグがあからさまに差別的でレベルが低いのがなんとも……酔っぱらったブッキーが
「あー酔っぱらった〜暑い〜服脱ごう〜」

と上から下まで説明以外の何ものでもないセリフを言って、裸になってベッドに飛び込んだらそれは北川景子のベッドで、パン一で部屋の外に叩きだされて、鈴木京香に冷たい視線を向けられ、タイのオカマ審査員に迫られたところをカラテで撃退とかもうね……。

さて、着いていきなりスピーチを求められたブッキー

「アイアムノットオオタキ……アイアムオタク！」

とラムちゃんＴシャツを見せると外人みんな大喜び。**これがクールジャパン[※4]という奴か！**　一方コンテストのほうはと言えば、みんな自作のＣＭを通過させるために談合したり泣き落としをしたりズブズブの情実審査。かと思うと大手代理店のボスは裏から手を回してライバルとなりそうな鈴木京香のＣＭを一次選考で落としてしまう。あからさますぎて「裏から手を回す」というレベルではない八百長審査だが、まあＣＭ界のやることだからな……。一方、ブッキーはせっかくオタク友達ができたものの、誰が見てもロクなもんじゃないちくわＣＭの予選通過に協力を頼むことができず、あえなく予選不通過。クビが確定してしまう。夜、バーでやけ酒を飲んでいる鈴木京香と出くわして意気投合。酔いつぶれた鈴木京香を部屋まで運んだところを北川景子に見られて部屋から叩きだされてそこでオカマと遭遇……もういいってば。

余談なのだがブッキーは延々鈴木京香のことを「ハルカさん」、北川景子のことを「ヒカリ」と呼び続ける。妙に馴れ馴れしくてナチュラルに男性優位主義な感じが、ブッキーの演技でいちばん代理店っぽさを感じた部分である。いや実際「ＣＭで世界を幸せにする！」とか言われても鼻白むだけだが、トヨエツのセクハラっぷりだけはリアルに楽しめたからなあ。この映画、ＣＭ業界の不愉快さはすべてリアルで、理想を訴えはじめると急に嘘くさくなってくるのだが、これって偶然じゃないよね。

で、ここで急に負け犬を勝たせることこそギャンブラーの本懐！　とめざめたヒカリが強烈なロビー活動を展開、敗者復活でちくわＣＭを復活させようとするが、ブッキーは馬鹿正直にハルカのトヨタＣＭを推薦（ちなみに実際にカンヌのＣＭ映像祭なんかで賞を取っている有名ＣＭ　ＴＯＹＯＴＡ ｈｕｍａｎ ｔｏｕｃｈ[※5]）。見かねた荒川良々の推薦でちくわも予選会を復活通過して決戦に臨むものの……。

まあ決戦ではみなさんの予想通りのことが起こって、ブッキーがつたない英語で演説するとその真情がみんなの心を動かしてハッピーエンドになるのですよ。さすが現通マン！　彼らの素晴らしい努力のおかげで、世界は幸せになっているのです！　ちくわの穴を覗くと未来が見えます！

※1 トム・クルーズ主演の『ザ・エージェント』　1996年のアメリカ映画。監督はキャメロン・クロウ。アメリカのスポーツエージェントの世界に疑問を持った主人公トム・クルーズが友人とともに新しい会社を立ち上げる友情と成功の物語。

※2 鏡明　1948年生まれ。CMクリエイター。元電通執行役員。全日本シーエム放送連盟国際委員会委員長。1971年電通入社後、ACC賞、カンヌ等で多数の広告作品が受賞される。カンヌ国際広告祭では日本人初の審査委員長をつとめたことなどでも知られる。早稲田大学在学時からはじめた、SFの翻訳家、評論家や小説家としても知られる。著書に『不死を狩る者』（徳間書店1981）、翻訳にロバート・E・ハワード『風雲児コナン』（早川書房1970）等。

※3 ラムちゃん　高橋留美子のラブコメ漫画『うる星やつら』に登場する虎縞模様のビキニとブーツのセクシーヒロインだっちゃ。

※4 クールジャパン　官民一体の日本のサブカルコンテンツの海外拡販政策に名づけられたキャッチコピー。経済産業省製造産業局に「クール・ジャパン室」までもが存在するという。時にゴリ押しともいえる日本推しで、識者を鼻白ませることもたびたび。類似例として映画ファンからひんしゅくをかった「ニッポンは、世界中から尊敬されている映画監督の出身国だった。お忘れなく」（東京国際映画祭2014のキャッチコピー）等。

※5 有名CM TOYOTA human touch　2006年のカンヌ国際広告祭で銀賞を獲得した。制作はSTINK、そして博報堂プロダクツ。「ジャパニーズ・ホスピタリティーがこの企画のテーマ」（博報堂・エグゼクティブクリエイティブディレクター石井昌彦）とのことだが、黒縁メガネに七三分けの日本人が不気味に次々と車の部品として出てくる、キッチュな日本人イメージのCFである。これでいいのかクールジャパン。

また高笑いする悪役……その謎が解かれることは決してなさそうである

『黒執事』

監督＝大谷健太郎、さとうけいいち　脚本＝黒岩勉
出演＝水嶋ヒロ、剛力彩芽、優香、山本美月、伊武雅刀、岸谷五朗

大ベストセラーとなりTVアニメ化、そして満を持しての実写映画化となった枢やな[※1]原作のコミック『黒執事』、ところが映画化にあたっては時代を130年後にして舞台を別の国に変えたという。それ、逆に何が残ってるの？　気になったので一応原作を読んでみようと思ったのだが、三巻くらいであえなくギブアップ。この幼稚なストーリー、無茶苦茶な設定を映画にするんじゃさすがに……と**水嶋ヒロ**と**剛力ちゃん**には同情しないでもなかったんだが、映画のクレジットを見るとプロデューサーに齋藤智裕[※2]の名前が！　**ヒロ、主犯じゃねーか！**

さて未来。

世界は「女王」が支配する「西側諸国」とそれ以外の「東側諸国」の二大ブロックに分かれていた。「女王の犬」と呼ばれる密偵たちは「女王」の支配のために働いている。「東側某国」で玩具メーカーファントム（Ｆｕｎｔｏｍ）社を切りまわす若き天才が幻蜂清玄伯爵（剛力彩芽）である。清玄の両親は十年前に何者かに殺され、娘は行方不明になった。その後幻蜂家の隠し子と称する清玄が忽然とあらわれ、伯爵号を継いだのである……ってそれで清玄の正体がわからなかったらどうかしてるっつーの。

若き清玄を支えるのがスーパー執事のセバスチャン（水嶋ヒロ）。ドジッ子メイド（**山本美月**）が次々にしでかす不始末も秒速で片づけ、そのたびにドヤ顔で「ご用をお申し付けくださいませ、ご主人さま」とキメ台詞。というわけなんですが、この設定、ヴィクトリア時代英国を舞台にしている原作からどの程度改善されたのか。たしかにヴィクトリア時代に剛力ちゃんが伯爵ですって言ってたら失笑ものだろうけど、それが「東側某国」になったからってリアリティが生まれるわけではあるまいよ。

だがこちらのそんな感慨は知らぬまま、東側某国では人間が突然ミイラ化する怪事件が発生し、「悪魔の呪い」と呼ばれていたのだった。調査におもむいた剛力ちゃん、女性が大量誘拐されている現場に女装して潜入、わざと捕まってピンチに陥る。その場に颯爽とあらわれるヒロ。目にも止まらぬナイフ（食事用）さばきで敵をばったばったと倒す。

「幻蜂家の執事ならば、これくらいは当然でございます」

だがボスは卑劣にも剛力ちゃんを人質にとる。「ワハハハハ」と高笑いするボス。**また高笑いする悪役か……**だがこのくらいで驚いていてはいけないのであって、この映画では悪役はほぼ全員高笑いすることになっています。おとなしく言われたとおりにナイフを捨てると、ボスはヒロに向けて銃を撃つ！　額に穴を開けて倒れるヒロ。だが剛力ちゃんは驚かない。

「いつまで遊んでるんだ。早く起きろ」

仕方ないなあ……と起きあがるヒロ。

「てめえ、なにもんだ！」

「いいえ、私はあくまでも執事でございます」

そして目にも止まらぬ動きで銃を奪い、ボスを叩きのめす。

「あくまでも執事でございますので」

「あくまでも」

27

『黒執事』

は！　というわけでヒロは実は悪魔なのだった。

「悪魔でも執事」

なんだよそれ！　なんと剛力ちゃんはヒロと契約して悪魔を執事として使役していたのだった。ぼくはそこらへんでコミックを放り出してしまったので、どこでどうやってどういう契約を結んだのかは知らないのだけれど、たぶんレメゲトン[※3]は読んでない。剛力ちゃんが死んだら魂を奪われる契約らしいんだが、それが何を意味するのかはもちろん最後まではっきりしない。悪魔に何ができてどういう縛りがあるのか全然わかんないもんで、**駄洒落の思いつきから先には一歩も進まない。**どうしたもんかなあ。


そもそも剛力ちゃんが人身売買団に捕まっていたのは、連続ミイラ事件の犠牲者がみなボスから同じ封筒を受け取っていたからなのだった。そういう情報はすべて、ヒロに「警察の情報を持ってこい」と命じると
「御意」

と翌日には揃えている。悪魔だから。「女王の犬」である剛力ちゃんは治安維持のためにミイラ事件解決を命じられていたのだった……って剛力ちゃんなんで「東側某国」で活動してるの？　たとえていえばCIA工作員が日本で連続殺人事件を解決しようとするような話なんだが、それ変だよって誰も言わなかったのかな？

剛力ちゃん、今度はヒロに命じてミイラ死体を調べることにする。死体には特別の葉巻のカスがついており、特別なワインの染みがあった。

「よし、そのふたつの出所を探れ」

「御意」

というわけでヒロがつきとめたのが某所で開かれている秘密パーティであった。もう面倒臭いの

でヒロの活躍ぶりについては説明しませんが、よくわからない部分はすべてヒロさんが悪魔の力で解決していると思っておいてください。社交界の花である叔母華恵（**優香**）に頼んで招待状を入手、ドジッ子メイドを連れてパーティに潜入した剛力ちゃん、一瞬で発見され、縛られてしまう（この映画、剛力ちゃんのやってることはほぼ潜入→発見→拘束のくりかえし）。大手製薬会社イプシロン社社長（**伊武雅刀**）は

「パーティの出席者はみな我が社が開発した新型ドラッグの中毒になっているのです。さあ我が社の開発した最高の新型ドラッグをどうぞ。みなさんを天国にお連れします……」

と言って揮発性のドラッグを差しだす。そのガスを吸うと人間はたちまちのうちにミイラ化してしまうのだ。

「ミイラ・ドラッグ、ネクローシスと解毒剤の組み合わせで世界を支配できるのだ。ワハハハハハ」と武器商人篠崎（**宮川一朗太**）に向かって高笑いするのだった。だが篠崎は社長を射殺して製法を奪って去る。縛られた剛力ちゃん、危機一髪……でヒロがあらわれ……。

今度は篠崎のオフィスに潜入する剛力ちゃん。そこでは何者かが篠崎一味を惨殺しているではないか。黒幕は篠崎ではなかったのか……？　そこへ来たドジッ子メイド。

「おまえ、来るなって言ったろう！」

「ご主人さまから目を離すなと命じられましたから」

で、当然ドジって見つかる剛力&メイド。そこでいきなりメイドが相手の銃を奪って戦闘マシーンと化す！

「わたくしは代々幻蜂家の方を守るつとめです。ここはわたしにまかせて、早くお逃げください！」

……まあ笑うところなんだろうねここは。たぶん戦闘に特化した訓練を受けているのでメイドとしては無能きわまりないとかそういう設定があるんでしょう。だが多勢に無勢、ついに追い詰めら

れたメイドに手を差し伸べたのは……。

一方、剛力ちゃんはテロリスト一味が東側諸国の要人が集まる除霊祭を狙うとあたりをつけていた。

「メイドを助けて屋敷まで送りとどけ、それから除霊祭会場に向かえ。らしくやるんだぞ」

そう言って車に乗り込んだ剛力ちゃん、だが信頼していた華恵からいきなり銃を向けられ、そのまま拘束されてしまう。華恵はいずこかに剛力ちゃんを連れ込み、ネクローシス爆弾をセットする。

「セバスチャン（ヒロ）はおまえの言うことに絶対服従だから会場に向かってこっちには来ない。おまえはテロリストの汚名を着て死ぬのさキャハハハハハ」

いや、驚いたのはこのとき映画がはじまってから1時間10分ほどだったということである。この映画、2時間ほどあるんだが、まさか、ここから爆弾が阻止されるまで50分もかかるのか!? と思ったら本当にそうだったから二度びっくり。優香は延々と過去に剛力パパから受けた酷い仕打ちについて語り、来ないはずのヒロが忽然とあらわれ（それにしてもこの監禁場所、どこだったんだろうか？）……。

「ご存じなかったでしょうが『らしくやれ』というのは『おまえの好きに動け』という意味なのでございます」

とか言われてもわからんのだが、要は使役された悪魔は主人の命令には絶対服従なのだが、言われたことしかやらず、積極的に主人を助けようとはしない、という設定があるらしいのだが、そんなこと神でも悪魔でもない身のこちらには知るよしもない。ドヤ顔ばっかりしてるから、てっきり楽しんで仕えてるのかと思ってたよ！

……そして優香の召使い、ドラッグで能力を極限まで伸ばした超人明石と神速のアクションをくりひろげ――しかしこの世界の悪魔って、いったいどういう能力を持っているのだろう？ 速く動けるだけの人間と互角に戦ってしまう程度のものなのか？ そんな程度のもんが悪魔なの？――そして優香は「だがわたしは組織のボスではなくて自分の上にまだ大ボスがいるのだ！　詳しくは続篇で！　キャハハハハ」と笑って死んでいくのだが、広い劇場に10人ばかりのまばらな観客を見るかぎり、その謎が解かれることは決してなさそうであった。

※**1　枢やな**　1984年生まれ。漫画家。本映画の原作『黒執事』でブレイク。その累計発行部数は1800万部。別名義でBL（ボーイズラブ）コミックの作家としても活躍。
※**2　齋藤智裕**　本映画の主演水嶋ヒロの本名。水嶋はクリエイターや小説家としても活躍している。齋藤智裕名義の処女小説『KAGEROU』は第5回ポプラ社小説大賞を受賞している。
※**3　レメゲトン**　「ソロモンの小さな鍵」で知られる魔術書。降霊術などの奥義が記されている古文書。

女流ベストセラー作家のアドバイス……ってそういう結論だったのか!?

『御手洗薫の愛と死』

製作・監督・脚本＝両沢和幸
出演＝吉行和子、松岡充、小島聖、松重豊、益岡徹

これ、てっきり原作かなんかあったのかと思ったのだが、どうやら「『ナースのお仕事[※1]』などの人気ドラマを手がけた」両沢和幸のオリジナル原作による映画らしい。いや、いったいこれ誰に見せるつもりで作ったのか想像もつかないんだけど、何を訴えたかったのかなあ、製作・監督・脚本の両沢和幸は。

そこは女流ベストセラー作家・御手洗薫（**吉行和子**）の書斎。御手洗は一人ぶつぶつと「笹岡、笹岡どうしたの～ああ昨日あたしクビにしたんだっけ」と説明的セリフを述べながら冷蔵庫の食べ物をチンしたりして生活無能力者ぶりを誇示している。そこにドアチャイム。やってきたのは若きイケメン神崎龍平（**松岡充**）であった。二人の説明的セリフのやりとりから、前夜、御手洗はパーティ帰りに酒に酔った状態で車を運転して神崎の母親をはねて入院させ、しかも警察に行ってないことが判明。御手洗は神崎を家に招いてどうか警察に訴えないでくれと懇願する。さらなる説明的セリフから神崎もまた「作家のはしくれ」であることが判明する。デビューから二作続けて本になったものの鳴かず飛ばずで、三作目の長編は書いたものの編集者にボツられてしまったらしい。そんな売れない作家である神崎、書斎に御手洗の書きかけの小説があるのを見て

「じゃあ、警察に届けないかわりに、この原稿をちょうだい」

「あらダメよ。だってまだ完成してないんだもの」

「完成してからだよ」

「それもだめ。だって、最近オークションに生原稿出品したりする人がいるんですもの」

「勘違いすんなよ。ぼくはこの小説を自分の名前で発表させてくれって言ってるんだ」

というわけで、引け目ゆえにさからえない御手洗薫は神崎に言われるがままに新作長編をくれてやり、本はたちまちベストセラーとなって神崎は文壇の寵児になりあがる。


という話だと吉行和子が世間知らずの小説馬鹿で、狡猾な松岡（ＳＯＰＨＩＡ[※2]というバンドのメンバーだそうですが何も知りません）が彼女の無知に食いついて……という話に聞こえるが、実はビジュアルからもわかるように「御手洗薫」という女流作家、あからさまに山村美紗[※3]あたりをイメージされて娑婆っ気たっぷりなので、最初から若くておぼこいイケメンを囲おうとしているようにしか見えない。「神崎」が「御手洗」の書斎を見て
「やっぱ作家になるにはこんなに本読まないとなんないのかなあ」

「あら、あなたはなんで作家になろうと思ったの」

「いや、なんとなく……かっこいいじゃん」

とか言ってたりして、いや粗野で野卑な男が愛人としてとりいって作家になろうという話ならまだわからないんでもないんだよ？　でもこんなおぼこい男とエロ作家じゃ、どっちに転んだって自業自得にしかならないじゃないか。**この話でいったい何を訴えようと思ったのか……。**

神崎から「ほら、本に巻いてある帯みたいな奴があるじゃない。あれに推薦の言葉とかを……」とまたしても説明的セリフで頼まれた御手洗はいそいそと編集者に電話して帯文を依頼させるよう

に仕向け、本は見事に直×賞を受賞する。受賞パーティの夜、痛飲した神崎が目覚めるとベッドには裸の美女（**小島聖**）がいた。彼女は某社の女性編集者であり、色仕掛けで有望な作家を骨抜きにして原稿を取ると噂のハニートラップエディターなのだった。まあ裸でベッドに潜り込まれてる時点で勝負ありで、神崎は受賞第一作として短編を寄稿することを約束させられてしまう。**うーんまー世の中にはそういう人もいるのかもしれないなー（棒）**。ちなみに神崎の部屋（この映画には舞台がほぼ四つしか存在しない。御手洗の家、神崎の部屋、書き下ろし出版の版元並木出版の編集部、それにキャバクラである）は本当に本が一冊もなく、そのかわりにギターとかドラムセットとか置いてあるという……いや、一応長編二冊も出版してる作家なんだからさあ……。

もちろん短編と言っても神崎に書けるわけがなく、御手洗に代筆を頼みにいくのだった。いそいそと準備していた原稿を差しだす御手洗。脅しの話などどこへやら、「あなたのおかげでスランプを脱することができた」と完全につくす女。「この原稿は受賞第一作で並木出版から出しなさい。それから桂木という女は編集長の愛人で若くて才能ある作家にはすぐパンツ脱いで迫ってくるけど原稿は断るのよ！」

……いやーそれがー実はー

「そんなの断っちゃえばいいのよ！」

……だが小島聖のダイナマイトボディの誘惑たちがたく、ハニートラップ桂木とベッドインしている神崎。桂木はめざとく並木出版行きの原稿（御手洗作）を見つける。

「これをうちにちょうだいよ」

「いやまずいよ、並木の担当者が今日取りにくるんだから」

ピンポーン！

いやちょっと待て。他社の編集者に原稿を渡す（てか手渡しっていつの時代の話か）予定で約束もしている当日に他社美人編集をベッドに引っ張り込んでるってどういう了見よ!? 別にハニートラップに渡す原稿ができていようがいまいが、これ充分スキャンダルだと思うんだけど。ともかく裸で原稿を握りしめるハニートラップの前にはなすすべもなく、神崎は原稿を渡してしまうのだった。じゃあ並木の原稿はどうする？　まがりなりにも神崎は作家なわけで、じゃあ自力で書けばいいんじゃないか……？

　原稿を渡された並木出版編集長、

「まるで別人が書いたというか、昔に戻ってしまったような駄作だ」

とたまたま居合わせた御手洗に説明的に愚痴る。ハニートラップの雑誌に受賞後第一作の短編小説が掲載されたのを知った御手洗、すべてを悟って、神崎の小説をゴミ箱から救い出す。

「そのとき、わたしは自分が書くべき小説が何かをようやく悟った」

これ、合間合間に御手洗のナレーション（と字幕）が入って、心情が説明されていく構成。まあ一人称なんだよね、と思うやんかー？　懲りずに「新作ちょうだいよ～並木出版に渡す分が必要なんだよ～」とすがってきた神崎に、徹夜で書き上げた小説を渡す御手洗。

「これ……これはぼくが書いた小説の書き直しじゃないか！　どういうことだよ！」

「あんたの書いたクズ小説でも、自分が書き直せばちゃんと傑作になるのよ！　それを読んで、あたしがどんなに才能あるか、自分がどれほど才能がないのか、思い知りなさい！」

　静かになった書斎に「おひさしぶりです」と訪れたのは元アシスタントの笹岡（**松重豊**）。思えば彼をクビにしたせいで自分で車を運転しなければならなくなった御手洗は酔っぱらい運転で事故を起こして神崎から脅迫される目に陥ったのだった。「20万部突破、おめでとうございます」と神崎の本を差しだす笹岡。

「何言ってるの。あたしは帯を書いただけよ」

「わたし、書きかけのものを読んでおりましたから知っております。わたしが至らぬばかりに先生にご迷惑をおかけしましたが、わたしが参りましたからには、とりあえず神崎の母親は大丈夫そうですし、あとは版権を取り戻す算段を……」

「笹岡、あんたはわかっていないわ。わたしは喜んで神崎に本をあげたのよ。スランプで書けなくなっていたわたしが書けるようになったのは彼のおかげなんだから」

そう言ったところで突然心臓発作でばったりと倒れる御手洗。いやそりゃ「愛と死」だもんね……

……ってこれまでのナレーションはなんだったんだよ！　死後ほどなく『御手洗薫の愛と死』という小説が遺作として発表される。そこには御手洗と神崎の関係がすべて暴露されていた（つまり、神崎のクズ小説を書き直すあいだに、そんなものを書いていたわけですね）。大スキャンダルになり文壇での地位をすべて失った神崎の元を笹岡が訪れる。

「とりあえず弁当でも食べなさい」

と高級弁当の差し入れをする笹岡。問わず語りに御手洗への思いを語りはじめる。

「先生はあのような美貌ですから、さまざまなそしりを受けることもありました……編集者相手に色仕掛けで仕事を取っているだとか、作家より愛人のほうが才能があるとか……まああそれは当たってないこともなかったですが……」

って認めてるのかよ！

「あなたに遺書を残してらっしゃいました。あなたの顔はこれ以上見たくもありませんので、これだけお渡しします」

その遺書には……

「……あなたの小説には見るべきところがないわけではありません。ですが、あなたは急ぎすぎてちゃんと練っていません。だからわたしは書き直してみせたんです。あなたももっとじっくり書いてください」

……つまり推敲は大事、ってそういう結論だったのか!?　このほぼ自主製作としか思えない映画で両沢監督が訴えたかったのは……そして十年後、推敲に推敲を重ねた小説で地方文学賞を取る神崎の姿が……とりあえず、このブログもちゃんと推敲しないとミスが多いので気をつけよう、と思いましたよ！

※1『ナースのお仕事』　1996年にはじまった観月ありさ主演のフジテレビのテレビドラマ。看護婦をテーマにしたコメディで人気となり、2002年まで計4回シリーズが放映された。両沢和幸はパート1、2はプロデュースとしてかかわり、パート3からは脚本と演出をも担いプロデュースしている。2002年の劇場版では監督をつとめている。
※2 SOPHIA　日本のロックバンド。1995年メジャーデビュー。松岡充は同バンドのボーカル。シングル38枚、オリジナルアルバム10枚を出すも2013年8月に活動を休止。松岡充はバンド活動と並行してテレビドラマなどで活躍しており、本作品は3作目の映画登場。『仮面ライダーW FOREVER AtoZ／運命のガイアメモリ』（坂本浩一監督2010）では仮面ライダー役も。
※3 山村美紗　日本の女流推理作家。ミステリーの女王の名を欲しいままに膨大な推理小説を発表。著書に『消えた相続人』（光文社文庫）等多数。1996年没。

北川景子のベストアクト、塩田明彦復活の一本

『抱きしめたい——真実の物語——』

監督＝塩田明彦　脚本＝斉藤ひろし、塩田明彦
出演＝北川景子、錦戸亮、上地雄輔、平山あや、佐藤江梨子、國村隼、風吹ジュン

この話は実話に基づく……。
昨今この手の誰かが死んじゃう系ラブストーリーだと、まあだいたい身体か頭かどっちか悪い人が出てくるわけで、車椅子に乗った「記憶喪失の花嫁」となると「そうか頭も身体も悪いのか〜」みたいな印象で臨むことになったのも無理のない話である。監督は『どろろ』[※1]でいろんな意味でミソをつけたかつての名匠塩田明彦。[※2]七年ぶりの監督作品ということで、どんなもんかと手ぐすね引いて出かけたのだが……。

映画は北海道は網走市の地元アマチュアバスケチーム（網走アルカトラズ！）の試合風景からはじまる。雅己（**錦戸亮**）がファウルを受けてもみ合いになったところに乱入してきた子供が相手にかみつく。「ダメだよ〜パパが反則負けになっちゃうよ〜」「そんなの言っても聞くわけないじゃん。だってつかさの子供だもん」「そうだなハハハ」とか笑ってるけどどっちかというとしつけの問題のような気がするんですが〜。打ち上げの席で「ママのお話して〜」とせがまれた雅己、つかさ（**北川景子**）の日記を取りだして読み聞かせはじめる。それは六年前のことだった……。

というわけですでにヒロインが死んでいるところからはじまるこの話。愁嘆場で泣かせようとしないだけでもかなり好印象である。ことさらに障害を強調したり障害者がスーパー善人だったりすることもなく、等身大のどこにでもいる男女のラブストーリー。ここ数年見てきたこの手の映画の中では（これは信用してほしいが、ぼくはこの手の映画にはかなり詳しいほうである）抜群によくできており、**たぶん北川景子のベストアクトでもある。**もちろん字幕で登場人物の内面を説明する描写、あるいは雪の中で錦戸くんが号泣するくだりなど、ちょっと勘弁してほしい場面もある。だが、テレビ局制作のジャニーズ映画では妥協しなければならない部分もあるだろう。それ以外の描写は節度を保ち、笑える描写も適度におりまぜて、塩田明彦復活の一本となった。

2008年2月10日。体育館に練習にきたバスケのチームだが、ダブルブッキングされていて立ち往生。相手はボッチャなる競技を練習している車椅子チームだった。リーダーのつかさ（北川景子）は絶対に予約したはずだとゆずらない（どうやら予約担当がさぼったらしいのだが、彼女の剣幕の前に言い出せないでいる）。相手が車椅子の女ということでゆずろうとするバスケのキャプテンだが、憐れまれることが何よりも嫌いな勝ち気なつかさは「馬鹿にしないでよ！」と憤る。じゃあどうすりゃいいんだよ……と一同困惑のところで雅己が「じゃあ半分ずつ使いましょうよ」と妥協案を出して丸く収めた。練習後、一人迎えの車が来るのを待つつかさの姿が気になった雅己は「送ってってあげるよ」と軽くナンパ。雅己はタクシー運転手だったのである。そのまま「買い物に行く」というつかさをショッピングセンターまで連れていく。だが、つかさは黙って車椅子で走りまわるだけ。なんだ……と思ったところで一言。

「忘れちゃった……（テヘペロ）」

かつて交通事故で左半身不随になったつかさは、その後遺症で高次脳機能障害を発症しており、記憶がなくなってしまうことがある。そのために買い物メモを作ったりしているのだが、メモをどこにおいたか忘れてしまったのだった。半身不随のつかさを雅己は抱きかかえなければならず、会ったその日からすでに密着しているのだが、雅己はタクシー運転手なので介護にも慣れている。これ、たいへん巧みな設定……なのか現実のとおりなのかよくわからないんだが、映画としては見事。そんなわけで明るく美人なつかさに急速に惹かれていく雅己。ところで雅己にはつきあっている彼女がいた（不動産屋で働くＯＬの**佐藤めぐみ**）。まあこういうことはきっちりしないとね……と恋人をバーに呼び出す。

「別れたいんだけど」

「……あんたから別れを切り出されるとは思わなかったわ……」

と彼女、いきなり隣に座る雅己の頭をビール瓶でひっぱたく！

「いてえ……」

いや痛えとか言ってる場合じゃないって。下手したら死ぬって。**だがこの唐突な暴力、たいへん素晴らしいギャグで笑わせる。**そして雅己のデリカシーのなさも同時に見事に表現されている。雅己、このあと高校時代の同級生を同じ店に連れていったりするのだが、これが映画ならではのセットの使い回しではなく、雅己の無思慮表現になっているあたりが心憎い。実は雅己は一種の狂人であり、誰にも何ひとつ相談せず、自分の考えだけで猪突猛進する。その勢いはつかささえもが困惑するほどだ。つきあっていることすら言わずにいきなり実家に連れてきて、「オレ、この人と結婚するから」と言い放ち、父親（**國村隼**）が思わず

「おれは……孫の顔も見られないのか！」

（予告編でも使われているこのセリフ、ここだけ切り取ると父親が偏見だらけの人間に見えるのだが、本編を見ると、そこまでの雅己があまりに他人への配慮がなさすぎるので、むしろ同情心がまさってくるという……）

と言い放って家を（自分の家を！）飛びだし、橋の上でもみ合いになって落ちそうになって……という一連の身体をはったコミカルなアクション。錦戸亮は正直、この一本気な狂気を演じられているとは言いがたいが（これが西島秀俊だったらどれだけ良かったか）、ジャニーさん仕込みの身体能力は随所に活かされていると言えよう。

つかさは記憶喪失なので、顔を覚えていない相手がいる。食事をしていると謎の中年男（**寺門ジモン**）が挨拶してきて不気味なのだがどうしても相手のことが思い出せない。遊園地にデートへ出かけた二人、メリーゴーランドに乗ろうとすると

「すいません規則ですんで……」

「ジェットコースターに乗ろうとしてるわけじゃないし、こうして介護もいるんだし……」

「いやでも万一のことがあっては……」

憤然として立ち去る帰り道、怒りをこらえきれない雅己が逆立ちして歩きはじめ、あっけにとられたつかさが

「何やってんの？」

「いや、なんとなく」

たぶんなぜこんなことをやらされているのかわからないままやっているのだろうが、**「演技のできない人間には身体を動かさせればいい」というメソッドが炸裂した名場面。**つかさが以前この遊園地に来たときのことを思い出して二人の距離が縮まる場面などあり、その後食事をしていると、メリーゴーランドの係員（足を引きずっている）が二人を追いかけてやってくる。彼はリハビリ病棟でつかさと会っていたのだが、「どうしても名前を覚えてもらえなかった」のだという。

係員は閉園後、二人のために勝手にメリーゴーランドの電気をつけて動かしてくれる。夢のメリーゴーランドに乗って二人は……これ一度断られて、親切な第三者のおかげでよりロマンチックな

かたちで成就するという展開をくどくならずに仕上げるあたりが絶妙である。結局、最後までこの狂人の一方的な暴走（だが狂人でもなければ決して成就しない恋ではあったのだ）によって進んでいく一種のコメディとして話は転がっていく。つかさの死さえも愁嘆場にしない節度こそが上品な映画を生みだした。もって世の「泣ける映画」の範としてほしいところ。

※1 どろろ　２００７年公開の日本映画。手塚治のマンガ原作の実写版。妻夫木聡と柴咲コウ主演のＶＦＸの妖怪アクションということで大ヒットとはなったものの……。

※2 塩田明彦　１９６１年生まれ。映画監督。大学在学中の自主制作映画『ファララ』（１９８３）がぴあフィルムフェスティバルに入選。１９９６年に監督デビュー。『黄泉がえり』（２００３）で日本アカデミー賞の優秀監督賞と優秀脚本賞を受賞。代表作に『月光の囁き』（１９９９）、『害虫』（２００２）、『カナリア』（２００４）等。

ラッキースケベ乱発のスクリューボールコメディこそ、ラノベ映画の目指す道

『僕は友達が少ない』

監督・脚本＝及川拓郎
出演＝瀬戸康史、北乃きい、大谷澪、高月彩良、神定まお、栗原類

これ「はがない」[※1]て言うんですってね。ひらがなだけつなげて読むとそうなるからなんだそうです。もちろん周知の話なんでしょうが、ラノベ文化にうといぼくは全然知りませんでした。勉強になるなあ。さて、累計600万部のベストセラーラノベの実写映画化だそうですが、ぼくはもちろん読んでません。で、この映画を見ていてひとつ思ったことがあります。『潔く柔く』[※2]のレビューの中で「長澤まさみには無責任キャラがいちばんよく似合うんだからスクリューボールコメディ[※3]を撮るべき」みたいなことを書きました。でも、当然ながら今の日本でスクリューボールコメディなんか作れるわけがない。だがこの映画を見ていて思いついたわけです。つまり、**ラノベ原作ならスクリューボールコメディ作れるんじゃないかな?** そういう企画立てる人、どっかにいないかなあ?

さて、主人公の羽瀬川小鷹（**瀬戸康史**）は英国人の母と日本人の父とのあいだに生まれたハーフの男子高校生。金髪で目つきが悪く、人見知りなのでヤンキーと思われてクラスでも孤立。だから「僕は友達が少ない」。そんな彼はある日の放課後、クラスで三日月夜空（**北乃きい**）が一人で宙に向かって話しかけているのを目撃する。これはどう見ても電波の娘！　だが夜空はいつか友達がで

きるときのためにエア友達のともちゃんと会話の練習をしているだけで、自分はいたって正常だと主張する。すなわち夜空もまた友達のいない子だったのだ。まあぶつぶつ独り言で会話のふりをしているような電波少女と誰が好きこのんで友達になりたがるだろうか？　そこで夜空ははた！　と何事かを思いつく（というか、人見知りとか言ってるくせに普通に人と会話していて、「友達ができない」という意味が最初からよくわからないんだけど、そこ突っ込んじゃいけないんだよね？）。翌日、夜空に強引に校舎の空き部屋まで連れていかれる小鷹。

「いいことを思いついたわ。今日からここで部活動はじめるから！　このチラシを貼ってきて！」

そこには「隣人部」の文字が。

「どうしたら友達作れるの？」と小鷹に訊ねて

「部活とか……」

「四月ならまだしも、もう人間関係ができあがった中に入れるわけないでしょ！」

みたいな会話になった夜空。じゃあ自分だけで部活をはじめ、そこで表面だけの友人関係を作る練習をし、うまくいけば真の友人になればいい！　と夜空は思いついたのである。こうして友人を作るための「隣人部」というよくわからない部活動がはじまった……！

ぼくはラノベ文化というものはまったく知らないので、これがどの程度典型なのかも判断できないのだが、この「友人至上主義」という価値観がまず理解困難である。そういう価値観が存在していることはもちろん知っているのだが、それが学園生活すべてを支配するという世界がまず理解できないのである。そして、その夢をかなえてくれる理想世界としての「学園生活」。その世界ではぼく（＝男性主人公）は世界の傍観者としてみんなの学園生活を参加できないまま眺めているのだが、そこに突然自己中心的な美少女（ただし気が狂っている）があらわれ、以後次々に気の狂った美少女が周囲にあらわれて流されるままの主人公のハーレム化……というのはジャンルの基本フォーマットなのか、たんに〈ハルヒ〉[※4]あたりに習ってるのかどうか知らないんだけど、たぶんそうな

んじゃないかな～

そういうわけで大金持ちのお嬢様で男子からモテモテのグラマー美女柏崎星奈、なぜか小鷹を「友達もいないのに孤高に生きている真の男」と崇拝している男装の楠幸村、いつも理科室で白衣を着ている科学の天才で発明家ながらつねに発情して股間を柱にこすりつけたりしている変態志熊理科などという「残念な」美少女たちが次々と「隣人部」に加入してくる。で、なぜかこの美少女たち、みんな小鷹のことが大好きなのだった。

まあこんなことを突っ込んでもしょうがないというのは理解してるんだが、**これだけ美少女が次から次へとあらわれて、みんなで楽しく部活動と称して遊んだりしていて、それ以上何の不満があるというんだろう？** 原作ではもっと「残念」度が高いのかもしれないが、映画では最初から発情しすぎて痴女にしか見えない志熊理科（**神定まお**大怪演）こそ狂人だが、ほかはちょっとエキセントリックというレベル。そもそも主人公がなんで友達ができず、なぜ友達を欲しいなどと思わなければならないのかもわからない。この変人たちと普通に会話している時点で、どう見てもコミュニケーション上級者ではないか。つまりここでの「友達が少ない」とは何もしなくともエキセントリックな美少女が寄ってくるための言い訳でしかない。

それに加えて不気味なのはやたらとセックスの香りがただようこと。学園のイメージショットではかならず水着女子の尻まわりがアップになるし、小鷹を嫌いな生徒会長西園寺（**栗原類**）のとなりにはなぜかパンツとブラ丸出しの超ミニローカットの女の子がいる……実際のセックスには決して至らない（誰一人手も握らない）にもかかわらず、セックスのイメージだけは濃厚にただよう。いかにもラノベ的エロというべきだろうか。

さて、夏休みも近づいたある日、天才志熊は友達作りシミュレーションのため、自作ゲーム機を持ってくる。題して「ロマンシング佐賀」というこのマシンはヴァーチャルリアリティで学園生活を体験する。ただしこっちは理想の学園生活なので、クラスメイトたちがどんどん話しかけてきてくれてすぐに友達になれるという仕掛けなのである。つまり理想の学園生活の中でさらに理想の学園生活をおくるというメタ構造なのだが、もともとやたらメタ構造を意識した映画なのでそれも当然かもしれぬ（そもそもラノベのハーレム構造にも意識的だったり）。たちまちのうちにゲームにはまる「隣人部」の生徒たち。だが、未完成のマシンが故障を起こしてゲームは中断せざるを得なくなる。

　好事魔多し。西園寺は小鷹に鉄槌をくだすべく「隣人部」の廃部を決定、部員たちはしかたなく私物を引き取ることになる（ちなみに彼らはもっぱら部室につるんで本を読んでるだけだったので、部室召し上げもやむなしとしか）。だが、ヴァーチャルリアリティで経験した人気者学園生活が忘れられない星奈はこっそり理科室に潜入、機械を盗みだして自宅で一人VRにジャックイン、そのまま帰って来なくなってしまう。心配した隣人部員たちが同じくヴァーチャル世界にはいって説得を試みるが、ビキニ姿で御輿にかつがれている星奈は世界の王様をやめられない。出てこいと呼びかけながらも、小鷹はどこかで割り切れないものを感じている。偽物の世界でも、楽しければそっちのほうがいいんじゃないか？　だが、徐々に世界は歪みはじめる。この世界は星奈の夢ではないのだろうか？　ではいったい誰の……。

『虚空の眼[※5]』か！　ここまで自己言及的な話だと、ディックネタに落ちるのは当然かもしれない。自己言及の多さはこれが人工的なストーリー、不自然なキャラクターだという自覚から生まれてくるのだろう。ならば目指すべき目標は断じて人情話などではなく、むしろかぎりなく狂騒的なスラップスティック、セックスではないギリギリのエロのほうではないのか。セリフはせめて1・5倍速で喋りまくらねばならない。主人公の優柔不断は自己中心的なヒロインに引っ張りまわされるために仕方ないものに見せなければならない（今の状態だと、ただ単に責任をとりたくないだけの不愉快な男である)。

……だがそうやってできあがった映画、それはスクリューボールコメディなのではあるまいか。狂ったヒロインに実直な優男が引っ張りまわされ、決してセックスにたどりつかないまま、ラッキースケベばかりが乱発されるスクリューボールコメディこそ、ラノベ映画化の目指すべき道なのかもしれない。

※1「はがない」 原作の『僕は友達が少ない』の略称。僕『は』友達『が』少『ない』→「はがない」。作者によって「公式略称」とされている。

※2『潔く柔く』 2013年公開の日本映画。監督は新城毅彦、主演は長澤まさみ、岡田将生。原作は第33回講談社漫画賞少女部門受賞したいくえみ綾による少女漫画作品。詳細は書籍版『皆殺し映画通信 2014』を参照のこと。

※3 スクリューボールコメディ 1930-40年代にアメリカで流行したロマンティックコメディの派生ジャンル。男女がケンカをしながらも恋に落ちていくという定型で物語が進行していく。『或る夜の出来事』(フランク・キャプラ監督1934)や『ヒズ・ガール・フライデー』(ハワード・ホークス監督1940)、『パームビーチ・ストーリー』(プレストン・スタージェス監督1942)等。

※4 ハルヒ 谷川流の『涼宮ハルヒの憂鬱』からはじまるライトノベル、涼宮ハルヒシリーズのこと。男子高校生と、変わり者の女子高生ハルヒと特殊能力を持つ仲間たちが起こす「ビミョーに非日常系学園ストーリー」。

※5『虚空の眼』 フィリップ・K・ディック(1928-1982)のSF小説。カリフォルニアに建造された陽子ビーム偏向装置が故障して事故を起こし、そこにいあわせた主人公たちは、現実の世界と似ていながら、異教が信仰されている別世界へ送り込まれてしまう……。ディックの初期の傑作長編である。

そこには人生がある。天才AV監督カンパニー松尾、初の劇場作品

『劇場版テレクラキャノンボール2013』

監督＝カンパニー松尾
出演＝神谷まゆ、新山かえで、カンパニー松尾、バクシーシ山下、ビーバップみのる

48

今回は18禁とさせていただきます。お子様はお帰りくださいね。

『テレクラキャノンボール』のはじまりは1997年、今から15年以上前のことである。「キャノンボール」とはかつておこなわれたアメリカ大陸横断非公認自動車レース〝キャノンボール・ラン〟（およびそのレースをモチーフにした映画『キャノンボール』[※1]）のこと、「テレクラ」とはかつて猖獗をきわめたテレフォンクラブ（男性が小部屋にはいって、女性からかかってくる電話を待ち、早取りで取った相手と交渉してあわよくばホテルへ……という男女の社交場）のこと。テレクラの早取り競争、そしてそのあとの口説きがゲーム感覚で楽しめるというので、これ自体をレースに見立てたのがテレクラキャノンボールであった。地方まで車で移動してはテレクラで口説き。主催者はハメ撮りの中興の祖にしてテレクラマニアの**カンパニー松尾**。[※2] もともと地方に出かけては素人とハメ撮りする〈私を女優にしてください〉シリーズや『燃えよテレクラ』といった作品を撮っていただけに、それをレース化するのは自然な発想だった。**競争にしたおかげで男の意地とロマンとエロはこれ以上なく燃え上がり、レースは空前の盛り上がりを見せる。**シリーズは三本作られたのち、2009年『テレクラキャノンボール2009 賞品はまり子*Gカップ』として復活。第五回の今回はついに劇場版として映画公開されるにいたった。天才AV監督として知らぬ人なきカンパニー松尾、初の劇場用作品ということになる。

さて、レース参加者は６名。カンパニー松尾とＶ＆Ｒ[※3]時代からの盟友であるかつての社会派ＡＶ監督**バクシーシ山下**[※4]、ナンパの名手**ビーバップみのる**[※5]、松尾の会社ＨＭＪＭ[※6]の若手監督**タートル今田**[※7]、**梁井一**[※8]、ｈ．ｍ．ｐ[※9]の社員監督**嵐山みちる**[※10]という面々である。この六人がそれぞれ得意技と裏技を駆使し、できるだけ早く、可愛い女の子と、すごいセックスをこなすかを競いあう。男として、いや雄としての面子をかけた競争なのである。

レースは東京から札幌まで。車でスピードを競うＲＵＮステージと、テレクラやナンパでセックスをして（ビデオに撮らせてくれる）素人を探すＳＥＸステージ。全５ステージ一週間の行程である。ビデオ版は全10時間なのだが、この劇場版では最後、札幌でのＳＥＸステージ２ステージが中心に紹介される。

映画として構成するならレースを中心に、セックス場面を減らし目にして手に汗を握るトップ争いを煽っていくだろう。それができるだけの素材もあったし、ドキュメンタリーの盛り上がりもあったはずだ。セックスに抵抗のありそうな女性客に受けるものをめざすならそうなる。だが、そうやって構成し直すことはよしとせず、松尾は最終ステージのナンパの駆け引きをそのまま収録するほうを選んだ。映画としてはたぶんそれは異形なものである。それでもこういう構成を選んだのは、松尾のＡＶ監督としての矜持というべきだろう。そしてまた、それぞれのナンパが何よりも面白いからでもある。

ナンパの魔術師ビーバップみのるは「ビックリする話と、へーっていう話とどっち聞きたい？」という究極の二択で（どっちでも同じではないのか!?）話のきっかけを作り、絶対ＮＧという女の子にじりじりと迫ってすべてをＯＫさせてしまう。頭脳派バクシーシ山下は「風俗街で仕事あがりの娘をナンパすればいい」という戦略思考で見事二人連れの女の子を捕まえる。そして肝心のカン

『劇場版テレクラキャノンボール2013』

パニー松尾はよもやの……。
これがはじまったころ、カンパニー松尾はまだ二十代だった。やりたい盛りの二十代であり、いわばスポーツのようにテレクラのガールハントを楽しむこともできた。だが、いつしか時はたち、松尾も山下も立派な中年男性になった。バクシーシ山下はさんざん「糖尿なのでセックスが弱い」とぼやいている。すでに勢いだけではこなせないお年頃なのだ。セックスもナンパも楽しみだけではできなくなっている。カンパニー松尾の地方ロケものはいつもロードムービーの趣があるのだが、この長期シリーズはいやがおうでも人生を感じさせずにはいられない。**なぜ人はセックスにこだわるのか、セックスとはいかなる行為なのか、**考えさせられてしまうのだ。

面白いのはナンパでつかまえる女の子にも男性陣それぞれのキャラクターが出ることだろう（見ている側も、ナンパ師のキャラクターを知っているベテラン勢のほうがおもしろい）。ビーバップのナンパはどこまでもハッピーで、かわいこちゃん相手に幸せなセックスをしている。バクシーシ山下がナンパした二人組はホテルの部屋に入るとすぐ窓から外を覗いて「あ〜死にて〜こっから飛び降りたら死ねるかな〜」と言いだすかなり危ない娘たち。この二人組とまったく弾まない、冷え冷えとつまらなそうなセックスをするバクシーシ山下。実は山下は前回（２００９年大会）でも、ものすごく強烈な女性を連れてきて一同を感嘆させている。このパートだけは見事にバクシーシ山下が得意とする、人間の冷たさをあぶりだすＡＶになっているのだ。金とセックスを交換するドライなやりとりは、ＡＶの残酷さと人間の浅はかさをうきぼりにして、だが馬鹿馬鹿しくもおかしい。

ではカンパニー松尾は？　実は主催者の松尾は過去のレースで一度も優勝していない。今回のレースも本来は２０１２年におこなわれるはずだったが、松尾がバイク事故を起こしたため一年延期となったのである（そのために今回は「優勝商品」となるボールガールが二人いる。**新山かえで**[※11]は本来、前回のボールガールとなるはずだった）。今回こそその意地が炸裂するのだが……。

その意地がいかなる結末にいたるのかは見てのお楽しみにしておこう。カンパニー松尾とバクシーシ山下という、V&Rで安達かおるの[※12]元で修行をした二人にとってはふさわしい結末だったのではなかろうか。そこには人生があるのだ。

※1映画『キャノンボール』 1981年のアメリカ・香港の合作映画。監督はハル・ニーダム。賞金目当てにアメリカ大陸を横断する非合法レースの物語。バート・レイノルズ、ロジャー・ムーア、サミー・デイヴィスJr.等のオールスターキャストの映画で大ヒット。日本人のレーサー役でジャッキー・チェン、マイケル・ホイも登場。

※2 カンパニー松尾 1965年生まれ。AV監督。〝ハメ撮り〟の第一人者。1987年V&Rプランニング入社。翌年に監督デビュー。現在はHMJM（ハマジム）を立ち上げて活躍中。代表作『私を女優にして下さい』、『テレクラキャノンボール』等。「カンパニー」の名前は、中学生時代に、ジュースや手作り弁当をクラスメイトや友人に学校で大量に持ち込み売っていたことからついた当時のあだ名から。

※3 V&R 株式会社V&Rプランニングのこと。「鬼のドキュメンタリスト」の異名もある安達かおるを筆頭に、バクシーシ山下やカンパニー松尾などが、レイプやスカトロといった異色でアンダーグラウンドなテーマのドキュメンタリータッチの作品を数多く発表。その過激な作品は社会的に問題化することもしばしばあった。

※4 バクシーシ山下 1967年生まれ。AV監督。AV男優からV&Rプランニングへ入社し『女犯』で監督デビュー。この『女犯』シリーズはあまりの凄まじいレイプ映像が続く作品で、フェミニズム団体に抗議を受け社会問題ともなった。様々な社会問題を背景にしたAV作品でも知られており、そのため「社会派AV監督」の異名を持つ。AV作品の他、著書に『セックス障害者たちAV監督バクシーシ山下全撮影記録』（幻冬舎文庫）等も。

※5 ビーバップみのる ドグマに所属のAV監督。2003年『僕のやさしいママになってください。友田真希32歳』で監督デビュー。「ナンパものから熟女、淫語、陵辱、痴女、単体女優のプライド崩壊と、ギャルから熟女まで、エロい女を撮らせたらピカイチ」の実力派といわれる。

※6 HMJM アダルトビデオメーカー。カンパニー松尾、タートル今田らが所属。昨年度の書籍版『皆殺し映画通信 2014』で柳下毅一郎と対談したドキュメンタリー映画監督松江哲明も作品を発表している。社長はカメラマンの浜田一喜。浜田写真事務所を略してハマジム（HMJM）。

51 『劇場版テレクラキャノンボール2013』

※7 タートル今田　１９７６年生まれ。ＡＶ監督。日本映画学校卒業後、ＡＶメーカー「ハマジム」に入社。同社の社員監督として活躍中。代表作に『温泉美人』、『初恋』。

※8 梁井一　ＨＭＪＭ所属のＡＶ監督。

※9 h.m.p　アダルトビデオメーカーのh.m.p株式会社。１９８０年代から続く老舗で大手のＡＶメーカーである。

※10 嵐山みちる　１９８３年生まれ。ＡＶ監督。２００８年に監督デビューし、現在では「楽しいｓｅｘ」を合言葉にした女性向けＡＶレーベル「ｅＳ（エス）」を主催。

※11 新山かえで　１９８６年生まれ。ＡＶ女優。巨乳（Ｈカップ）。本作『テレクラキャノンボール２０１３』の優勝賞品（ボールガール）はやはりＡＶ女優の神谷まゆと新山かえでであった。

※12 安達かおる　１９５２年生まれ。ＡＶ監督。Ｖ＆Ｒプランニングの創設者で元代表取締役。「鬼のドキュメンタリスト」。代表作に女優の素の顔を出させるためとことん追い込む『ジーザス栗と栗鼠スーパースター』シリーズがある。

別に映画なんか作らなくったって、十周年記念ぐらいできるのよ？

『ゲームセンターCX The Movie』

監督＝蔵方政俊　脚本＝酒井健作　市川豊　脚本協力＝岐部昌幸
出演＝有野晋哉、吉井一肇、平祐奈

最近ではタイトルに「The Movie」とついているだけでついぴくっと身体が動く体質になってしまったわたくし。今度は『ゲームセンターCX The Movie』。『劇場版キス我慢選手権』[※1]に匹敵する「**おまえは何を言っているんだ**」**案件である。**

ええと、『ゲームセンターCX』というのはフジのCS放送で2003年からやっているゲームバラエティ番組。**よゐこの有野晋哉**[※2]がファミコンのレトロゲーにぶっつけで挑戦し、苦戦しながらも攻略して最後には感動のエンディング！　**って単に芸人がゲームやってるのを見てるだけだよ！**　でもこれ、見ていると結構面白かったりするんだよね。ただ無心に何かひとつのものにとりくむ姿は、その対象のことを知らなくとも面白かったりするのだ。さて、だがじゃあ映画にするってのはどういうことなんだ？　ていうか、いったいどんな映画を作るつもりなわけ!?

映画版の対象ゲームは1986年発売のマイティボンジャック[※3]。迷路のような通路の中に配置された爆弾を取りながらステージをクリアしていくゲームなのだが、半端ない難易度で挫折者続出のゲームとして有名なのだそうだ。たしかにものすごいスピードで湧いてくる敵をかわしながら狭いスペースを抜けていくのはたいそう難しそうだ。各ステージは通路面と「王家の部屋」面の二面構成になっており、途中でしくじるとその面の最初からやりなおし。「王家の部屋」だけは「ワープ」して次の面の「王家の部屋」まで飛ぶことができる。ただしここで死ぬと、ワープ前の面まで戻されてしまうので、ワープすべきかどうかには慎重な判断が求められる。このマイティボンジャックをとりあげた回は傑作と語り継がれているのだという。さて映画は2006年某日、『ゲームセンターCX』で有野がマイティボンジャックに挑戦する場面からはじまる。当然の高難易度で、たちまちゲームオーバー。ところでこの番組では有野が詰まるとADがヒントを教えたり、助けてくれたりする。マイティボンジャックの場合ライフの無限増殖という技があり、有野が休んでいるあいだにADがちまちまこの技をやってライフを増やしてくれる。それでも容赦なく死んでいくジャック。当然時間内でのクリアは不可能で、有野は延長戦（残業）に突入。

そこで舞台は変わる。1986年7月13日。夏休みを目前にした中学生のダイスケ（**吉井一肇**）はファミコンと少年ジャンプに夢中だった。早売り店で土曜日にジャンプをゲットし、「まさか『DRAGON BALL』にアラレちゃんが出てくるなんて……」[※4]と感心しきり。朝礼のときにそんな話をして同級生に感心されたりしている。なんとなく憧れの美少女クミコからも熱い視線を寄せられているような？　教室に戻るとクミコから話しかけられる。

「ダイスケくんってファミコン好きなんだよね～？　ダイスケくん、面白いね！」

まさかのファミコンモテ！

「なんか前やったゲームあるんだけど、名前思い出せなくて……狭い通路を動かして敵から逃げるんだけど、爆弾が出てきてボムとか言って……」

「マイティボンジャック!?　それなら持ってるよ！　貸してあげようか？」

というわけで順調にファミコンモテなダイスケ。翌日持ってくる約束をするものの、「即持っていくといかにも飛びついたみたいでカッコ悪い、ここはあえて忘れたふりして引っ張ろう……」と浅知恵を発揮して一日遅らせる。だが翌日、持ってきたゲームカセットを眺めていたところを不良同級生加藤くん（毎日ボンタンの皺をとるのに夢中）に見とがめられる。

「なんだよそれ。おもしれえのかよ。ちょっと貸してくれよ」

「あ、ああ……いいよ」

と断るすべもなく奪い取られるさまを愛しのクミコに目撃されてしまった！

「だいすけ　は　しんでしまった」！


一方2006年では有野の挑戦が続いていた……というわけで以後、有野のマイティボンジャック挑戦と失敗、延長につぐ延長のありさま（2006年に放送されたバージョンの再編集版らしい）と、不良同級生に奪われてしまったゲームカセットを取り戻そうとする少年の奮戦が交互に描かれる。いや、そのふたつ、全然関係してないんですけど。過去話もテレビに流れる『タッチ』や『北斗の拳』といったなつかしネタでくすぐるくらいで、別にとりたてて面白いわけじゃない。**番組十周年記念だそうだが、別に映画なんか作らなくったって、記念ぐらいできるのよ？** 総集編をわざわざスクリーンで流さなくてもいいんだよ？ 丸三日奮闘した有野は隠しステージの前にあえなく降参。だが、これでは番組が終われない！ というので公開会場で視聴者の前で再挑戦することになる。一方、ダイスケは意を決して加藤くんに返してくれと頼むことにする。このままだと「借りパク」されてしまうではないか！ 『スケバン刑事』を見て勇気をふるい起こし、いざ！

「いや、今ないんだよね～」

こいつは何を言っているんだ。

「先輩に頼まれたんで貸しちゃったんだよ。ダイスケちゃん、直接先輩に言ってよ」

その先輩とは校内一の不良と言われる安部先輩であった。安部先輩に意見なんかしたらぶっとばされるのは必須。だがこのまま4900円のカセットを借りパクされてしまったら、これから一生涯、中学のときのことを思い出すたびに借りパクの悪夢が甦るだろう。なんとしてもゲームを取り戻さなくては！

　ついに安部先輩ら不良のたまり場に乗り込むダイスケ。脳内には「たたかう／にげる」の選択肢があらわれる（もちろん、すべてファミコンのゲーム画面風になってるわけです）。加藤くんはじめ並み居る不良に睨まれつつ……。

「そ……そのゲーム返してください」

「おう。この面終わったらな」

　それは超難関の13面！

　安部先輩、何も言わずにコントローラーを差しだす。

「へ？　やれってことですか？」

　ここでクリアしたら持って帰れる！　ついにゲーマーの本気を出すときが来た！

　……と思ったらあえなく死んでしまう。え？

　ダイスケ、いきなりカセットをひったくって逃げる。追いかける不良たち！　迷路のような道を突っ走り、坂の上下から走って追いかけてくる不良を躱しながら逃げて、あ、これって、マイティボンジャックっぽい!?　そしてさらに走って逃げて、ふと気がつくとジャンプを土曜早売りしている酒屋の前に立っていた。今日は金曜の夕方、土曜日に売っているということは金曜夕方には倉庫にあるはず。ふらふら～とシャッターを上げて中に入り込む。するとそこは……。

　……公開会場で有野がゲーム攻略をしていた！　ついに詰まった有野、観客から攻略のヘルプを求める。そしてダイスケが壇上へ！　**おお！　こういうかたちで繋がるのか！**　ここは実はちょっと感動した。ここでダイスケが現役ファミコンプレイヤーとしてのやりこみぶりを発揮、有野を救ってヒーローになるのか！　と思ったらいきなり失敗してキャラ死んで終わってしまった！　なんだこれ！

結局このふたつの話、なんにも関係なかったんじゃないか！　1986年に戻ったダイスケ、クミコにおずおずとカセットを差しだすと……

「えー違うよー。なんだっけ〜ボンバー……」

「ボンバーマンかよ！」

という予想通りのオチでちゃんちゃんなのでした。

※1『劇場版キス我慢選手権』　2013年公開の日本映画『ゴッドタン　キス我慢選手権 The Movie』のこと。テレビ東京の深夜人気バラエティ『ゴッドタン』の一コーナーを映画化したものだが……。詳細は書籍版『皆殺し映画通信　2014』を参照のこと。

※2 よゐこの有野晋哉　お笑いコンビ「よゐこ」のボケ担当。シュールコントで知られたよゐこであったが、フジテレビのCS深夜番組『ゲームセンターCX』で、数々のレトロなゲームに挑戦していく有野課長としてブレイク。自称「プロゲーマー」。アイドル趣味やアニメファンとしても知られる。

※3 マイティボンジャック　1986年発売のテクモのファミコン用ゲーム。現在、Wii Uのバーチャルコンソールでもプレイ可能。

※4 まさか『DRAGON BALL』にアラレちゃんが出てくるなんて……　鳥山明『ドラゴンボール』に、やはり同じ作者の前作『Dr.スランプ アラレちゃん』のキャラクターがそのまま登場する回（其之八十一―八十三）は当時驚きをもって全国の小中学生に迎えられた。現在はフルカラー版のレッドリボン軍編に収録。

飛行の快楽抜きのこの映画はスタジオジブリとはなんの関係もありません

『魔女の宅急便』

監督＝清水崇　脚本＝奥寺佐渡子、清水崇　原作＝角野栄子
出演＝小芝風花、尾野真千子、広田亮平、宮沢りえ、浅野忠信

（この映画はスタジオジブリとはなんの関係もありません）

映画を見るとき「この映画は誰のために作っているんだろう？」って考えるくせがあるのだが、この映画の場合は考えるまでもなく「ジブリ映画のファン」に向けて作られているのだろう。それがいかなる過程をたどって清水『呪怨』[※1]崇の元にたどりついたのかは知るよしもないが、ともかくジブリ映画のファンが、**ジブリ映画のような感動を与えてもらえるものと勘違いして見に来てしまうことを期待して作られた映画なのである。**いわばジブリプロイテーション。ジブリ映画は国民的映画なのだから、ジブリプロイテーションは全国民に向けて作られる。だが「全国民」がターゲットなら、それはターゲットなどないのと同じではないか。したがってジブリプロイテーションはどこへ向いているのかもわからないままさまよっていくのである……。

さてこの映画であるが、もちろん原作は角野栄子[※2]の同名ジュニア小説。で、この原作のアニメ映画化がジブリ制作の宮崎駿監督作品。で、その原作を実写映画化したのが本作。あくまでも原作からの直接映画化で、宮崎アニメのリメイクではない。宮崎作品はいっさい関係ありません……と言えばいうほど怪しい感じになってくるわけだが、どういうわけか実写化の原作権がアニメと無関係

だったらしく、こういうかたちで映画が作られることになってしまったわけである。で、その監督が『呪怨』でおなじみ清水崇。どうやらその昔ハリウッドで実写化のプロジェクトなどあったらしく、清水崇監督なら海外に売りやすいとかそういう思惑もあったのかなあ。

そういうわけなんで物語は基本的にはジブリ版と同じ。十三歳になった魔女のキキは一年間、修行のために一人で生活することになる。キキは街に出かけてパン屋に下宿、魔女と言っても空を飛ぶことしかできないキキは荷物を届ける「魔女の宅急便」をはじめる……ところでこれを書くにあたって宮崎版を見返してみたけれど、**いや、宮崎版って本当に見事に脚色してあるよなあ。**原作は「キキ、～を運ぶ」というタイトルでいろんなものを運ぶキキが、コリコの町の人との出会いによって少しずつ成長してゆくという一話完結方式になっている。今回の実写版では二巻に収録されている「キキ、黒い手紙を運ぶ」と「キキ、カバを運ぶ」が中心。ほとんど宮崎オリジナルのジブリ版と比べるのは酷だとはいえ、演出でなく脚色ですでに大きく劣っているというのではいったいどうしたら……。

キキ(**小芝風花**)がやってきたのは多島海の港町、コリコ。ひょんなことからグーチョキパン屋のおソノ(**尾野真知子**)にひろわれたキキは、風車小屋の屋根裏部屋に住まわせてもらって「お届けもの」を受けつける。最初の客としてやってきたのは眼鏡の少年とんぼ(**広田亮平**)。とんぼから本を岬の小学校まで届けるように頼まれたキキ、いさんで飛んでいく。と、そこにはとんぼがいた。

「早いな～」

人力飛行機を製作中のとんぼは実際にキキが空を飛ぶところを見て研究したいと思っていたのだった。人のためになる仕事をしたい、と思っていたキキは、とんぼと彼をしたう弟妹たちの失礼な態度(ほうきをいじくりまわしたりして本当に失礼)に憤然としてその場を去る。

ある日すみれクリーニング店主（**吉田羊**）に頼まれて洗濯物を干したまま飛びまわったことからキキは町の人気者になり、お届け業務は引きも切らず。キキは森の中で隠者のように暮らしている元歌手タカミ・カラ（挿入歌もうたっている**YURI**）の元へ届けものに行く。おソノの夫フクオ（**山本浩司**）も大ファンだというタカミ・カラだが、姉妹の死にショックを受けて歌がうたえなくなったのだ。

そんなある日、キキは少女から「友達が公園でランチしてるから、手紙を届けて」と黒い封筒を渡される。例によってほうきにまたがり、ふわっと飛んで公園についたが、差しだした手紙を友達は受け取らず、悲鳴をあげて逃げだしてしまう。少女に「ごめんなさい、渡せなかった」と告げると、少女は意外なことを言いだす。ランチをしていた相手は友達でもなんでもなく、喧嘩のついでに「じゃあ魔女に呪わせてやる」と言ってキキを送り込んだのだという。ショックを受けるキキ。そこからたちまちのうちに魔女に荷物を運ぶと呪われるという噂が広がり、それまでキキに荷物を運んでもらった人が片っ端からキキのところに返却に来て荷物の山。キキ大ショックで飛行の力も失ってしまう……。

これしかし「魔女に荷物を届けられると呪われる」のであれば、その荷物を返却したら返した先が呪われてしまうのでは？　別に見知らぬ人間からスパムが届けられたわけじゃなかろうに、返してどうするつもりなのか。魔女修行を諦めようと思いさだめたキキ。そんなある日、島を「海ぼうず風」と呼ばれる猛烈な嵐が襲う。折しもコリコ動物園では赤ん坊カバのマルコがライオンに尻尾をかじられて病気になるという事態が発生していた。飼育員の狂人ナヅル（**新井浩文**）は「魔女の呪いだ！」と叫ぶばかり。マルコを救ってくれるのは多島海を放浪する獣医のイシ先生ただひとり。さあ、キキはどうする？

ってマルコを運んでいくに決まってるんだけどね。

まあこの映画、いろいろ問題はあるんだけど、**言ってしまえば「つまらない」。その一言。**そもそも宮崎駿が『魔女の宅急便』を作る理由ははっきりしている。それは少女の話であり、飛行の話だからだ。だから「空を飛ぶことしかできないキキ」を魅力的に描くこともできる。だが清水崇のどこに、この映画へのモチベーションを求めればいいのだろう？　そこには飛翔への欲望すらない。ストーリーがどんなにひどくても、キキの飛行シーンさえきちんと撮れていれば、この映画は成立するはずである。だが、映画はほぼキキがワイヤーで吊られたほうきにまたがってCGの背景の前で左右に揺れるだけで終始する。清水崇はキキにまったく感情移入せずに撮っているので、飛行の主観ショットはもとより、キキ（小芝）のアップすらほとんど出てこない。ほぼぶらさがっているキキを横からミドルかロング（CG）で撮るだけなのである。これで映画が盛り上がるわけがない。そりゃあ宮崎駿のダイナミックな飛翔を再現するのは難しかろう。だけど飛行の快楽抜きではこの映画は成立しえないと思うのだがなあ。

嵐の中飛んだキキととんぼ（宮崎アニメなら面白くなるかも……と思わせる見せ場一箇所あり）が無事マルコをイシ先生（**浅野忠信**）の元に届けると、イシ先生は切れた尻尾に懐中時計をぶらさげて

「これでよし。これは中心点不明病だね。自分がどこにいるのかわかんなくなっちゃったんだね。でもマルコもキキやとんぼと一緒にした旅で中心を取り戻したんだね」

ってカバは運ばれただけだろ！　そんなわけで、キキがこの町に来てから、そろそろ一年がたとうとしていたのです。

※1 清水『呪怨』崇　1972年生まれ。映画監督。映画美学校卒業後の1999年、『呪怨』、『呪怨2』をビデオ作品として発表。この作品が注目され、2003年には劇場版『呪怨』を公開。そのホラー表現は海外にまで評判を呼び、やがて、『死霊のはらわた』（1981）の監督として知られるサム・ライミのプロデュースで、ハリウッド版として、『The Grudge』（邦題『THE JUON／呪怨』）、『The Grudge2』（邦題『呪怨　パンデミック』）をセルフリメイクし、こちらも全米で大ヒットした。『呪怨』より先に劇場公開作となった『富江 re-birth』（2001）も話題を呼んだ。

※2 角野栄子　1935年生まれ。童話作家・絵本作家。1970年頃より絵本、童話の創作をはじめ、膨大な作品を発表し続けている。代表作に『ズボン船長さんの話』（福音館書店／旺文社児童文学賞）、『おおどろぼうブラブラ氏』（講談社／サンケイ児童出版文化賞大賞）等。本作品の原作『魔女の宅急便』（福音館書店1985）は、野間児童文芸賞、小学館文学賞、IBBYオナーリスト文学作品賞路、路傍の石文学賞などを受賞。宮崎駿原作のアニメ『魔女の宅急便』の他、1993年には横内謙介脚本、蜷川幸雄演出、宇崎竜童音楽にて、ミュージカル作品ともなっている。本作品では、作者自らナレーションをつとめ、パンを受け取る客役でカメオ出演している。

ああ面倒臭い、次から次へと後付けの設定……で、これのどこが面白いんでしょうか?

『偉大なる、しゅららぼん』

監督＝水落豊　脚本＝ふじきみつ彦
出演＝濱田岳、岡田将生、深田恭子、渡辺大、貫地谷しほり、佐野史郎、笹野高史

万城目学[※1]の小説はやたらと人気で、『鴨川ホルモー』からはじまって京都大阪奈良の関西ファンタジーシリーズはいずれもテレビやら映画やらで映像化されている。というわけでいくつか読んだり見たりしたわけだけどどいつもこいつも驚くほどつまらない。**どこが面白いのこれ……?**　でもベストセラーなんだよねえ。評価もたいへん高くて直木賞候補だったり、はてさていったいどこが評価されているものやら、と悩むことしきり。しかしぼくの悩みなど世の趨勢とはまったく関係ないわけで、今度の舞台は滋賀県、琵琶湖の神から力を得たという伝説の一族の物語。

15歳、高校に入学することになった日出涼介（**岡田将生**）は琵琶湖のほとり岩走町にある日出家本家にやってきた。町は日出家に牛耳られ、本家はなんと城に暮らしている。日出家は千五百年前に湖の神から力をもらった。一家には定期的に〝力〟のある子供が生まれ、〝力〟を使うと他人の精神をあやつることができる。その力を利用して日出家は町を牛耳って巨万の富を築いたのである。ただし琵琶湖のほとりを離れると力が使えなくなってしまうので、一家はこの町から離れられない。ところで湖の神から力をもらったのは日出家だけではない。もうひとつ、棗《なつめ》家も〝力〟を授かり、長年日出家とのあいだで抗争を続けてきた。ただし〝力〟のあるもの同士はお互いに力をおよぼす

ことはできないという決まりがある。そして〝力〟をふるったとき、近くにいる〝力〟を持つ者（これ、いいかげん面倒臭いんだけど、「能力者」とかそういう呼び名にしといてほしかったなあ）は耳をつんざく強烈なノイズを感じる。

ああ面倒臭い。以上ここまで設定。いや、これ書いていてしみじみ思ったんだけど、ぼくが万城目学を面白いと思えない理由がここに凝縮している。つまり、このファンタジー設定、リアリティのレベルがどこにあるのかさっぱりわからないのである。「誰も知らないところにひっそりと暮らして……」にしては嘘のレベルが大きすぎて、まるっきりファンタジーになってしまう。じゃあ何かのメタファーになってるのかというと、延々説明されてもなぜこんな設定なのかって理由がひとつもない。だったらただのこしらえものでしかないではないか。で、この上にさらに無意味な設定がかさなり、それがすべて言葉で説明され、そこに突っ込みがはいって……で、このどこが面白いんでしょうか？

本家の跡取り淡十郎（**濱田岳**）はナチュラルボーンなお殿様で、涼介に「伴、苦しうないぞ」とか言ってる変人。全身赤の学生服を特注し（赤が好きなので）、涼介にも強要する。目立つ淡十郎には不良が絡んでくるが、「醜いな。もっと美しい姿にしてやろう」とかわす淡十郎。翌日にはリーゼントだった不良はちょんまげ姿でバスケゴールの上に座っている。生きる伝説とも言われる淡十郎の〝力〟ならこの程度は朝飯前なのだ。だが不安定なところに座っている不良はふらっと倒れ落ちる……そこにあらわれたのは同級生のイケメン棗広海（**渡辺大**）。棗家のあと取りが〝力〟を使うとものすごい轟音が聞こえて涼介は七転八倒。棗家の〝力〟は精神ではなく物質に働きかけ、物を自在に動かすことができるのだ。以後淡十郎と広海の〝力〟合戦がはじまるたびに涼介は轟音に苦しめられる。

淡十郎の姉清子（**深田恭子**）は傍若無人な美人だが、城から出ようとしない。特別な能力者清子は他人の精神を覗けてしまうのだが、高校に入ったときに同級生の心を覗いて人間不信に陥り、以後城に引きこもっているのであった。一方、淡十郎は校長の娘に恋をするのだが、肝心の娘は棗に恋していきなりふられてしまう（ちなみにこの娘が校長の娘だと涼介が知る場面、娘が校長に手をふってるのを見て「え、きみたちって……」と愛人関係を疑うのだが、そもそも名字でわかるだろ！一事が万事この調子で、涼介が小学生でもわかるボケを延々と続けるのでIQが果てしなく下がることおびただしいのだが、これが原作には書かれていないことを祈るのみだよ）。こうなったら棗をこの町から追い出してやる！と棗家に乗り込む。いざ対決！と思いきや。

淡十郎「棗、一緒にここを出よう。こんなつまらない〝力〟なんかに縛られて一生この町から出られないなんてつまらないじゃないか。ぼくは自分の力で生きていきたいんだ。一緒に町を出よう」

真情に満ちた演説。と、そこへ棗の現当主（**高田延彦**）が帰ってきて淡十郎たちは追い出されてしまう。ある日、校長が城を訪れる。

「48時間以内に城を明け渡していただきたい」

何言ってるんだ……と一笑に付した当主（**佐野史郎**）が力を使おうとすると校長はいきなり手を差しのべ、当主の動きを止めてしまう。淡十郎以下たちまち手も足も出ないまま倒される。校長は棗家の動きを止める力と日出家の精神を支配する力、その両方を使うことができるのだった。しかも能力者に対しても自在に力を使うことができる万能ぶり。校長は当主を眠らせ、意識を戻してほしければ城を明け渡せと言いおいて去る。翌日、棗広海がやってきて、淡十郎に助力を求める。校長は棗家にもあらわれて当主を昏倒させてしまい、しかもその瞬間を母に見られてしまった。母は〝力〟を持たない一般人なのだが、棗家には〝力〟の存在を一般人に知られてはならず、知られた場合には琵琶湖の生贄に捧げなければならないという決まりだ。ついては日出家の力で母の記憶を消してほしい。

涼介「そんな馬鹿な話があるもんか！」

淡十郎「たしかに信じがたい話だが、信じがたい力が存在する以上、信じないわけにはいかない」

おまえが言ってどうする！　ていうか、それで理由づけが済むとかご都合主義にもほどがある！と文句を言うのはまだ早いわけで、**ここからどんどんご都合主義は加速するぞ！**

淡十郎「清子の力なら可能だろう」

というわけで引きこもりの清子、馬に乗って岩走の町を行く。権力をフルに活用道路も占有し……と言いたいところだが、**画面の奥に車止めが映っちゃってるよ！**　ともかく棗家までやってきた清子、びびっと力を使って広海の母の記憶を改竄してしまう。と、そこへあらわれたのが校長。

「期日はまだのはずだぞ！」

「いや何、棗と日出が急接近してると聞いたものでね」

……ってこのふたつに手を組まれたらまずいって言ってるようなもんではないか。ていうかそれなら確固撃破していけばいいだけだと思うんだが、どうしてこう漫画の悪役って馬鹿なのかね。清子がパワーを発揮（涼介と広海は七転八倒）するも、校長は平然とはねかえす。そして力を棗の妹に向けようとした瞬間、思わず涼介と広海が力を使い、ものすごい音がして全員ぶっ倒れる。気がつくと……校長はいなかった。一人平然としている淡十郎は「逃げていったよ」という。

その夜、「あれは本当にひどい音だった」と言いあう涼介と広海。「棗の力を使うときのしゅるるるという音のあと」「日出の力を使うときのぼんという音が」「つまりしゅらら・ぼん！というわけか」

タイトルコール来ました。

「それにしてもあの音をよく我慢できましたね」

淡十郎「実は自分は〝力〟を使えないのだ（だから音も聞こえない）」

！

すなわち〝力〟に支配された人生を望まない淡十郎は能力を覚醒するために飲まなければならない〝御神水〟をあえて飲まず、〝力〟を使えないまま能力を消すことを望んでいたのである。それを知っているのは清子だけで、清子には週にタバコ三箱買ってくることで口止めしていた……ってちょっと待て、最初の部分だからもうみんな忘れてると思ってるのかもしれないけど、あのヤンキーをシバキあげたのってなんだったんだよ！　**なんか説明しろよ！**　そこへあらわれた清子。「しゅらぼんが琵琶湖の守り神である竜に届いたので校長は逃げたのだ。竜に命令されたので、明日、おまえたちは湖畔に来い！」

てか竜とかいきなり今出てきたんですけど！　この調子で次から次へ後付けの設定が積み重なっていくわけで、まあそれ退屈しないと言えば言えるけど、いくらでも続けられるんならなんの意味もないよね？　しかもそれが全部口で説明されるだけ。肝心の**しゅららぼん**さえ岡田将生が耳をおさえてバタバタしてるのを見せられるだけで別に爆音になるわけでもない。まあそんなわけで校長の正体は？　〝力〟はなんのためにあるのか？　なぜ広海と涼介は突っ立ったままただ説明を聞いているのか？　謎は次々に解明され、どんでんがえしにつぐどんでんがえしののち、淡十郎は「〝力〟になど頼らない。自分の力で解決してみせる！」と大見得を切って、さあどうするのって期待したら……。

まあこれはさすがにびっくりした（何も考えてなさかげんに）ので、みなさんも劇場で見てたしかめてくださいいね！

※1　**万城目学**　まきめ・まなぶ。1976年生まれ。小説家。『鴨川ホルモー』で第4回ボイルドエッグズ新人賞を受賞してデビュー。第2作『鹿男あをによし』は直木賞候補。摩訶不思議でファンタジーな作風に定評がある。『鴨川ホルモー』はコミックともなった他、2009年に劇場映画（本木克英監督）ともなった。

映画界諸悪の根源が悪魔合体！　地方映画の最後の魔神が誕生する！

『乙女のレシピ』

監督＝三原光尋　脚本＝小森まき　製作＝映画24区
出演＝金澤美穂、城戸愛莉、秋月三佳、渡辺恵伶奈

映画24区製作作品。

映画人が住む仮想エリア、映画24区
映画人がこぞって集う、東京23区にはない新しい場所。
その思いから「映画24区」と命名いたしました。
有名・無名を問わず、映画に関わる映画人＝映画24区の住人がここに集うことで、
コラボレートし、新しい化学反応を起こし、
数多くのクオリティーの高い作品を創り出していくことを目指しています。

映画24区は、３つの事業を中心に活動しています。
［１］映画をはじめとした映像制作
［２］映画資源を使った地域プランニング
［３］ワークショップ運営による専門的な人材育成
これらの事業を通して、映画界の活性化、地域活性化に貢献していきたいと考えております。

えー、これ読んで慄然としたわけですが、ここ数年ぼくが追究してきた映画界諸悪の根源というものがあるとしたら、そのすべてを体現しているのがここである。こいつがラスボスか！　次号最終回！　ゴゴゴゴーッ！

どういうことか？　問題はこの3つの事業という奴である。［2］の「映画資源を使った地域プランニング」こそ、つまり地方自治体に食い込んで「地方発！」[※1]みたいな誰の得になるのかよくわからない映画を量産する代理店業務。以前カエルカフェ映画を紹介したが、あの手の山師プロデューサーはまだまだごろごろしているのだ。［3］の「ワークショップ運営による人材育成」というのは、『ｗｏｒｋｓｈｏｐ』[※2]のところでちらっと触れた、俳優や演出家を育てるというワークショップ。金を払って演技レッスンを受けるのだが、その卒業制作として映画を作る。そうすると卒業＝出演作が生まれるという寸法である。これまた誰のためだかよくわからない映画を生みだしてしまうのだが、これと地方発映画が組み合わされば！　そこに映画を製作することで利益を得る制作集団が組み合わされば！　**まさに悪魔のトライアングル。**これがセデック[※3]のうちでの小槌とも言われる庄内映画村[※4]を擁する庄内キネマ[※5]と悪魔合体、ついに地方映画最後の魔神が誕生する！

お、おそろしい。こいつらほっといたらいつまでもこういう映画を作り続けるんだぞ。どうなってるんだこの世界は。誰か止める人はいないのか!?　だが、ここで手をこまねいているわけにはいかない。**たとえぼくは斃れようとも、せめて一矢を……。**

さて『乙女のレシピ』。

「世界初！　炊き込みごはん映画の誕生！」だそうである。いやそりゃあ世界初かもしれないが、単に誰もやる必要を感じてないだけって場合もあるわけで。舞台は山形県鶴岡市。羽黒高校料理部のメンバーたちは「明日に迫った料理コンテストでの優勝＆副賞ハワイ旅行をめざし、今年のテーマ〝炊き込みご飯〟のレシピに悪戦苦闘中。が、なんと！　考え抜いたレシピが給食のおばちゃんチームと被っていることが発覚！　校長先生からは負けたら廃部と告げられ、絶体絶命の彼女たち」

うーん。で、粗筋も何も、中身自体がほぼこれだけ。**もうちょっとなんか考えようよ！**　微妙な感じのアイドルを四人集め、庄内地方の食材ＰＲという企画を立てたはいいが、考えたのはそこまで。どれだけ安易に妥協すれば「チーム四人対抗の庄内料理コンテスト」などという設定を考えつくのか。ともかく今年のテーマは「炊き込みごはん」！　というわけでワタリガニの炊き込みご飯、ナンプラーを入れてエスニック風ね！　「美味しーい！　これで今年の優勝＆ハワイ旅行はまちがいないわ！」とはやくもハワイ旅行を妄想しはじめる（なぜかそこが庄内浜で、全員わかめまみれになる悪夢……というまったく意味不明のオチがつく）部員たち。ちなみにこの映画、何かっていうと女子高生が妄想はじめて尺を稼ごうとする傾向があるのだが、当然のようにチャンバラをはじめる時代劇風妄想シーンが登場する。ロケ地はもちろん庄内映画村……そこに駆け込んできた部員四号。

「去年優勝した学食のおばさんチームが作るメニューがうちと被ってるの！」

同じメニューでは学食おばさんには勝てない！　ハワイに行くには新メニューを考えなければ！　でも明日までに何を作れば？　全員がアイデアを持ち寄り、柿とココアの甘み炊き込みご飯とか、芋煮炊き込みご飯とか、いろいろ思いつきメニューを試していると校長から呼び出しが。

「ライバル校は料理コンテストのために三つ星シェフを特別コーチとして雇ったのだ！　我が校の名誉にかけても絶対に優勝するように。できなかったら……廃部だ！」

いや、ライバル校が金もかけて力入れてきてるんだったら、もうちょっとなんとかしましょうよ！　前年優勝の学食おばさんにサポートさせるとか！　まあそういうまともなことは考えるだけ無駄なのだった。本当に思いつきだけの大ピンチ！

三年生のナツキ（**金澤美穂**）は卒業してイタリアに料理留学に行った先輩に今も憧れを抱いてお

り、部員たちにひやかされている。と、そこへなぜかいきなり帰ってきた先輩。

「ナツキ、明日大会だって？　応援に行くよ」

でも……。

「ナツキ、好きな人いる？」

な、なにをいきなり！　と硬直するナツキ。

「好きな人に食べさせたいと思って作るといいよ。じゃあ、これオレの実家でとれたトマトあげるよ。おまえ好きだったろ？」

そのままとくに進展もなく部室に戻ると、そこにはナツキの妹が来ている。

「お母さんから差し入れよ」

「平牧（平田牧場）のソーセージじゃん！　サイコー！」

いやー、はたして彼女たち、何を作るんですかね～（棒）。


そういうわけでみんなから都合良くもらった食材をとりあえず全部ぶっこんで、トマトの炊き込みご飯ができました。これで明日は勝てる！　ナツキの親友ノドカ（**城戸愛莉**）が「今日みたいな何もない、騒がしい一日がいちばんよ」と言って終わり。これが三原光尋の作家性なのか～って大会やらないのかよ！　まあいつも映画にクライマックスの対決はいらない、特訓だけで充分だ、とは言ってるんだが、**食材切って炊飯器に入れてボタン押すだけとか特訓でもなんでもないから！**　金がないのはしょうがないかもしれないが、頭はもうちょっと使ってくれてもバチは当たらないからね。次はもうちょっと頑張りましょう……っていうか次がなくても一向にかまわないけどね！

※1 カエルカフェ映画　書籍版『皆殺し映画通信　2014』掲載の「カエルカフェの金をかけない映画作り『家』」にて詳しく取り上げられている。

——かつて白石ひとみというAV女優がいた。美貌と巨乳で一時代を画し、AVクイーンの名をほしいままにしたのだが、人気の絶頂で引退。その後はしばらくノイズ・ミュージシャンとして活動していたが、やがてCDレーベルを立ち上げる。これがカエルカフェである。

カエルカフェでは自然音をはじめレコーディング、サンプリング用の自然素材のCDを販売していた。やがてこれに飽きたらずに映画製作に乗りだす。脚本を落合雪恵（白石ひとみ）が書き、製作と監督を秋原正俊（北胤）がつとめるという二人三脚体制である。二人がどういう関係なのかは神ならぬこの身には知るよしもない。

この秋原正俊という御仁が曲者で、謎のコネクションをフル稼働して映画を作っているのである。カエルカフェ映画の構成要素は以下の三つだ。

1　地方ロケ。地方自治体の全面的援助を得て作る「ご当地映画」
2　文豪の名作が原作。著作権の切れたもの限定
3　微妙な有名人が主演。名前は通っているが、決してテレビで引っ張りだこではない人

これこそ金をかけずに映画を作るために考案された黄金のコンビネーションである。

※2『work shop』　2013年の日本映画。監督・脚本・編集＝千葉誠治の「ワークショップ映画」。詳細は書籍版『皆殺し映画通信　2014』にて。

※3 セデック　株式会社セデック・インターナショナル。映画の制作や配給を手がける。庄内映画村オープンセットを保有している。『おくりびと』、『SPACE BATTLESHIP　ヤマト』、『十三人の刺客』、『スキヤキ・ウエスタン　ジャンゴ』などを制作。2014年10月東京国税局から2012年8月期までの5年間に約10億円の所得隠しを指摘された。

※4 庄内映画村　山形県鶴岡市にある映画スタジオ。「庄内映画村株式会社」が運営していたが、2014年2月より、「スタジオセディック庄内オープンセット」と名前を改め、M&N COが新たに運営を行っている。

※5 庄内キネマ　庄内発の映画を製作する庄内キネマ製作委員会のこと。「出演するキャストは、映画24区俳優ワークショップ受講生や地元市民を中心にオーディションにて選定し、撮影・編集・宣伝等の制作スタッフには、地元大学生・高校生などからアシスタントとして積極的に現場を体験してもらい、明日の日本映画を担うような映画人の育成を目指します」（庄内キネマ製作委員会ホームページより）。

ネコ地獄映画と思いきや……町おこし映画でまさかの問題作登場！

『ねこにみかん』

製作・監督・原案＝戸田彬弘　脚本＝戸田彬弘、上原三由樹
出演＝黒川芽以、大東駿介、竹下かおり、隆大介

和歌山県有田市有田川町発！

えー有田と言えばみかん。でももはや地方発映画もそれだけでは成立しない時代なので、ここはハイコンセプトにみかん＋……ねこ！　**そう今映画界で流行りと言えばネコ映画。**　これが上映中のシネマート新宿では『猫侍』[※1]とかいう映画も上映中。まさかの猫地獄。いやね、ネコ好き女子だって、ネコと言えばなんでもいいってわけじゃあないだろう。こういうのって逆に女性を馬鹿にしてるよねえ。ともかくそういうわけで「ねこにみかん」という何やらことわざのようなタイトルの映画ができあがってしまったわけだが、まあそういうねことみかんを中心にしたはーとうぉーみんぐな物語を見せられるんだろうなあ……といささか暗い気持ちで映画館に出かけると……

主演は「もう一人の黒川[※2]」こと**黒川芽以**。真知子（黒川芽以）は恋人智弘（**大東駿介**）の実家にやってきた。和歌山県有田市、みかん畑にかこまれたのどかな田舎だ。真知子が智弘の実家の前で待っていると、次々に帰ってくる妹たち。

「こ、こんにちは……」と声をかけても「あ、そう」とみなそっけない。帰ってきた母親に「お、おかあさん……」

「ああ、わたし母親じゃないのよ。まあ入ってけば」

「……わたし、歓迎されてないのかな……」

「あー、うちみんな独立したネコみたいな人間だから」

え？　ひょっとして「ねこにみかん」ってそういう意味なの？　弟は登校拒否の引き籠もり隆志17歳、次女さやか高校二年17歳、長女由美17歳高校二年。

「え？　三つ子なの？」

「いや、三人全員母親違うんだ」

⁉

隆志の母親は高校教師の成美42歳、通称〝ハハ〟。さやかの母親はスナック勤務の佳代子35歳通称〝カカ〟。由美の母親は家事一切をとりしきる〝ママ〟こと里美47歳。そしてすべての元凶は釣具店兼よろずやを経営する〝チチ〟正一郎（**隆大介**）。智弘は死別した前妻千春の連れ子だったので、誰とも血縁関係はない。えええ？と混乱する真知子。てか観客。これつまり一夫多妻家庭の話なの⁉　地域おこし映画で有田川町議会が「サポーター」になってる映画で⁉　いいのか有田市民。クレジット見てると「サポーター」として大量の出資者の名前がリストアップされてるんだが、みんなこの内容で良かったのか。いやあ有田市って進んでるなあ。智弘の同級生が親子ほど年の違うハゲオヤジと結婚してたりとか（元高校教師と生徒のカップルだという。いいのか⁉）、**いろいろ性的に開明的な有田川町である。**ちなみにそのオヤジ
「まああの家はちょっと変わってるから、大変だろ」
とか言ってるけど、いや「ちょっと」じゃないし！　てか認められてるのか‼　有田川町進んで

る‼　というか智弘、そういう大事なことは前もって説明しておこうよ。プロポーズとかする前にさ！

〝チチ〟は寡黙な男で、食事を済ませると、「じゃあ、帰るから」と離れの部屋に戻って寝る。「うち、微妙な関係だからね」てっきり臥所が当番制で……みたいな話かと思っていたのだが、どうやらそういうことは一切していないという描写らしく、そこらへんには触れられない。〝チチ〟は寡黙で女性たちの自由を許しているのだが、普通に考えてこういうタイプの男性って、一夫多妻の家族なんか作らないんじゃないか？　むしろもっと雄度と支配欲が強い人間がやることではないかと思うのだ。どうやら智弘の母親が死んだ直後、「闇をかかえた眼」にひきつけられた女たちが次々に惹きつけられてしまい、そのままなし崩し的にやった結果がこうなったということらしい。つまり〝チチ〟はわりと流されやすく気弱で図々しい優男らしいのだが、そういう男って普通女のあいだをふらふらするほうだよね。

そんな複雑な家庭なので、当然風紀も乱れまくっている。真知子は〝チチ〟と二人きりになるだけでビクビクしているし、スナック勤務の〝カカ〟はやたら色気をふりまいて、血のつながっていない引きこもり息子の前でスリップ一枚で挑発。〝カカ〟、しまいには客の男を家に連れ込んであえぎ声を……真知子、とうとう我慢できなくなって

「なんなんですかこの家は！　みんな好き放題やって！」

「あんた、わたしたちがここまでどんだけ大変だったか知らないでしょ。わたしたちにもお互いに守ってることがあるの」

まあ、そりゃ大変だよね。でも

「じゃあ、守ってることってなんなんですか！」

「迎えることだよ」

どんなときも迎えてくれる人がある。それが家なのだ。とても機能しているとは思えないわけですが。真知子が泣いて飛びだすと、智弘は「やっぱ、理解してもらわれへんのかなあ」と頭を抱えている。普段は寡黙な〝チチ〟も「迎えにいかなきゃだめだ」と諭す。**いや、それは全部おまえのせいだから！**

町おこし映画で一夫多妻みたいな問題作をやってしまう冒険っぷりには感心する。でも、この話をブラック・コメディでもエロ映画でもなく、ひたすら陰々滅々とした家族ものとして描くっていうのは想像を絶している。だから17歳の姉妹の初恋とか、「恋愛って汚くない？」って悩むとかそういう甘っちょろいエピソードが出てくるんだが、普通に考えてもっと壮絶な話になるはずじゃないのか。そもそもこういう話を作るなら娘なり息子なりを主役にしなきゃならないわけで、よそからやってきた女の子がこの家族を見てカルチャーギャップに悩むとかって馬鹿にしてんのかと。息子が引きこもっているのも、てっきりイジメか何かのせいかと思っていたら、なんと終盤になって隆志は〝カカ〟のことが好きで、〝カカ〟を監視するために学校に行かずに家にいたのだということが判明する。しかし、その監視まったく役に立ってないよね！

そんな中でついに智弘との結婚を決意する真知子。

「御両親に相談とか……」

「うちは母はいません。父は仕事人間でわたしに関心がないので……」

だが結婚と聞いていきなり父親が乗り込んでくる！

母三人父一人と向かい合うスーツを着た真面目一本槍の男という珍妙な図。

「真知子はわたしの大事な一人娘です。わたしとしてはこんな野蛮な家に嫁にやるのは賛成できません」

とこの映画に出てきた人の中ではじめてまともなことを言う真知子の父！　しかし真知子は

「わたしにはわたしの人生がある。お父さんの指図はうけないわ」

とにべもない。ホテルを取るんで泊まっていってもう一度ゆっくり相談して……と言われても、二人は平行線のままで和解も何もしない。なんでこんなシーンが入ってるのか本当にわからん。「わたしにはわたしの人生がある」と干渉をはねのける真知子なのだが、それってネコ的バラバラ家庭と何も変わらないような……「言わないとわからない！」と叫んでいた真知子だが、結局「言っても通じ合わない」という身も蓋もない結果であった。結局、自分を迎えてくれるのはこの家しかない……と結婚の決意を固める真知子であったが、子育てにはあまりいい環境とは言えないような気がいたしますね。

※1『猫侍』　2014年公開の日本映画。監督は渡辺武、山口義高、主演は北村一樹。動物好きから絶大な支持を得た亀井亨監督による『幼獣マメシバ』（2009）、『ねこタクシー』（2010）などに続き、東名阪ネット6などで放送された動物シリーズのテレビドラマからの劇場版。撮影は日光江戸村で行われ、日光江戸村の全面協力により制作されている。

※2「もう一人の黒川」　女優の黒川智花（1989年生まれ）と苗字が一緒で、年齢も近く（黒川芽以は1987年生まれ）、活動範囲も似ているため。

78

テレビで五分のコントならばそれほど苦痛でもないかもしれない。だがこの映画、二時間もある！

『サンブンノイチ』

監督・脚本＝品川ヒロシ
出演＝藤原竜也、田中聖、小杉竜一、中島美嘉

どんな話かというとですね、ぼくはタランティーノが好きです！　それだけ。

原作があるらしいので、すべてを品川ヒロシのせいにするのは酷というものだろう。**むしろこんなものにお金を出している側の責任が問われるべきではないだろうか。**品川ヒロシ、すでに映画三本目で、しかもそれなりに評価されているというのだから恐れ入る。ぼくは見るのははじめてだが……そもそもアメリカで俳優が映画を撮るのが流行したのは、映画会社が出演作を確保するかわりという側面がある。ジョニー・デップのエゴを満足させてやれば、『パイレーツ・オブ・カリビアン』の続篇に出てくれるから……というわけ。だが吉本が芸人に映画を撮らせてなんのメリットがあるのかと考えると……これがさっぱりわからない。やっぱり品川ヒロシには映画監督の能力があり、ヒット作を作る才能があると考えているから吉本興業やＫＡＤＯＫＡＷＡは金を出しているんだろう。しかし何をどう考えたら彼に映画を撮る才能があるということになるのか……。

さて、舞台は川崎のクラブ〈ハニーバニー〉。雇われ店長のシュウ（**藤原竜也**）、店員のコジ（**田中聖**）、常連客の金森（**小杉竜一**）の三人は、無事銀行強盗を成功させ、金を山分けすべく集まっ

ていた。「外には警官がいる！　まだ出ていくのは危険だ！」と言いあって。金は三等分するはずだったが、見張りと運転しかしてないコジが同額なのは不公平だ！　とシュウと金森のあいだで話がまとまる。三分の一はいらないだろう……とコジを丸め込もうとするが、コジは逆ギレ。銃を二人に向ける。シュウと金森は「わかった！　取り分はおまえが八割、こっちが一割ずつでいい！」とコジをなだめる。コジから銃を受け取った金森は「銃を下の階に捨てに行く」と消える。だがそれはシュウとコジとが示しあわせた芝居であった！　うまいこと金森の取り分を減らし、上がりを二人で山分けしようという魂胆だったのだ。しかるに戻ってきた金森は……。

これ、粗筋だけ語れば「分け前をめぐって悪党同士の騙し合い」みたいな話になるんだけど、**タランティーノは別にコントやってたわけじゃないよ！**　延々と面白くもないコントをやって、あげくに「下の階に銃を捨てに行く」とか何を考えているのか。馬鹿が馬鹿を騙したって、「そりゃこんな馬鹿なことしてるんじゃしょうがないな」としか思えないじゃないか。観客の上をいき、期待を裏切るからこそ騙し合いなのではないか。これが「オフビート」な「はずした」コメディなのか。副音声的にすべてを説明し、それに合いの手まで入れていく掛け合いの……漫才？　はテレビで五分のコントとして見る分にはそれほど苦痛でもないかもしれない。だがこの映画、二時間もある！

シュウが銀行強盗にまで手を染めたのは、店の売り上げに穴を開けたからだった。店の売り上げ400万円を持ったまま川崎競馬に出かけたシュウ、最後のレースで大穴の馬券を当てた！　と思ったら浮かれすぎて400万円を置き忘れてしまった！　オーナーの破魔翔（**窪塚洋介**）はアイスピックを使うヤクザもので、逆らう奴は皆殺しの凶悪犯だ。このままでは自分も川崎港のもくずと消える……そこへあらわれたのが〈ハニーバニー〉のナンバー1キャストまりあ（**中島美嘉**）。シュウに金貸しの渋柿（**池畑慎之助**）から金を借りさせ、さらに銀行強盗で金を奪う策略を授ける。まりあは現場にも（コジと金森には知らせぬまま）潜入して強盗の手助けをしようとするのだが……

…。

突っ込む気力すら失われる頭の悪さだが、そんなに恐いオーナーがいるんだったら大金持って競馬場行くなよそもそも！　そこがギャグになってる時点で銀行強盗も何もすべてお笑いコントである。ご丁寧にシュウはもともと映画マニアで映画監督志望だったという設定があり、かつてのバイト先で脚本を見せたら「おめえの書く筋書きは最高だなギャハハハ」と笑い飛ばされて監督を諦めたという過去があり、あ、これ伏線？　伏線なんですか？　そういうわけで『レザボア・ドッグズ』にオマージュを捧げた会話劇かと思いきや中途半端に面白くもないアクションになって（タランティーノがなぜあんな会話劇を作ったのか全然わかってないよね。別にタランティーノは「はずそう」と思っていたわけじゃないんだぜ）、アクションになるとスローモーションで物語を引っぱる。以後延々と「予想外の真相」がくりだされるのだが、どうせ全部後出しだと思うと途中からすべてがどうでもよくなってきて、最後に破魔翔が言うセリフ「銀行強盗なんかしといてまっとうにやりなおしたいとかできるわけないだろ」が唯一まともに思えるというたいへん不思議な映画なのであった。

剛力ちゃんゴリ押し戦略会議に是非一度呼んでくれないか。真剣にアイデア出しますから！

『L♥DK』

監督＝川村泰祐　脚本＝松田裕子
出演＝剛力彩芽、山崎賢人、中尾明慶、岡本玲、桐山漣、石橋杏奈、福士誠治、藤井隆

100万人の恋人剛力ちゃん、今度は普通の女子高生を演じます！　また剛力ちゃんの映画か……こういう映画鑑賞を続けていると、どういうわけかくりかえしくりかえし出会ってしまう女優というのがいて、本来好きでもないし、彼女目当てに映画を見に行ってるわけでもないんだけど、なぜかくりかえし出会ってるうちに**これって運命？**　みたいな気がしてなんとなく好きになってしまうことがあって、たとえば長澤奈央[※1]という人がそうだった。あるいは菊地凛子[※2]という人もそんな感じだった。で、**剛力ちゃん**である。いや毎回毎回剛力ちゃんの映画見て、「これはないな〜」みたいなことを思い、でも別に剛力ちゃんが悪いんじゃない！　**悪いのはこんなみっともない衣装を着せて変な特撮映画に出す大人だよ！**　と思うんだが、さてじゃあどんな役ならふさわしいのかとなると……オレ剛力ちゃんの映画見るたびにそういうこともすごく真剣に考えてるんで、世に電通とかオスカープロモーションとかの首脳部が集まって剛力ちゃんをゴリ押しする戦略会議みたいなものがあるとするなら（そういうものがあるって噂だよね）是非一度呼んでくれないものだろうか。真剣にアイデア出しますから！

というわけで今回は少女漫画原作で「恋に奥手な女子高生と、学校一のイケメンの、秘密のラブ

同居」なので最初は嫌な奴だと思っていたけど……みたいなアレである。そうかそうか。剛力ちゃん頑張ったね。じゃあ帰ろうか……じゃなくてね、剛力ちゃんゴリ押し会議の人に強く申し上げたいのだが、剛力ちゃんは美人ではあるんですよ。でも演技は下手なの。あと基本的に暗いの。だからキャピキャピの女子高生みたいな等身大の役はできないの。なんせ「自然な演技」がもう致命的なまでにダメだから。笑うとか泣くとかそういうシーンは見事にまったくダメ。**この人、神秘的な美少女みたいな役にしなきゃどうにもならんのじゃないかなあ。**まあそういう役があるかないかはともかくとしてですね……。

久我山柊聖《しゅうせい》（**山崎賢人**）は眉目秀麗にして成績優秀、スポーツ万能という学園のスーパースターだが性格は最悪。萌（**岡本玲**）が意を決して校庭の真ん中で大声で「好きです！」と叫んでも（まあこの行動自体どうかという気がするわけだが）

「うざい、目障り、消えろ」

と一言で切り捨てる。親友の西森葵（**剛力彩芽**）は義憤に駆られて階段で待ち受け、自慢の太腿で通せんぼ。

「ひどいじゃない！　萌だって勇気を振り絞って告白したのにあんな言い方！」

「あんた誰よ。ひょっとして、あんたもオレに抱かれたいの？」

「ふ、ふざけないでよ！」

と怒りのキックをかます剛力ちゃん。階段から蹴落とされた柊聖は大怪我を負い、葵に家までのおんぶを強要。アパートに着いた葵は仰天。

「えーなんでわたしの家知ってるの!?」

そうそこは葵の家だった。なんと偶然にも柊聖は葵の向いの部屋に引っ越してきたのだった。てか家まで来る前に気づけよ！　てか剛力ちゃん大の男を背負って横浜の山の上にあるアパートまで運び上げるとかマジ剛力。しかも料理もできる家庭的側面も！　というわけで柊聖に強要されて料理を作ってあげる。火を使っていたら風呂上がりの柊聖が裸で迫ってきて思わずびっくりのあまり酒をフライパンに放り込むと火があがって天井に届きスプリンクラーが作動して部屋が水浸し、泊まるところないから今日から責任とって剛力ちゃんと同居するしかない！

　とここまで流れるような展開ですが、スプリンクラー備え付けのアパートってどんなんだよ！　火災報知器じゃねえのかよ！　と突っ込む気すらうせる、**だって少女漫画だもん。**　一応『或る夜の出来事』リスペクトでジェリコの壁を立て※3、親友萌に知られないよう必死でごまかすとか、柊聖が親友（**中尾明慶**）を連れてきちゃって剛力ちゃん大パニックとかいろいろコメディ展開があるんだけど、もちろん説得力は何もありません！　なんせ柊聖が何を考えているのか全然わからない。いくら葵視点だからと言っても、ここまで何を考えているのかわからない人間でいいんだろうか。傲慢なイケメンにふりまわされる……って話のつもりなんだろうけど、セクハラ発言といい、いきなり同居を迫るところといい、最初から剛力ちゃんに気があるとしか思えないわけで。しかも人前で家の鍵を渡すとか、友人を連れ込むとか、どう見ても暴露したがっている。同棲がバレたら退学だというのに！　これだけ意図不明の怪物的存在だともう物語を見守るしかないよねえ。

　さて、大家（**白石美帆**）の仕切りでバーベキューを開くことになり、葵は萌を呼ぶ（萌には同棲のことを白状してすぐに認めてもらった）。バーベキューのマスターは葵に熱い視線を送る輸入食材屋の店主三条（**桐島蓮**）。だが葵は柊聖にまとわりつくタンクトップ姿の美女桜月（**石橋杏奈**）のほうが気になる。石橋杏奈、色気皆無の健康的な剛力ちゃんと対比させようとしてるのかタンクトップだったりベビードール姿で登場したりやたら露出過多。幼なじみである彼女と柊聖とのあいだには二年前、何かがあった……葵につかつかと近寄ってきた桜月。

「あなたシュウちゃんと一緒に住んでるんだって？　シュウちゃんを好きになっても無駄よ。シュウちゃんは誰とも付き合わないよ」

いや全然そんなつもりは……とか言っても全然説得力ない剛力ちゃん。なお、この映画剛力ちゃんがロングヘアで登場するのが売りだったのだが、ちょうど一時間ぐらいのところで髪を切ってショートになって再登場。これが全然、物語上の意味がない。心機一転とか恋する気持ちを自覚するとか、ネガティブでもポジティブでもなんらかの意味が付与されるべきだと思うんだが、とくにドラマもなく髪切っていつもの剛力ちゃんになってしまう。

大家さんからもらったペアチケットで、よこはまコスモワールドに出かける二人。ウィンドウに飾ってある星形ペンダントを見て「かわいーー！」とはしゃぐ剛力ちゃん。普通に考えたらねだってんのかよ！　うざい女だな〜ということになるのだが、**この映画の剛力ちゃんは思ってることをすべて口に出す副音声仕様なので問題ない！**　二人でうきうきデートしていると後輩にみとがめられ、「柊聖先輩が女と一緒にいたわよ！　相手の顔見なきゃ！」と中華街を追いまわされる。あわやというところで柊聖に物陰に引っ張り込まれ、そのままキス……と固まった葵を見て
「ばーか。はじめてなんだろ。ちゃんととっとけよ」

ところがその後、柊聖の兄にいきなりなんの意味もなくキスされてしまう葵（この兄弟、いったいどうなっておるのか）。それを知った柊聖は兄を殴りたおし、河原で泣きじゃくる葵の元へ走る。

「簡単にキスされてんじゃねーよ。せっかく大事にとっとけって言ったのに。馬鹿じゃん」とひとしきり照れ隠しに毒づいたのち、いきなりキス。

「これでキャンセルな。なかったことにしといたから！」

だが唇にキスしてないんですがそれは……気分をよくした葵はよこはまコスモワールドで開かれる花火大会に目をつける。

「きゃあ七夕花火大会行きたいな〜ここって花火大会の最後に七つのハート型の花火を打ち上げて、花火のあいだにキスしたカップルは結ばれるって伝説があるの！」

って花火大会にカップルで出かけて衆人環視の中でキスしてる時点ですでに結ばれてるんじゃ……。

「何そんなの信じてるの？　じゃ、オレと行くか？」

すっかり当初の設定など忘れ、ラブラブな同棲生活をおくる二人。だがそこに暗い影。そう、二年前からのエロい刺客がやってきた……。

「シュウちゃんを幸せにできるのはあたしだけなの……」

まあそういうわけで、桜月と柊聖の因縁があかされたり、傷心の葵が三条さんと花火大会に行ったり、柊聖が必死で花火大会に走ったりするわけだけど、そこでは予想外のことは何ひとつ起こらないのでどうでもいい。というか、こういうドラマって間に合わないはずの男がなぜか間に合ってしまう奇跡が肝なんだと思うのだが、そこのところの仕掛けが何もないのはいかがなものか。花火大会が終わったあとに柊聖が駆けつけて、そこになぜか一個だけハートの花火が上がって「これもオッケーだろ」とキスしてハッピーエンド……ってあまりに安易じゃないか？　そこだけでも知恵を使ってほしかったなあ。そんなわけで見事結ばれた二人
「わたしは何があっても離れない」
と剛力ちゃんが言ってめでたしめでたし。いやそれ桜月と同じこと言ってるよ！　実は柊聖につきまとうストーカーが一人増えただけなのでは……。

86
『L♥DK（エルディーケー）』

※1　長澤奈央　1984年生まれ。女優。2002年放送の特撮戦隊もの『忍風戦隊ハリケンジャー』のハリケンブルー役にて注目され、テレビ・劇場の特撮ものに数多く出演。他にも、2009年には日米合作の映画である『ホテルチェルシー』（ホルヘ・バルデス・イガ監督）で、マートルビーチ国際映画祭の主演女優賞を受賞。『ペコロスの母に会いに行く』（森崎東監督2013）などにも出演。鹿島アントラーズの中田浩二選手と2014年に結婚。

※2　菊地凛子　1981年生まれ。女優。『生きたい』（新藤兼人監督1999）でデビュー。その後、日本にとどまらない活躍を重ね、映画『バベル』（アレハンドロ・ゴンサレス・イニャリトゥ監督2006）でゴールデングローブ賞の助演女優賞、第79回アカデミー賞の最優秀助演女優賞候補にそれぞれノミネート。他に『ノルウェイの森』（トラン・アン・ユン監督2010）、『パシフィック・リム』（ギレルモ・デル・トロ監督2013）など。

※3　『或る夜の出来事』リスペクトでジェリコの壁を立て　1934年のクラーク・ゲーブル主演のラブコメディ映画。スクリューボールコメディの初期の傑作として知られる。監督はフランク・キャプラ。「ジェリコの壁」とは、旧約聖書に出てくる城壁のことだが、この映画では、ひょんなことで主人公とヒロインが同じ宿に泊まることになったときに、クラーク・ゲーブルが気を利かせてつくった毛布をつるしてつくった壁のこと。

低予算を逆手に取った自然な映画作り……で、暗転キーガッシャーン！

『Route42』

監督＝瀬木直貴　脚本＝桂いちほ、我妻正義
出演者　高岡蒼佑、菊池亜希子、武田航平、小野真弓、矢田亜希子

国道42号線[※1]。通称「死に線」……どうなんだよこれ！　と思ったらこの「地域のコミュニティと自然を描いてきた」瀬木直貴監督って三重県出身なのね。そういうわけでオール三重県で三重県の良さを県外に発信する映画です。三重県知事も協力してるし。「死に線」……。

龍也（**高岡蒼佑**）と陽子（**菊池亜紀子**）はラブラブの馬鹿っぷる。鳥羽水族館でデート中、「わたしのねがいはひとつだけ。け……」と言いかけた口を手でふさぎ、ポケットの指輪を出して陽子の指にはめる。無言のまま婚約が成立して伊勢神宮へ。三重県観光案内のようなデートのあと、尾鷲のアパートに向かうため二人で車に乗って鳥羽から熊野の先まで伸びる国道42号線をウキウキドライブ。と……画面が暗転して……キー、ガシャーン！

ああもうこういうの……もうここまででこの監督の映画作法がよくよくわかってしまうのだが、カメラはほぼ手持ち。ショットはほぼミドル。クローズアップでもなくロングでもなくミドル。で、なんとなくだらだらと芝居を撮っていく。長回しでもなくカットを割っていくでもなく……ちなみにレフすら使ってないんじゃないかと思われるほどこだわりの自然光撮影で、逆光だと真っ暗。これも低予算を逆手に取った自然な映画作りって奴なんですよね、うんうん……いやもうこの辺でか

なりやる気が失せてるわけですが、そしたら暗転でキーガシャーンだもんな。**あのさあ、〝自然な芝居〟っていうのは黙って突っ立って相手のセリフを聞いてることじゃないんだよ?**

ま、そういうわけで婚約者を失った龍也。姉(**矢田亜紀子**)の結婚式の帰り、橋から飛び降りそうな勢いで外を見ている娘と出会う。顔を見てびっくり、陽子とうりふたつの友梨(菊池亜紀子二役)は「あなた、死にそうな顔してる」と龍也になついてくる。そして「連れてってよ。熊野を抜けた向こうにあるっていう〝根の国〟に」〝根の国〟では人は死者と出会えるのだという。龍也はその願いを拒めぬまま一緒に42号線[※2]を南に……。

いやそれそっちに行ったらダメでしょ!

〝根の国〟に向かうのは黄泉の国への片道旅行、そんなことははじまる前からわかっているはずだ。この映画、〝根の国〟を探す一行の旅を描くのだが、そっち行ったら人生終わっちゃうわけだし、行かなきゃ無意味だしで、**何を狙って映画を作ってるのかと小一時間問い詰めたい**。まさかCGで壮大なスペクタクルが立ちあがるとか……こっちのそんな感慨とは無関係に、親友(**武田航平**)が龍也をたずねてやってくる。

「オレはあゆみ(**小野真弓**)と婚約中なんだけど、本当はゲイでおまえのことを愛してるんだ。彼女のことを愛そうと頑張ったけどどうしようもないんだ。おまえが死ぬっていうなら、オレも一緒に死ににいく」

というわけで〝根の国〟めざして旅する三人組。途中、焚き火を囲んで友梨が語りはじめる。

「あたし、学校でいじめられてたんだ。お父さんは工員三人の工場を経営してたけど、経営がうまくいかなくなって……お父さんが火をつけた。家族で生き残ったのはあたしだけだった。学校をやめるとき、みんなが笑ってた。ブース、死ね~って」

「え、そんな美人なのに」

「これ、整形だから」

いやその、突っ込みようすらないっていうか。

「顔も名前も変えて、誰も知らない土地に行って、普通の会社に入って普通の恋って、相手には奥さんと子供がいたんだけどね。奥さんが入院してるあいだにエンゲージリングをくれた。人間ってどうしてあんなに簡単に嘘をつけるんだろう、って思ったわ。わたしが生きてたって、死んだって、誰も気にしない。世界は何も変わらない……ねえ、三人で幸せになろ？」

だからそっちに行っても幸せにはなれませんてば！　そのまま42号線を南下する彼らは、崖の上で奇声を発する老人を目撃する。ところで、これ書いてて気づいたんだけど、ひょっとして尾鷲から熊野までって数時間のドライブだったりしませんか？　**どんだけのんびり走ってるんだこいつら。**

老人は「ある崖に行って飛び込むための練習をしてるんだ」と言う。

「オレは小さな工場をやってたんだ。うまく行ってたのに、バブル崩壊で……借金まみれになった。女房と子供に保険のために死んでくれって言われた。死ぬまで帰ってくるなって。ハハハ（自嘲）。それからあちこち行ったよ……高島平団地※3……鳴門の渦……」

て自殺名所めぐりかよ！　こういうセリフ聞かされると、本当に自殺報道の罪を考えちゃうよな～。

「五年、十年まわったけど死にきれなかった。どうしてもおふくろの顔が見たくなったから、故郷へ帰ってきたんだ。おふくろは崖から〝根の国〟に飛んだんだ。おれも〝根の国〟に行っておふくろに会うんだ」

〝根の国〟への道を知っている老人の登場で一気に盛り上がってまいりました。老人は「熊野を回り込んで、その向こう側の岸から一気に向こうに飛ぶんだ！」と言うんだが、これひょっとして事故多発地帯だったりするんでしょうか？　四人は車に乗って〝根の国〟へ42号線を突っ走る。熊野鬼城太鼓の響きが盛り上がる中、高校球児や働く現場作業員など熊野の人々の生き生きとした姿がインサートされる。何を意図してこんな演出になってるのか皆目見当がつかない。生と死のコントラスト？　しかしクライマックスにして盛り上げる意図がさらさらわからない。そしてついに崖が見える！

「あそこや！」

だがそこで正面から差し込む夕陽に陽子の幻を見た龍也、急カーブを切って路肩に突っ込む。

「本当は誰かに助けてほしかった……」

と泣く友梨。

「それでええんや。わしはあっちでおふくろと暮らすけどな」

となぜか一人崖に飛び移っていたおっさん、岩の向こうに姿を消す。

さすがの三人組も

「なんやあれ」

と言ってましたが、それはゲイの親友が介護の仕事で身も心も疲れはてた婚約者の元へ戻って（いやそこで再会できたからってどんな和解があるというのか）、龍也が整形美人友梨に「また……逢えるかな」って訊ねるところでこっちの口から出るセリフだよ！　ちなみに「自然や地域コミュニティーをモチーフにした作品に定評がある」監督瀬木直貴の次回作は大分県宇佐市を舞台に元モー娘高橋愛主演の『カラアゲ☆ＵＳＡ』[※4]。おお、もう……。

※1 国道42号線　静岡県浜松市から海上ルートを経て、紀伊半島をまわり和歌山県和歌山に至る一般国道。別名、熊野街道。

※2 根の国　古事記や日本書紀に出てくる古代の他界。死の世界とも、地下を意味するとも、海の向こうを意味するなど説は様々にある。そのうちのひとつに、スサノオ神話に絡めた霊地としても知られる熊野をこれに比定するものがある。

※3 高島平団地　東京都練馬区にある、かつて東洋一と呼ばれたマンモス団地。高層団地で知られているが、それゆえに一時期自殺の名所として、年間数十人、多い時には100人を超える自殺者が出るようになった。現在ではフェンスを設置するなどの対策でほとんど見られない。一方で、団地が建設された1970年代に入居した人々の高齢化が進み、空き家が目立つようになり、今ではそちらが注目されている。

※4 『カラアゲ☆ＵＳＡ』　本書Ｐ191参照のこと。

サッカー映画で「ものづくり」を体験……ああこの中途半端さが堤幸彦

『A.F.O.〜All for One』

原案・総監督＝堤幸彦　監督＝多胡由章　脚本＝佃典彦
出演＝石田卓也、岡本あずさ、ライオン・サントス、渡辺哲

名古屋電気学園100周年記念！　えー、大正元年創立の名古屋電気学園は2012年に創立百年を迎えた。で、

「大学として学生がリアルな『ものづくり』を体験できる場を提供できないかと考え、本学客員教授の堤幸彦監督にご協力いただいて、名古屋電気学園100周年記念作品として愛知工業大学のキャンパスを舞台に愛工大生が制作する映画です」

まあ学生出演の自主映画なんてほっとけって話なんだけど、なんと客員教授の堤幸彦[※1]が原案と総監督をつとめるという。そのコネなのかなんなのか知らないがメ〜テレ[※2]をはじめ協賛多数でそれなりの制作体制が整ってしまった。一応「映画」になってしまっているんだよ。恐ろしいこともあるものだ。そして**愛工大で堤幸彦はいったい何を教えているのか。よっぽどそっちを知りたいわ！**

さて、主人公は二部最下位を独走する愛工大の弱小サッカー部の女子マネージャー、瞳（**岡本あずさ**）。今日は試合の日であった。ただ一人熱血のキャプテンはGKをつとめる大倉（**石田卓也**）だが、彼は高校時代から一度も試合に勝ったことがないという「勝利の女神に見放されている男」。今日も試合前に……。

「キャプテン！　〝桐山、部活やめたってよ〟※3」

「なに！　たった一人のＦＷの桐山がやめてしまったらどうなるんだ⁉」

「でも就活だそうですから」

「就活か」

「就活ならしょうがない」

試合は見事に０－５完敗。桐山のことが諦めきれないキャプテン大倉は瞳に頼み込む。

「頼む！　桐山を説得してくれないか？　あいつはマネージャーのことが好きだったから、きみに頼まれたらきっと復帰してくれるはずだ……」

ことここにいたって瞳もとうとう激怒。

「あんたたち、まだ他人を頼ってるわけ？　どうして本気出そうとしないの？　こうなったらあたしと勝負しなさい！　女子サッカー同好会を作って、あんたたちをぶちのめしてやるわ！　勝負は一週間後！　あたしたちが勝ったらサッカー部は解散よ！　負けたら……あたしを好きにしていいわ！」

いや一応キャプテンから「おまえ、自分をどんだけ高く評価してるんだよ」とか突っ込みが入るんだが、**そんなエロ漫画みたいな話でいいのか。**何言ってるんだよ……と相手にしないサッカー部に対し、瞳は本気でメンバー集めにとりくむ。

目をつけたのがいつも学食でスガキヤ※4のクリームぜんざいを食べているブラジルからの留学生ロナウド（建築科）。ブラジル人ならサッカーができるに違いない！　と食堂でいきなりボールをぶつけてみる瞳（派手にオーバーヘッドで返して……みたいなことをＣＧで妄想する。なお、大学生の「ＣＧデザイン部はスタッフ募集ポスターや映画宣伝用ポスターのデザイン、映画タイトルロゴの作成、映画に登場するさまざまな３Ｄモデルの作成など、プロスタッフの指導のもとでおこないました」とあるので、やっぱり下働きだけか……）。だがロナウドは「サッカーは嫌いだ。やりたくない」と言うばかり。拝み倒してメンバーに加え、サッカー部とのフットサル対決に望む。瞳以外全員素人のチームを前に、半笑いのサッカー部はたちまち25－0とリードする。孤軍奮闘の瞳だったがついに疲労困憊でばったり。「もう止めよう……」と言うキャプテンに
「あらギブアップするわけ？　じゃああんたの負けよ。敗戦記録はいつまでも続くのよ」
実は瞳は小学生まではサッカー少年団でプレイしていたのだが、心臓を悪くして引退。今はペースメーカーが入っている……ってダメだろそれ！　残り五分……というところでいきなりロナウドがやる気を出す。実はロナウドはプロを目指していたサッカー青年だったのだが、親友がプレイ中の怪我で車椅子生活になってしまい（しかし、どんな怪我なんだそれは）サッカーを諦めたのである。今はその親友が暮らしやすいバリアフリー住宅の設計が目標で、そのために愛工大に留学してきたのだった。ロナウドはたちまち華麗なプレイでゴールを連発、あっという間に逆転してしまう。26－25で女子サッカー同好会の勝利！　あーはいはい盛り上がる盛り上がる。それにしてもロナウドが女子サッカー同好会に参加していることに誰も疑問を持たないのはなぜだ。そしてサッカー部が解散して映画も終わってめでたしめでたし……。
まあそんな設定は誰も覚えておらず、なぜかロナウドが加入することになったサッカー部、これで勝てる！　と大盛り上がり。

ぼくはたまたまダメ映画研究家のみならずサッカーマニアでもあるので、サッカー映画は低予算のダメ映画でも全部見るのが義務みたいなことになっているわけだけど、まさかこんなもんまでがワールドカップに引っかけてくるとは思わなかった。これ、もちろん商業映画として見ればお話にならないくらいショボいのだが、**学生の自主映画だと思うと中途半端に豪華である。**でもこの中途半端な豪華さが曲者で、電通とか入ってくると学生はただの下働きになっちゃうんだよな。まあ堤幸彦の映画だからそうならざるを得ない。学園の創立１００年で映画を作るなら、わざわざワール

ドカップに引っかけるような流行りを追っかけた寒いネタじゃなくて、もうちょっと足下を見つめてもバチは当たらないのではないか。せめて愛工大名電の野球部の話にして拝み倒してイチローに出てもらうとかならまだなんかあったと思うんだけどなあ。これにエキストラで参加してる学生たちが「ものづくり」を体験できたかっていうと……。

試合が近づく。だがロナウドは突然姿を消してしまった。あわてて瞳が学生寮に駆けつけると、そこには父親が病気になったので留学をあきらめて国に帰る旨の書き置きが。どうしよう！　だがロナウドに負けないように頑張ろう！　と一念発起して猛練習の結果強くなってしまったサッカー部員はとくに気にもしていない様子。ただ一人ロナウドのことを気にしている瞳は学園祭に秋元康が来ると嘘をついて学生を集めて、ロナウド復帰問題に広く意見を募集する。学生たちが口々に出すアイデアで、「堤幸彦と学生が仕掛けるトンデモナイ作戦」が！

まあ、堤幸彦の映画だから、**どうせ画期的なアイデアじゃなくて熱意とコネでなんとかするんですよ。**学費についてはカンパをつのり、学生一人あたり500円のワンコイン募金で250万円集める。だがそのことを地球の裏側のロナウドに伝えるには？　アメリカの地球観測衛星が地上を撮影するので、そこに合わせて人文字を作ろう。うまく撮影されれば世界的な話題になって、ロナウドにもそのことが伝わるに違いない（いや、日本人でも気づかない人が大部分だと思うよ！）。というわけで人文字作りを計算しはじめるんだが、問題の予定日は……雨の予報！　雲に覆われて人工衛星からは地上の人文字が見えない。近所で晴れる場所は……豊田スタジアム[※5]だけだ！（そんなピンポイントの降雨予報が誰にできるというのか）すると掃除のおばちゃんがなぜか豊田スタジアムの社長にコネがあって使用許可をとりつけ（これぞ堤幸彦のコネ力）、ついに人文字計画が実行される。作るのは……スガキヤのクリームぜんざいだ！

で、当日になるまでまったく活動に参加していなかったサッカー部員が人文字にかけつけて、「クリームぜんざいのスプーンの部分」を作りあげ、ついでにライバル校も協力してくれて大団円。ついにロナウドがやってきて最初に5－0で負けたライバル校との一部昇格をかけたリマッチ。いざ、キックオフ！　で映画が終わるものと思ったらまさかの『少林サッカー』風の音楽がかかって、『少林少女[※6]』そっくりのCGサッカーがものすごくしょぼく中途半端にかたちだけくっついていて「ああこの中途半端さが堤幸彦……」と逆に安心したという……。

※1 **堤幸彦**　1955年生まれ。映画監督。もともとはテレビディレクターで『ケイゾク』、『池袋ウエストゲートパーク』、『TRICK』等のテレビドラマの演出で名をあげた。『バカヤロー！　私、怒ってます』（1988）で映画監督デビューし、以降コンスタントに年数本ペースで世に出しつづける。同監督作『くちづけ』（2013）については、書籍版『皆殺し映画通信　2014』に収録。

※2 **メ～テレ**　「名古屋テレビ放送」の愛称。

※3 **〝桐山、部活やめたってよ〟**　2012年公開の映画『桐島、部活やめるってよ』（吉田大八監督）からのようです……。

※4 **スガキヤ**　名古屋人のソウルフードといわれるラーメンと甘味の店。1杯290円の「スガキヤラーメン」と「クリームぜんざい」（200円）を名古屋で知らないものはいないという。東海エリアに集中してスガキコシステムズ株式会社が350店をチェーン展開している。

※5 **豊田スタジアム**　愛知県豊田市にあるサッカー専用スタジアム。名古屋グランパスのホームスタジアム。ワールドカップ日韓大会の開催地として立候補したが、落選した数少ないスタジアムとしても知られている。なお同スタジアムの指定管理業者である株式会社豊田スタジアムの社長は、名古屋東部陸運会長の小幡鋹伸氏。

※6 **『少林少女』**　2008年公開の本広克行監督による日本映画。主演は柴咲コウ。大ヒットした『少林サッカー』の監督周星馳をエクゼクティブ・プロデューサーに迎えた作品ではあるが、結果として惨憺たる酷評を受けた。柳下毅一郎談「これほど誰にも勧められない映画も珍しい」。

夜のお仕事と夜学ってものすごく折り合い悪い気がするんですが!

『歌舞伎町はいすくーる』

監督＝軽部進一　脚本＝那須真知子
出演＝塩谷瞬、片岡愛之助、川野太郎、大島なぎさ、熊切あさ美、千葉真一

監督・軽部進一、脚本・那須真知子、主演・**塩谷瞬**、特別出演に**千葉ちゃん**！「金儲けに飽きた不動産会社社長・覇稲剣は、歌舞伎町のど真ん中にある定時制歌舞伎町高校に通うことに……」。でそれが「青春ＳＦラブコメアクションエンターテイメント」だっていうんだから驚いた。てかＳＦってどこから出てきたんだよ!?　**気になって観に行かずにはいられないではないか……**というわけで閉館カウントダウンに入った新宿ミラノ座[※1]へ……かつて栄華を誇ったミラノ座、最近はここへ来るたびにうら寂しい気持ちを抑えられず。まあこういう映画ばっかりかかってる時点で終わりは見えてたよなあ。なお、監督名で一瞬びっくりするわけですが、局アナの軽部氏[※2]とは名前の漢字が違う別人です。

さて、覇稲不動産の若き社長覇稲剣（塩谷瞬）は「歌舞伎町の帝王」と言われる大金持ち。ちなみにこの名前「はいね・けん」と読みます。金もうけにも飽きた覇稲は「そうだ！　学校に行こう！」と思いつく。で、行くことになったのが歌舞伎町のど真ん中にある定時制歌舞伎町高校。通ってくるのはキャバ嬢とホストだけという素晴らしい学校だ。**ああ、説得力あるなあ……**ちなみに学校の場所だが、屋上から見えるホテルなどを勘案した結果、ほぼ新大久保のドンキホーテ前あたりと思

われる。

　登校初日から谷間同級生神来夢（じん・らいむ……演じるのは**大島なぎさ**……この芸名も……）に「どこの店？」と訊ねるなどセクハラし放題。なんかツンデレな彼女とラブコメ展開したりしてるんだが、そもそも歌舞伎町の帝王だし、女なんか金でなで切りしまくってるんじゃないのか！　何故童貞みたいなラブコメを演じてるのか。そしてそもそもキャバ嬢が定時制高校に来られるのか⁉　夜のお仕事と夜学ってものすごく折り合い悪い気がするんですが！

　まあ酒やカクテルの名前が役名になっているという時点で真面目に突っ込むこちらが馬鹿馬鹿しくなってくるわけで。美人教師鵙古美優瑠（もすこ・みうる……**熊切あさ美**）には裏の顔があり、夜になるとバーレスクダンサー[※3]として働いている。こっそり店に出かけた覇稲はウハウハなんだが、これがポールもないところでカウンターの後ろで下着姿で体をくねらせてるだけ、という思わずおまえの考えるバーレスクってなんだ！　と問い詰めたくなる代物。だがそんなアルバイトが学校にばれたので、モス子先生はクビになる大ピンチ！　先生を救え！　というんで校長先生の弱みをつかんで脅迫、先生のクビを取り消させる。先生を慕う生徒たちはついでに「バーレスク部」を結成、手に職をつけてキャバ嬢からバーレスクダンサーへの転身を図るのである……そんなおざなりな学校コントとラブコメがだらだらと続く中、ライム嬢は覇稲に問いかける。「クイズです。わたしはなんであなたに会いに来たんでしょう？」

　まあ本当にゆるい話で、那須真知子[※4]の脚本とか本気かよ⁉　って感じだし（いやそりゃ最近は『デビルマン』[※5]の人かもしれないが、かつてはちゃんとした映画も作っていたわけで）、素性由来がまったく不明だったのだがどうやら映画自体は２０１３年に完成していたらしい。出来があまりにアレでお蔵入りだったのだが、**片岡愛之助**[※6]（塩谷瞬の相棒を演じる）が売れたので急遽公開に踏み切ったんだとか。**特別出演の千葉真一は学校の理事長役として写真パネルでの出演。**おお、もう……。

97 『歌舞伎町はいすくーる』

さて覇稲と同じ日に転入してきた少年三島がいた。さっそく虐められていた三島を覇稲が助けてなつかれることになる。三島は九歳のときに事故に遭い、十年間意識不明だったが奇跡的に回復し、九歳の心のまま高校生の体で高校に入学してきたのだという。いや、それ高校に来ても意味ないだろ！　まず小学校の学力を身につけようよ！　そんなわけで子供のままの純真な心を持つ三島は宇宙人〝ゼルダ星人〟が地球侵略の陰謀をたくらんでいると信じていた。はいはいゼルダ星人ゼルダ星人……となだめすかす覇稲。だがライムはなぜか「子供だって現実に直面しなきゃいけないの！」と三島に冷たい。「壊したほうがいい夢だって、あるんだよ？」

なぜか学校に来なくなってしまったライムを探して歌舞伎町のキャバクラをめぐる覇稲。ついに見つけると歌舞伎町の路上で酔っぱらいのおっさん（実は父親）にからまれたりしている。学校の屋上で向かいあう二人。

「あなたにはふたつ解いてほしい謎があるの。ひとつ、わたしはなんであなたに会いに来たんでしょう？　ふたつ、壊したほうがいい夢ってなんでしょう？」

姿を消した三島を追って、学校中を探しまわる覇稲たち。体育用具室に三島は基地を作っていた。そこにはなぜかＶＨＳビデオテープとテレビデオが！　「これだ！」とビデオをかけると、そこに映っているのは事故に遭う前の三島の姿だった。テーブルに座り、淡々と超能力を披露する三島。え？

「きみには未来予知能力があることがわかっている」

え？

「ゼルダ星人の地球侵攻の日時を予知できるか？　いつだ？」

「……２０１２年10月27日」

今日じゃないか！　と色めき立つ覇稲たち。**いやそれ言われてもぽかーんとするしかないんですが**、たぶん当初の予定ではこのころ完成して公開されるはずだったのではなかろうか。こういうネタって滑るとものすごく惨めなことになるので、気をつけようね、本当……まあともかくゼルダ星人（全身黒タイツに顔白塗りでくねくね歩く人たち）は本当にいた！　おれたちの学園を宇宙人から守るんだ！　と生徒たちが戦いはじめると、「学園の危機にはどこからともなくあらわれる」という八海山理事長（千葉真一）が写真パネルからあらわれ、チャンバラでばったばったとゼルダ星人を切り倒し、三分ほど暴れたところでエネルギーが切れて「こりゃいかん……」と写真パネルに帰り、するとラスボスが登場。なんと三島だった！

え？

「覇稲！　これはすべておまえのせいなんだ！　事故に遭って意識不明だったのはオレじゃない！」

「覇稲くん、壊したほうがいい夢ってなに？」

あーそういう話っすかー。やっぱ那須真知子の考えるＳＦってこのレベルすかね……またしても、なぜ作られたのかわからない映画を見てしまった……まあ唯一この映画が残した果実が片岡愛之助と熊切あさ美の熱愛だったそうで、ふたりのために作られた映画だったんですかね……。

※**1 新宿ミラノ座**　東急レクリエーションが運営する都内最大の座席数（1064席）のスクリーンを擁するシネコン。開業1956年の長い歴史の末に2014年12月末に閉館となった。閉館前年となる昨年におこなわれた書籍版『皆殺し映画通信　2014』のスペシャル対談では、柳下毅一郎と松江哲明に「上から下までダメ映画ばかりで地獄のようだった」（柳下）「皆殺しシネコン（笑）」（松江）と、先行きを不安視されていた。

※**2 局アナの軽部氏**　フジテレビの『めざましテレビ』などで知られる軽部アナは「軽部真一」。本作品の監督は「軽部進一」。

※**3 バーレスク**　ストリップやヌードショーとは一線を画した、エンターテインメント性の高いエロティックなショーのこと。もともとは風刺歌劇をさす。現在、アメリカからわたってきたこのショーを別名「ニューバーレスク」と呼ぶことも。

※**4 那須真知子**　1952年生まれ。脚本家。『横須賀男狩り　少女・悦楽』（藤田敏八監督1977）にてデビューし、それから多数の脚本作品を残す。夫の映画監督である那須博之の『ビー・バップ・ハイスクール』（1985）以降の作品はすべて那須真知子。日本テレビ『ちょっとマイウェイ』（1979-80）などのテレビドラマの脚本等も多数。

※5『デビルマン』　2004年公開の永井豪原作のコミックの実写版劇場映画。那須博之監督、那須真知子脚本の本作品はあまりの不出来な内容に、同年の映画ファンの話題をかっさらい、2004年度文春きいちご賞1位、第1回蛇いちご賞などの国内のワースト映画の賞を総ナメにした。今でも語りつがれる日本のダメなVFX映画の金字塔と位置づけられている。

※6 片岡愛之助　1972年生まれ。歌舞伎役者、六代目片岡愛之助のこと。歌舞伎役者の一家ではなかったが、子役としてテレビドラマでデビューし、二代目片岡秀太郎に見初められ、六代目片岡愛之助を襲名。2013年にTBSのドラマ『半沢直樹』に出演してブレイク。ニックネームは「ラブリン」。

先生、これおかしいですよ！　辻仁成ワールドの底知れない謎とキモさ

『醒めながら見る夢』

監督・脚本・編集＝辻仁成
出演＝堂珍嘉邦、高梨臨、村井良大、石橋杏奈、松岡充、高橋ひとみ

えーこれ原作小説があって、それが舞台化されて、そんでもって今度映画になったわけなんだよね？　で、その過程でいろんな人がかかわって、結果としてこれが出来上がってるんだと思うとマジで頭がくらくらするっていうか、**誰か途中で「辻先生[※1]、これおかしいですよ！」と忠告してあげる人はいなかったのか。**わたくしのような凡人にはまったく意味がわからないのだが、これから語るのは芥川賞作家が書いたストーリーに基づく映画である。

爆音でつんざくギターの前で、ポールダンスを踊る女たち……今や飛ぶ鳥を落とす劇団〝酔生夢死〟の練習であった……って何よこれ？　ポールダンサーじゃなくて劇団なの？　しかしそれは劇団であって、人気演出家優児（**Chemistryの堂珍嘉邦**[※2]）は「金魚、台詞にもっと感情込めるんだ！」とものすごく抽象的なダメ出しをしている。「見てる側が度肝を抜くようなパフォーマンスをするんだ！」で、ダメ出しが終わると二人三脚で劇団をやってきた相方を捕まえて、「ちょっと話があるんだ……いろいろ考えたんだけど、ぼくはやめようと思う。今度の公演を最後にする。今ならぼくがいなくても大丈夫だよ」

「どういうことだよ。なんでやめるんだなんて言うんだ」

「なんとなく……自分の時間が欲しくなったんだ」

って何も考えてないじゃないか！　そのまま表に出たところで陽菜（**石橋杏奈**）に声をかけられる。

「優児さん……お姉さんのことで話があるんやけど」

だが陽菜をふりきって帰る優児。家には陽菜の姉、亜紀（**高梨臨**）がいた。ちなみにこれは京都の話で、優児は広い町家に亜紀と二人で暮らしている。亜紀と結婚したので、もっと二人で過ごす時間が欲しい、と劇団をやめることにしたのだった。どんだけいい暮らしてるんだよ！　と言いたいところだが**辻仁成ワールドでは金の心配など誰もしないのだ。**

「今日、陽菜ちゃんに会ったよ」

「あかんで！　あの娘と会うたらあかん。陽菜はあなたのことをあたしから奪おうとしてる。昔からずっとそうやった。わたしの持ってるものを欲しがってばかりや……」

といきなり敵愾心をあらわにする亜紀。

一方、優児にふられた陽菜は大学生なので学校へ。寄ってくるナンパ大学生たち。

「なー今日飲みに行こうぜ」

「用事あんねん。あたしのおねがい叶えてくれたら付き合ってあげてもええわ」

「へえ、何？」

「ピストル探してんのやけど。誰かヤクザとか知り合いおれへん？　あたしの愛する人を奪った奴の心臓にぶち込みたいんや」

「無理だよそんな」

「じゃあ用ないわ」

実に清々しいまでの冷たさ。で、どこへ行くかというと「心縛屋」というのれん（心の文字をロープの輪が囲んでいるロゴが染めてある）がさがっている京町家。と、中から出てくる青年。

「セラピーでしたら予約で埋まってますけど」

「いや、その……見学で！」

そう、ここは「体を縛って、心を解く」がキャッチフレーズの「緊縛セラピー」屋。縛られると心の本当の望みがわかるという謎理論で緊縛師三枝五郎がひたすら女を縛っていく（当然男性も来ると思うんだが、その場合はどうするんだろう？　助手が女王様だったりするんだろうか？）。はたしてこれで成り立つのかものすごく不安な商売なのだが、そこは金のことは気にしない辻仁成ワールド。強引に入り込んできた陽菜に、五郎にひろわれて縛りの助手をつとめる孤児の青年文哉（**村井良太**）は急速に惹かれていくのであった。


陽菜の母悠乃（**高橋ひとみ**）はガラス張りの庭のあるサロンバーを経営しており、二十歳になった陽菜に店に出るように強要する。亜紀が出ていってしまったから、もうあなたしかいないの！　あなたのためにここを守ってきたんだから、どうかあとを継いで！　で、無理矢理店に出されて仏頂面の陽菜がお酌するんだが、客単価がものすごく高くないと成立しそうもない店なのに、営業中に母子で怒鳴りあってたらダメだろ！　しかも「守ってきた」とか「後継者」とかただのバーで何おおげさなこと言ってるの……と思ってたら、原作小説では彼女が華道の家元だったと判明。まあそれならまだわかるんだけど、じゃあそのままの設定でいいじゃないか。バー経営にした時点でこの話成立してないよね？

なお、揉め事はそれだけでなく、悠乃が店の助手の男と出来ているのを見て「不潔よ……ママは昔から不潔だけどね」とか毒づく陽菜。この助手の男、ロン毛で一言も口をきかず、店の中で悠乃と見つめ合って腰をくねくね踊ってるメトロセクシャルな……**このキモさ、辻仁成そのものではないか！**　どう見ても自分を投影しているキャラなのだが、それがこういう存在になってるところが辻仁成の底知れない謎。というかキモさだと言えようか。

そういうわけであとは引きこもりになったケミストリーと部屋の中で踊っている亜紀の対話が延々と続く。「わたしはいつだってあなたのそばにいる」もうここら辺ですでにネタは割れてくるわけだが「二年前……」「亜紀がいなくなったから……」「結婚したからもう離れない……」と伏線を強調。やがて強引に押しかけた相棒は優児と亜紀の対話を聞いて
「そうか……くっそ、全然気づかなかった。オレが悪かった。このまま休んでてくれ。いい医者を紹介するから……」
そう、劇団の看板女優だった亜紀は二年前に交通事故死していたのだった。つまり亜紀は幽霊、というか優児以外にはまったく見えないようだから優児の脳内彼女ということか。亜紀が喋っているのは基本的に優児が考えている内容ということになる。陽菜に会うことだけはかたくなに拒みつづける優児。ふと思いたって亜紀と二人で京都の町をゆくぶらぶらデート。てかもうこの時点で脳内彼女だってことはわかってるわけなんだけど、ロマンチックなデート風景とかどういうつもりで撮っているのか。何かっていうと人が踊りはじめる辻仁成映画、もうひとつの特徴はやたらと風景カットが入ることで、場面転換のたびに京都の路地の風景がインサートされる。まあ京都の町自体が主人公とかそういうことなんですかねえ。で、京都観光案内的脳内彼女デートのあと、吹っ切れた優児はひさびさに劇団の稽古に出かけ、ダメ出しばっかりしていた女優に「良くなった。これでもうオレは必要ないな……」。何がどう良くなったのか全然わからないのだがそれはそれで。ちなみにここでワンカットだけ、家に残された亜紀のショットがあるんですが、誰も見ていないところに出る幽霊という斬新なカット。**黒沢清や高橋洋が考えに考えぬいた「目撃者のいないところに幽霊は出るのか？」問題に、こんなところで答えが出されてしまうとは……。**
一方陽菜のほうはと言えば、夜道を帰ろうとすると延々無言であとをつけてくるとか、一見さんお断りの悠乃の店に来てコーヒーを注文するとかストーカー感全開の文哉につきまとわれている。悠乃への反発から思わず文哉と一緒に家を飛び出し、ホテルに飛び込む。だが文哉は狭いベッドで

硬直して気をつけの姿勢で固まっているという21世紀少年とは思えない童貞っぷり。うーむこれでは……とこっちを諦めてついに優児を捕まえる。

「あたし、姉さんの日記を見たんです。姉さんは交通事故じゃありません。日記には、交通量の多い交差点に飛びだせば、事故死として処理されると書いてました。姉さんはあたしたちのことも書いていました。優児さんが陽菜をそそのかした。あなたはわたしに手を出した。陽菜はあなたがはじめての男やった……」

って隠していた真実を告げられた優児は「うわわわ〜」と頭を抱えて逃げてゆく。それにしても、それだったら普通考えて陽菜も加害者の側だと思うんだけど、なんで他人事みたいに優児のことを責めているのか。で、逃げ帰った優児がどうするかと思ったら

「あなたが生きているかぎり、わたしはあなたと一緒よ」

と脳内亜紀に言われて、「じゃあそうすっか〜」と脳内彼女と一緒に暮らすことを選ぶのだった。え！　そんな落ちってありなのかよ！　ところが陽菜はさらにそのあと「姉の日記の話はすべて嘘。あたしは優児さんを苦しめたかった。あたしから大好きな姉を奪ったから」とかいきなりちゃぶ台をひっくり返し、思わず観客も硬直。じゃあなんで優児は根も葉もない告発を甘んじて受けてるんだよ！　どう考えても脳内亜紀の言動と矛盾してるじゃないか！（なお、原作によれば二人のあいだに関係はあり、しかも陽菜のほうから誘惑している模様なので、現場で辻仁成がロックな病にとりつかれた結果の矛盾と思われる）

そんなこんなでキチガイと童貞の二択じゃなくて、さっさとリア充同級生とくっついとけば面倒なことも何もないよ！って結論ですかね。あと緊縛師が実は陽菜と亜紀の（死んだとされていた）父親だったとかいうサプライズがあるんだが、そんなもので驚く人はこの世に一人もおりません。

※1　辻先生　監督・脚本・編集の辻仁成は、ミュージシャンの他、小説家としても知られており、1999年フランスの著名な文学賞フェミナ賞の外国文学賞を小説『白仏』(文藝春秋1997)で受賞している。辻仁成の監督作品については、書籍版『皆殺し映画通信　2014』収録の『その後のふたり』を参照のこと。

※2　Chemistryの堂珍嘉邦　1978年生まれ。日本のミュージシャン。2001年にツインボーカルのユニット、Chemistryとしてデビュー。現在、同ユニットは活動停止中。本作品は堂珍の映画初出演作となった。

スタジオでロボット同士がパンチしたりキックしたり、貧乏度合いがものすごい

『キカイダーREBOOT』

監督・編集＝下山天　原作＝石ノ森章太郎　脚本＝下山健人
出演＝入江甚儀、佐津川愛美、高橋メアリージュン、長嶋一茂、鶴見辰吾、本田博太郎

ＲＥＢＯＯＴばやりの昨今、海の向こうでは『アメイジング・スパイダーマン』[※1]やら『マン・オブ・スティール』[※2]やら何かと言えばリメイクではなくリブートされて一からストーリーをやりなおすのが流行っているわけだが、実際にタイトルにＲＥＢＯＯＴとついている映画はあまり見た記憶がない。まあＲＥＢＯＯＴと言えば再起動なわけで、てっきりクライマックスでキカイダー[※3]がやられて機能停止したところでミツ子が「キカイダー、再起動（リブート）！」とタイトルコールしてキーガシャーンと再起動……みたいなことになるのかと思ったが、**もちろんそんな場面があるわけはないのだった。**

冒頭、体育館のようなところで激しく戦う黒いツナギを着た男と女。それをモニターで見ているギルバート神崎博士（**鶴見辰吾**）。

「やはりジローは一瞬遅れるな。良心回路のせいでためらいが生まれているせいだ。完全なのはマリだ……」

そこへ飛び込んできた光明寺博士（**長嶋一茂**）。

「ＡＲＫプロジェクトの目的は原発事故や災害救助で活動するロボットを作るための平和利用だ。

格闘の必要などない！　やはり軍事用ロボットを作ろうとしているという噂は本当だったのだな。そういうことならわたしは帰らせてもらう！」

一人残された神崎はジローに向かって
「おまえは不完全な機械だ！」

「ボクハ……キカイダ……」

って駄洒落かよ！　ともかくこの映画、**貧乏度合いがものすごく**、映画の八割はロボット同士の格闘シーン。というかスーツアクター※4同士の格闘。普通にパンチとキックを決めあってるだけ。一応ロボット同士の戦いなんだから、もうちょっと何か考えないかね？　馬鹿みたいに装甲の上からパンチしあうんじゃなくて、もうちょっと合理的な破壊とかそういうのをさ。ちなみに舞台はほぼミツ子の家と大学、**本田博太郎**のジャンク屋だけ。あとはひたすら体育館、というかスタジオでロボット同士がパンチしたりキックしたり……ここまで想像力欠如の映画もちょっとない。普通金がなければ頭を使うもんだが、貧すれば鈍すとはこのことか……。


さて、光明寺博士が謎の事故死を遂げて数年後、その娘光明寺ミツ子（**佐津川愛美**）は「みっちゃ〜ん」としつこいネットジャーナリスト（**原田龍二**）につきまとわれながら一人弟を育てているが、しょせんこの世に白馬の王子様などはいないのだと達観して二次元の王子様を信じる妄想系乙女。家で食事の用意をしていると、いきなり窓をバリーンと破ってロープにぶらさがった黒装束の男たちが侵入。弟をさらって逃げていく。

「マサル！」

と飛びついたミツ子もさらい、そのままヘリに吊られて品川区のタワーマンションのヘリポートに降ろされる。ちなみにこのヘリポート異常に狭く、周囲に柵も何もない吹きっさらしというリアリティ満点の設定。なんでわざわざそんな場所にしたのか。銃をたずさえてマスクとプロテクターを身につけた黒装束軍団にとらわれた二人、絶体絶命のところにどこからともなくギターを背負った革ジャンの男ジロー（**入江甚儀**）があらわれた。黒装束軍団をぶちのめして二人を救出するジロー。黒装束が発砲すると、ジローは身を呈して銃弾をすべて受け止める。

「チェインジ……」

と機械の姿に変わる。彼こそは人造人間キカイダーである。ばったばったと黒装束をなぎ倒すジロー。さらにはヘリコプターから巨大ロボット（『トランスフォーマー』[※5]みたいな奴）も降りてきてキカイダーと格闘。戦いはすべて同じパターンで殴って蹴って投げるだけなので、**見ていると本当に眠くなってくる。**実はキカイダーは光明寺博士から任務を受け「この身が動かなくなるまで、あなたたちを守る……！」とミツ子を守ってくれる白馬の騎士だったのだ。だがミツ子は「機械なんて……！」と受け入れない。どこからともなくあらわれた（この映画にはストーリーの脈絡とか舞台のつながりとかが存在しないので、すべてが「**どこからともなくやってくる**」ことになっている）ネットジャーナリストに助けられ、彼の家で保護される二人。昨日の大戦闘のことはまったくニュースになっておらず「マスコミは真実を隠しているのだ！」とネットジャーナリスト氏は高説を垂れるのだ。だが翌日になると「あの人も信用できないし！」とミツ子は弟を連れて家を出る。すると即座に監視網に引っかかり、襲ってくる黒スーツ姿の男たち。あわや……というところでどこからともなくキカイダーことジローが……。

ともかく逃亡した先で焚き火など囲んで身の上話をしながらなんとなく三人は打ち解ける。マサルに「なんかギャグやって」と無茶ぶりされたジローが

「ドリフ！　志村うしろー！」

って叫ぶのって、ひょっとして『ターミネーター2』[※6]あたりのパロディなのだろうか。ううむ。

実はARKプロジェクトのリーダーたちは光明寺博士が残した研究データをマサルの体に隠していると知り、それを奪い取るためにマサルを拉致しようとしていたのである。しかしデータを軍事

利用されないためにとチップに入れて息子の体に埋め込むとか、光明寺博士、何気に非人道的なことをやっておるわけですが。だが、そこにあらわれたのが冒頭で戦っていた美女マリ（**高橋メアリージュン**）で、**激しくも退屈な戦いがはじまる。** えーぼくはこの高橋メアリージュンという人にはなんの恨みもありませんが、今この日本でビジンダーを演じるべき女優は誰かと言えば百人が百人武田梨奈[※7]を選ぶはずである。そこに考えがいってない時点で、もうどうしようもなくダメ。あ、でも今回は最後までマリは変身しないのでそれでよかったのかもしれぬ。キカイダーが「ぼくは……機械だ」でキカイダーになり、ハカイダーが「見ていろ……破壊だ！」でハカイダーになることを考えあわせると、ビジンダーは鏡を見て「わたしって……美人だわ」と言うシーンが絶対に必要になるからである。

ともかく冒頭での戦いのように、リミッターである良心回路が邪魔をしてキカイダーはマリに凹られ、ついに腕を引っこ抜かれてしまう。とどめをさそうとするマリに、ついていくからどうか彼を助けてあげてと懇願するミツ子。マリも納得して引き上げる（しかし良心をもたないんだから、別に約束を守る必要もないと思うのだが）。放置されたジローだが、ミツ子がいつのまにか連絡していた光明寺博士の親友という人物が出てきて助けてくれ、ネットジャーナリストの友人で秋葉原でジャンク屋を経営している本田博太郎があっという間に修理してくれる。博太郎、スキル高い！演技は変だが！

というわけでリブートしたよ。

マサルの体内のチップを手術で取りだすと、ＡＲＫの人たちは二人を解放してくれた（意外といい人たちなのである）。光明寺データで研究を完成させたＡＲＫはＤＡＲＫとなり、ミツ子はアメリカ留学を決め、ジローの任務も終わってめでたしめでたし。いや一人忘れていた。光明寺博士への嫉妬やみがたいギルバート神崎あらためプロフェッサー・ギルである。「オレを認めない世界は……破壊だ！」というわけで最強のアンドロイドを作りあげ、そこに自分の脳ミソを移植して、ARK研究所を破壊し（なんでだ!?）、廃墟の中で一人立つ。そこでギターで自分のテーマソングを奏でながらあらわれるキカイダー（やっぱりそのために持ち歩いていたのかギター！）

ええと、まずそれはアンドロイドではなくてサイボーグ。ハカイダー（プロフェッサー・ギル）はどうしても理解できなくて「自分はマシンだ！　人間ではない！」とか言ってるけど、普通はサイボーグという。そしてマリは!?　キカイダーよりも強いマリはどこに行ってしまったのだ。ハカイダーがマリをボロボロに陵辱する場面がないままに、すでに一回負けているキカイダーが出てって何をどう盛り上がれというのか。実際この映画のショボさはここに集約している。人類の（少なくとも日本の）運命がかかった大決戦のようなふりをしているけれど、実際には二人が廃墟（のセット）で延々殴ったり蹴ったりしてるだけ。まわりは誰も気にしておらず、そもそもエキストラの一人もいない。そんなので話が盛り上がるわけないではないか（日本政府もかかわる大陰謀のはずなんだが、あの戦闘員はどこの人だとか銃撃戦とかやって平気なのかとか予算や資財はどうなってるんだとかそういうことを考えてはいけない。でも、それを考えないで映画って成立するの?）。それとも、これは一人相撲で世界的アクション映画を作るつもりでいるが世間にはまったく存在すら知られていない特撮アクション映画のメタファーだったりするんだろうか?

現場に駆けつけるのは留学をあきらめて都内から栃木の研究所までバイクを飛ばして来たミツ子とネットジャーナリストだけ。最後、ついに自分の良心回路を破壊して（いや、それストーリーの根幹を裏切っている気がするんだが）ハカイダーを倒したジロー、ミツ子の膝に抱かれて静かに動作を停止する（ジロー、いったい何キロくらいあるんだろうか?）。それを見ていたネットジャーナリスト氏、ジャーナリズムには見切りをつけて「いい（携帯）小説が書けそうだ……」と安い涙を流すのであった。

※1『アメイジング・スパイダーマン』 2012年公開のアメリカ映画。おなじみスパイダーマンのリブート作品。2002年から2007年にかけて、サム・ライミ監督によりつくられた3作のシリーズから、ミュージックビデオの監督から『(500)日のサマー』(2009)で映画監督として注目を集めたマーク・ウェブ監督にバトンタッチされたシリーズとなる。パート2は2014年に公開された。

※2『マン・オブ・スティール』 2013年公開のアメリカ映画。こちらもご存知のスーパーマンのリブート作品。監督はザック・スナイダーに、製作はクリストファー・ノーラン。続編となる『バットマンvスーパーマン：ドーン・オブ・ジャスティス』は2016年公開予定。

※3 キカイダー 石ノ森章太郎原作の特撮ヒーロードラマ『人造人間キカイダー』は1972年から1973年までNET(現テレビ朝日)にて放映された。「不完全な良心回路を持ち、善と悪の狭間で苦悩する人造人間の戦い」がテーマ。左右非対称でメカむき出しの顔のデザインが話題を呼び、当時人気絶頂だった『8時だョ！ 全員集合』の裏番組ながら人気を得た。

※4 スーツアクター 特撮映画などで着ぐるみ等を着てアクションをする俳優のこと。スタントマンなどがおこなうことも多い。

※5『トランスフォーマー』 株式会社タカラ(現タカラトミー)が1980年から発売して大ヒットしていたオリジナル玩具『ダイアクロン』と『ニューミクロマン』シリーズを、アメリカのハズブロなどが権利取得して、「TRANSFORMERS」として発売。これが大ヒットとなり、やがて日米双方で背景ストーリーなどをもとにしたコミックやアニメとなった。映画としては2007年公開のVFX版アメリカ映画『トランスフォーマー』(マイケル・ベイ監督)がこちらも大ヒット。その後にもノベライズ作品や別シリーズなどが展開され日米をまたにかけた一大サーガとなっている。

※6『ターミネーター2』 1991年のジェームズ・キャメロン監督のアメリカ映画。劇中で主人公の少年にロボットのターミネーターが様々な決め言葉やジョークを教わるシーンがあるが……。

※7 武田梨奈 1991年生まれ。日本の女優。10歳の頃、空手大会に出場した父の負ける姿を目にし「敵をとる」と空手道場に入門。現在は琉球少林流空手道、月心会黒帯。映画『ハイキック・ガール！』(西冬彦監督 2009)のオーディションでは、その圧倒的な空手技により、主演の座を獲得した。頭突きによる瓦割りを披露したセゾンカードCMは話題を呼んだ。

「こんなもんでいいんだよ、視聴者はどうせ馬鹿なんだから！」
……これを日本映画の退廃と言わずしてなんと言えばいいのか

『薔薇色のブー子』

監督・脚本＝福田雄一
出演＝指原莉乃、ユースケ・サンタマリア、ムロツヨシ、鈴木福、田口トモロヲ、三浦理恵子、小嶋陽菜

悪の存在を感じた。人類が営々として築きあげてきたこの文明をゼロに戻し、人類の叡智を無にかえそうとする悪の力だ。知識こそが人類に許された唯一の財産だと信じる者にしてみれば、人類の知的営為をないがしろにしようとするもの、それは悪である。だからたわむれに人の知性を蔑む妥協の産物はどうしても許せない。「まあこんなものでいいだろう」と適当に手を抜いて、コネとなあなあで仕事をし、その結果どんなものができようとも知ったことではない。どうせ自分が責任を取るわけではないのだし。まさにそういう態度こそが文明の退廃を招くのであり、だからぼくはＡＫＢ48にまつわるすべてのことどもが大嫌いなのだ。というか、今日この映画を観ていてはっきりと自覚した。**これこそが人類を堕落させる純粋悪である。**

　本当はこんなものには言及すらしてはならないのである。つまり、彼らは言及されることによって命を長らえているのであり、非難されることによって意味のないところに意味を作り出し続けているのだから。だからこんな連中のことは本来語るべきではないのだが、しかし語らなければ何が起きているのかすら誰にも伝わらない。だからここで語るわけだが……。

　さて、本作においてヒロイン幸子を演じるのはＡＫＢ48の総選挙[※1]Ｖ2ならず第二位となった**指原**

莉乃、毎日ブーブー文句ばかり言っているのでブー子と呼ばれている。大学に入れば薔薇色の日々が来ると信じていたブー子だったが、大学に入っても相変わらず友人も彼氏もできないままぼっち飯[※2]。つまらないので学校にも行かなくなって絶賛引き籠もり中、毎日少女漫画を読む以外にやることがない。母は数年前にエリート商社マン（**ユースケ・サンタマリア**）と再婚したのだが、ブー子はいまだに相手のことを「お父さん」とは呼ばずにいる。少女漫画読者が集うサイトで自称「ジョニー・デップそっくり」のハンドルネームｓｐａｒｒｏｗと出会い、ツイッターでメッセージを送りあう仲になった幸子は初めて会う約束をする。22時下北沢というちょっと遅い時間での待ち合わせ。当然お泊まりコースを鑑みて、今日こそ自分は生まれ変わる。文句ばかりの「ブー子」ではなく前向きな人間になるのだ！　だがその朝……。

監督は御存じ福田雄一[※3]。過去にも『俺はまだ本気出してないだけ』[※4]『ＨＫ変態仮面』[※5]などの映画でさんざん罵倒してきた現代まんが映画の王である。この人のまったくおもしろくない「テレビ的笑い」には毎度毎度疑問を呈してきたわけだが、そいつが企画秋元康で指原莉乃主演の「企画」を手がけたわけである。これは醜い。**これを「映画」と呼んではいけないだろう。**これまでも福田雄一作品に見え隠れしていた「こんなもんでよかんべイズム」＝どうせ視聴者には難しいことはわからないんだから、この程度で充分だろうという舐めくさった態度が秋元康の大衆蔑視と結びついて世にも醜いものが生まれてしまった。はっきり言うけれど、ここには見るべきものは何もない。ギャグもなければ笑いもない。もちろんプロットもなく驚きも感動もない。ただ無表情なブー子の前に次々に妙な人があらわれては消えていくだけ。で、それに笑い声をダビングすればＴＶバラエティのお笑い番組が完成するわけだ。こんなもんでいいんだよ、視聴者はどうせ馬鹿なんだから！

新しい自分になるために、朝起きたブー子はさっそくジョギングに出かける……と目の前を黒猫

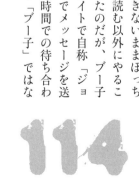

が横切る。不吉な……いやなんでもないはずだ！　と気をとりなおすブー子。と今度は黒猫の大群が！　いやいや。するとカラスの群れが！　そして血のようなワインを飲んでるカップルが！　呆然とするブー子。気をとりなおして行くと、野原で映画の撮影をしている。「エキストラで出てください！」と強引に引っ張り出されるブー子。はいこっちに走ってきて……と命じられたとおりに走ってくると落とし穴に落ちた。え？

「いや実は映画撮影じゃなくて素人にどっきりを仕掛ける番組だったんです！　大成功〜！」

やれやれひどい目に遭った……と特に感慨もないまま帰宅するブー子。スパロウさんに会うためにおしゃれしなきゃ！　と高島屋タイムズスクエア店に出かける。入るといきなりくす玉が割れて
「おめでとうございます！　当店十億人目のお客様です！」

と別室で表彰される。「特別ゲストがございます！　誰でしょうねえ？」と踊りながら登場するのは社長（**志賀廣太郎**）。

「十億回も来てくれてありがとう！」

「いやわたしたまたま十億人目ってだけですから」

「賞品として米俵一俵を……」

服を買いに来ただけなのに持てないほどの賞品を押しつけられたブー子、ブーたれながら配送のためコンビニに行く。と、その店員はお父さん！

「エリート商社マンじゃなかったの？　ひょっとしてリストラ？」

「頼む！　お母さんには内緒にしてくれ。実はもう二ヶ月も前に首になってバイトしてたんだが、ちょうどそのころからおまえの不登校がはじまったんで、お母さんは俺のことなんかどうでもよくなってしまって、まだ気づいてないんだ」

「じゃあ引き籠もりで結果オーライってことね」

てな感じでブー子の前に次々に事件が降ってきて、ブー子が淡々と処理して去っていくという構

成。指原莉乃がそういう「キャラ」なのか、単に大根なだけなのかは知らないが、何が起ころうとも別にパニックにもならず反省もせず（まあ「不運」だから反省もしようがない）、そのまま無表情に歩いていくだけ。なんだこれは？　いやこの作り手たちは、仏頂面の指原莉乃がバスに乗っていたら**ムロツヨシ**[※6]があらわれて「俺より幸福な人間が三人以上いたらこのバスを爆破する！　宝くじで5000万円以上当たった奴はいるか！」みたいなことを言うのが面白いと本当に思っているのか。それがこの人たちの考えるギャグなのか。ともかくこの映画、ひたすら「指原莉乃が歩いていたら変な人に出会う」くりかえしで、再度高島屋に行くと今度は「十億五百人目」として表彰されるとか、父親がいろんなバイトで再登場するとか、歩いて行った先で落とし穴に落とされるとか、ブー子が美容院に行ったら変な髪型にされてしまうとかそういうのがえんえんとくりかえされる。何ひとつ面白くないし、意味もない（ブー子は最後まで何ひとつ反応しない）。指原莉乃はひたすら無表情に受け流すだけなので、このすべての経験にはなんの意味もないことになってしまう。それでなんで「ブー子」は前向きの人間に生まれ変われるというのだろう？　だからこの映画、何ひとつ面白くないのだが、そもそも福田雄一も秋元康も面白がらせようと思ってすらいない。テレビではこれで誰からも文句が出ないので、それでいいと思っているのだ。

見ていて本当に腹が立つのはそこである。しょせん客はこの程度のギャグで受けるんだよ、という舐めた態度。知恵を絞るわけでもなく、体を張るわけでもない。出演者はムロツヨシ、**鈴木福**[※7]といった常連役者ばかり。何ひとつ世界に新しいものを加えず、使い回しとコネだけで一本の映画を作る。これを日本映画の退廃と言わずしてなんと言えばいいのか。これは人類の知的営みに対する侮辱である。企画・秋元康の文字とともにエンドクレジットで内田裕也ｆｅａｔ．指原莉乃の主題歌[※8]が流れだした瞬間の不愉快さは忘れがたい。

こうやってでっちあげられた映画が「アイドル界トップに君臨する指原莉乃」の主演作として記録に残っていくのである。もちろん記憶には残らない。それは誰も見ていないし、見た人はすべて中身を忘れてしまうからである。せめてここに人類の知的退廃への一里塚として記録に残しておきたい。

※1 AKB48の総選挙 『AKB48 37thシングル選抜総選挙』のこと。2014年6月7日に開票。このときのトップは、渡辺麻友で獲得票数15万9854票。指原莉乃は14万1954票でおしくも二位に。

※2 ぼっち飯 ひとりで食事をすること。特にその侘しさについて語られる時に使われる。これを過度に気にする心理的な状態を「ランチメイト症候群」(人からランチを誘ってもらえないほど魅力がないと恐怖を感じるまで気にする傾向)という。

※3 福田雄一 1968年生まれ。劇作家で映画監督。劇団ブラボーカンパニーの座長。放送作家として頭角を現し、その後に『大洗にも星はふるなり』(2009)で映画監督デビュー。2013年には『コドモ警察』、『HK/変態仮面』、『俺はまだ本気出してないだけ』の3本の監督作品を世に出しており、そのすべてが書籍版『皆殺し映画通信 2014』に取り上げられている。

※4 『俺はまだ本気出してないだけ』 2013年の福田雄一監督作品。詳細は書籍版『皆殺し映画通信 2014』収録の「自己肯定に走る堤真一……これ全然いい話じゃないよ『俺はまだ本気出してないだけ』」を参照のこと。

※5 『HK変態仮面』 2013年の福田雄一監督作品。詳細は書籍版『皆殺し映画通信 2014』収録の「おまえら、変態を舐めてないか?『HK変態仮面』」を参照のこと。

※6 ムロツヨシ 1976年生まれ。俳優。作・演出も含めたひとり舞台をかわきりに、劇団ヨーロッパ企画の舞台の映画版『サマータイムマシン・ブルース』(本広克行監督2005)から映画デビュー。出演作は多数だが、福田雄一監督作品は全作登場。

※7 鈴木福 2004年生まれ。俳優・タレント。2006年に子役でデビュー。ドラマ『ゲゲゲの女房』(2010)、『マルモのおきて』(2011)、『妖怪人間ベム』(2011)などの出演をはじめ、テレビタレントとして活躍中。芦田愛菜と鈴木福の別名ユニット「薫と友樹、たまにムック。」では、日本レコード大賞特別賞を獲得。押しも押されぬ日本のトップ子役のひとりである。

※8 内田裕也 feat. 指原莉乃の主題歌 秋元康により作詞、斉門により作曲の『シェキナベイベー』。内田裕也のシングルは29年ぶりのリリース。

福田雄一監督新作が二週連続で封切り！　日本の知的退廃はどこまで進むのか!?

『女子ーズ』

監督・脚本＝福田雄一
出演＝桐谷美玲、藤井美菜、高畑充希、有村架純、山本美月、岡田義徳、佐藤二朗

118

福田雄一[※1]監督新作が二週連続で封切り！　いったい日本はどうなっているのか。福田雄一作品を見るたびにぼくの思うのが『26世紀青年』（Idiocracy）[※2]の世界である。知的退廃がこのまま進んでいけば、**本当に福田雄一的笑いしかない世界がやってくるのかもしれない。**そんな恐ろしいディストピアに思いを馳せざるを得ないこの状況。そして映画館に行ってみると、今週の新作は先週の『薔薇色のブー子』よりはるかに全然酷かった！　マジで「イディオクラシー」進行しちゃってるよ！　どうなるんだよ日本！

さて、東京郊外の採石場、特撮もので怪人と正義の味方が戦うときにはなぜか必ず移動するあそこに立っている怪人ワカメヌルンと対峙するのは制服にヘルメット姿の女子たち。リーダーのジョシレッドを筆頭に、ジョシイエロー、ジョシグリーン、ジョシネイビー、五人揃って……いや揃ってないぞ。揃ってないとポーズできないし。

「ちょっと待ってね、怪人」

と断って携帯を取りだし、ブルーに電話をかけるレッド。

「ちょっと！　怪人来てるんだけど！　なんで来ないの？」

「あ～ごめん。起きたら睫毛ごっそり減っててさ、マツエクはじめちゃって～」

「何言ってんのよ。マツエクなんてどうでもいいでしょ！」

「でも人前に出るならちゃんとした恰好したいし～怪人さんもそう思うでしょ？」

怪人「どうでもいい！　早くしろ！」

「五人いないと必殺技も使えないのよ。あんたマツエクと怪人倒すのとどっちが大事なのよ！」

「ん～マツエク？」

一同「え～！」

てな調子でまあいまさらなのだがこいつは戦隊もののパロディで、普通の女子が戦隊をやるというギャップで戦隊もののお約束を笑うなんて斬新……と言いたいところだが、言わせてもらえば戦隊もののパロディなんて、それこそゴレンジャー[※3]が登場したころからすでにあった。ぼくがオタクだったころから百万回やられつくしてるわけで、**いまさらやるからにはそれなりのアイデアなりなんなりがあるんだろうな福田雄一！**　まさか「いまどきの女子が女子力で戦隊もののお約束をぶっちぎっちゃうのとかどうかな？」ってそれだけで映画一本作ったりそんなことはないよな？　な？

ある日、五人は謎の男チャールズ（**佐藤二朗**）に呼び出される。というか、いずこともしれぬ場所に召喚される。左手に猫の手人形をはめて、猫を抱く黒幕風の恰好をしているチャールズ。

「あ～実は地球を侵略してくる怪人がいるのね。で、それを人知れず撃退してる戦隊があるわけ。で、任期があるんで交替することになったんだけど、今度、きみたちにやってもらうことにしたから、よろしく！」

「え、どういうことですか！　なんでわたしたちなんですか！」

「いやあ、たまには女子も面白いかなって思って……」

「え、じゃあ適当に選んだだけなんですか？」

「いやいやそんなことないよ。ほら、レッドはすごく真面目でしょ。だからリーダーにぴったり」

「じゃあわたし（グリーン）は？」

「あー、きみは……ほくろがね。すっごくいい位置にあるから」

「いい位置ってどれですか？　三つありますけど」

「えー、三つ？　えーと……」

「やっぱり適当なんじゃないか！」

「実は名前がね、赤木、青田、黄川田って色がついてるでしょ、だから……」

そういうゆるーい感じ。これがオフビートな笑いって奴だよね。特に設定も決まってないし怪人がなんなのかも「チャールズ」が何者なのかも地球侵略がなんのことなのかも例の採石場までワープする理屈も何もわかんないんだけど、そういうことを突っ込んでもしょうがない。そういうことを考えずに「ゆるーい感じ」を楽しむのが……「イディオクラシー」への道……。

何も考えずに適当に選ばれた五人、レッド赤木こそ建設会社のバリバリの営業職で恋に仕事に燃えるキラキラ系OLだが、イエローはガテン系、ブルーは派遣、グリーンは劇団員、社長令嬢のネイビーは家事手伝いと仕事も趣味もバラバラなので全然仲もよろしくない。レッドだけは一応仕事をちゃんとやってる描写もあるのだが（とは言っても「美術館を造るのが夢なんです！」と主張し、設計部の社員に向かって「美術館なんだからもっとアーティスティックな建物を造らないとだめでしょ、アーティスティックな！」と世にも抽象的なダメ出しをする程度の「シリアス」描写だが）、それ以外はみんな戯画化されていて、とりわけグリーンの「劇団」など、中学生の漫画でももうちょっとマシだろ、と言いたくなる始末。役をもらって「自分にしかできない演技をします！」と張り切るのだが、その役が「森の木B」。幼稚園のお遊戯ではなく、これが劇団の描写なのだ……いや、もちろんこれは「わざとやってる」のである。ぼくはこれまでひょっとして福田雄一って馬鹿なのかな？　と思っていたのだが、最近になって気がついた。こいつ、どうやら馬鹿じゃないらしい。馬鹿ではなくて、ぼくを（観客を）馬鹿にしているのである。客を馬鹿にしているから、こんな「ゆる〜い笑い」が作れるのだ。客はこの程度で笑うんだろう、と……**こいつらは馬鹿じゃなくて、邪悪だったのだ。**馬鹿には罪はない（馬鹿に映画を作らせる奴には罪がある）が、馬鹿のふりをする奴は邪悪である。まあ、そのことに今頃気づいてるこっちが馬鹿だった。

さて、そんなわけで怪人との戦いを続けていた五人。ある日、例によって突然怪人が登場してレッド（**桐谷美玲**）も呼び出される。だが、たまたまちょうど彼女は長年の夢だった美術館建設のコンペプレゼンに臨むところだったのだ。ここで抜けるわけにはいかないが、だが地球の平和も……どうする……？

悩んだ末に結局仕事を取ったレッド、華麗なプレゼンで見事コンペを勝ち取る。その夜、ボロボロになった四人がレッドに文句を言いに来る。

「どうして来てくれなかったのよ！　四人で必死で戦って勝ったのよ」

「え〜でも今日は抜けられない仕事があって……」

イエロー「あたしだってバイト休んで来てんのに」

「だってしょせんバイトでしょ！　あたしは夢だったプレゼンで！」

「……やっぱそんな風に思ってたんだ……」

リーダーであるレッドの暴言で亀裂が走ってしまう女子〜ズ。以後、レッドは呼び出しも無視して（怪人を放置しても日常生活に支障はないということが判明したので）恋に仕事にOL生活を満喫しているのであったが……。

はじめてのドラマらしいドラマがこれ。そもそもこれ、上司がレッドにすべてをまかせきりで企画のことが何もわかってないとかいうのもどうかと思うんだけど、レッドだってそんな二択で悩んでるあいだにちょっと現場に行って、「ごめんつないどいて！」って頼んで、戻ってきてプレゼン片づければいいじゃないか。一度行ったら怪人を倒すまで採石場空間から抜けられないとかいう決

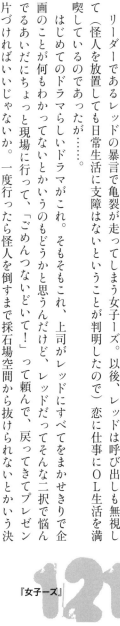

まりでもあるのか？　映画が手抜きだというのはそういうことで、ほんの一手間かけるだけで突っ込まれない話なのに、何もしないでただ物語上の都合だけで進行する。そもそも今回はプレゼンの最中だったけど、普段の勤務中はどうしてるのか。トイレにでも行ってるふりをしてるのか？　てかそもそもなんでみんな揃ってレッドの自宅に来るんだ？　近所なのか？　そういう日常描写をひとつ入れとくだけで、見え方が全然違うというのに。結局「お約束だから～」とか自堕落に言い訳して、**リアリティを増すためにやらなければならない作業は何一つやらないのである。**

ひさびさにチャールズからの呼びだしが来る。

「えー今仕事なんですけど～」

「いや、今度の怪人マジで強そうなのよ。全員来てくれないと困るんだけど」

「あたし行かなくても別に問題なかったじゃん」

「これまでみんなが頑張ってくれてたんだよ」

といって四人がボロボロになりながら戦う映像が流れる。

レッド反省、仕事は見くだしていた設計部の青年に任せて戦いの場に。

「女子レッド見参！　五人揃って……」

と左右見まわすと誰もいない。いつの間にか他の四人もすっかり心折れて来なくなっていたのだ。で、どうするかっていうと、怪人に向かって

「あ、ごめんなさい！　ちょっとこっちメンバーが揃わなくて……今呼んでくるから、ちょっと待っててもらっていい？」

「なんでオレが待たなきゃならんのだ！」

「いや、そうですよね。わかりますよ。ごめんなさい。でもそこをなんとか。すぐ戻るんで……」

とかなんとか言って、コスチューム姿で東京に戻ってきたレッド。イエロー（**高畑充希**）を探すと交通量調査のバイトをしている。

「こないだは酷いことを言ってごめんなさい。でも今度の怪人強そうだから……」

「わたし、バイト中ですから」

「えーそれ人の数数えてるだけでしょ」

「数えを笑うものは数えに泣く！」（なぜ「交通量調査」と呼ばないのだろう。最初「かぞえ」って何を言ってるのかと思ったよ）

「そんなの誰だってできる仕事じゃない！」

「わたしお金ないですから」

「お金さえあればいいの？」

そこでレッドは近くを歩いていた男の子をつかまえ、バイトの代わりをさせる。レッドとイエロー、今度はブルーのいるところまで電車移動（当然コスプレでの移動なのでじろじろ見られて……みたいなお約束つき）。着いてみるとブルーはふて腐れて漫喫で『20世紀少年』※4を読書中（おいだからこれ「イディオクラシー」だって言ってるだろうが。まさか知っててやってるギャグなのか⁉）。

「そんなの終わってからでもいいじゃん！」

「やだよ。〝ともだち〟が誰だか気になるんだもん」

レッド「友達は……私たちです！」

「そういうのいいから」

イエロー「知りたければ教えてあげるよ」

「いや教えていらない！」

「一緒に来ないと教えるから！」

というわけで脅迫してブルーを仲間に加え、劇団員のグリーンと男と修羅場中のネイビーを無理矢理連れだし……いやしかしこれ、グリーンの劇団が白痴的だとか、ネイビーがなぜかデブ中年に惚れてるとかいうギャグがあるんだけど、これがまったく面白くない。そもそも「グリーンの役なんかどうでもいい」から戦いに行くというのでは駄目なのではないのか。じゃあ彼女が主役だったら行かなくてもいいのか。プレゼンを中途離脱し、主役をあきらめ、いい男から求婚されても振って、それでも行くからはじめてストーリーになるんじゃないのか。まあそういう普通に考えて面白い展開はすべて放棄されているわけだけど、これはもちろん「わざと」「ゆるーく」「オフビートに」「全部はずす」。全部はずしたらそこには何も残らないけど、最後に五人そろって女子トルネード！とか叫べば全部解決で感動の大団円になるんで、ひとつ福ちゃんそういう感じでシクヨロ！

※**1 福田雄一**　本書『薔薇色のブー子』脚注（P117）参照のこと。

※**2『26世紀青年』（Idiocracy）**　2006年公開のアメリカ映画。マイク・ジャッジ監督のSFコメディ。国防総省が極秘で行った人間の冬眠実験。一年の予定が、ひょんなことから500年放置されてしまい、主人公は未来の世界で目覚めた。しかしその未来の世界は知能低下し堕落した人間たちが暮らす世界だった……。

※**3 ゴレンジャー**　1975から1977年にテレビ放映された『秘密戦隊ゴレンジャー』のこと。「戦隊モノ」の元祖。原作は石森章太郎。悪に立ち向かう5人のヒーローという定型はキャラクターのカラーリングまで含めて、現在の戦隊モノにまで引き継がれている。

※**4『20世紀少年』**　浦沢直樹のコミック『20世紀少年』全22巻のこと。続編の『21世紀少年』も上下巻ある。2008年から2009年にかけて映画『20世紀少年』シリーズ（堤幸彦監督）として劇場公開もされた。

ひたすら日本人同士でつるんでパーティで酒と男漁り……
日本版『セックス・アンド・ザ・シティ』？のタカリ人生模様

『わたしのハワイの歩き方』

監督＝前田弘二　脚本＝高田亮
出演＝榮倉奈々、高梨臨、瀬戸康史、加瀬亮、宇野祥平

えー、これがどういう映画か一言で言えば、**榮倉奈々**が浴びるほど酒を飲んでみっともなく酔っ払い、出会う男と片っ端から寝て、男を全員殴り倒し、そのままマウントして結婚に持ち込む。それが榮倉流のハワイの歩き方だ！　いったいどういうことなんですかねこれ……。

榮倉奈々が演じる女性編集者小山田みのりは旅行ガイドやらダイエット本やら、二番煎じ、三番煎じの企画専門の二流出版社で働く女性編集者。つまらない本ばかりを作らされるストレスから連日飲みにいってはベロベロになるまで酔っ払う日々。ある晩酔った勢いで後輩の編集者を押し倒してベッドインするが、実は相手は妻帯者でしかも奥さんは妊娠中だった（いや机隣り合わせて仕事してるんだから、押し倒す前にそれくらい調べとけよ！）。あー最悪……というところにCAの友達から相談を持ちかけられる。

「ハワイで結婚式やるんだけど、二次会の会場もやっぱ特別なところにしたいわけ～ほら彼の友達ってセレブばっかだからあ～あんたの出版社、ハワイのガイドブックいくつも出してたし、詳しいでしょ？　ちょっと手伝ってよ～」

これ実はあとで判明するのだが新郎はハワイで中古のコンドミニアムやクルーザーを売りさばい

てるブローカー。じゃあそいつにやらせりゃいいじゃないか！　しかも実はみのりはハワイに行っ
たことがなく、ガイドブックはすべて他社のガイド本のパクリだけで作っていたのだった。そうい
うわけで公私ともにいろいろ煮詰まっているみのり、無理矢理ガイドブックの企画を通し、会社と
友人双方から経費を二重取りしてハワイに羽根を伸ばしに旅立つのだった！
いや見るからに酷い。てか業務上横領じゃないのかという話なのだが、榮倉奈々がまったく悪び
れずに嬉々として自分から「経費二重取りで遊びに来た！」とか言ってるんだからどうしようもな
い。そんな榮倉、友人に誘われて行ったパーティでおっさんにまたがってお馬さんごっこをしてい
る茜（**高梨臨**）と出会う。茜はグリーンカード欲しさに金持ちの男との結婚を狙ってセレブのパー
ティに顔を出す日々。パーティにはタッパーを持参して料理をごっそり持ち帰る。
「こんなパーティつまらないから家で飲みなおそうよ！」
との茜の言葉に乗り、みのり（榮倉）もパーティからシャンパンを持ち帰り延々飲みまくり。と
もかくみのり、この映画に出ているあいだは切れずに酒を飲みつづけている。理想の男はと聞かれ
「酒飲むのやめろって言ってくれるような人かな。でもわたしやめないで、ベッドの下とかにウィ
スキー隠してこっそり飲むの」
すでに完全なるアル中状態。しかも何かというと上から他人に説教する絡み酒で、茜に求婚して
いる保険代理店主（**宇野祥平**）に
「あんたが茜のことを本当に好きだっていうなら、保険の顧客で良さそうな相手を紹介するとかし
なさいよ！」
などと倫理にいろいろ反する要求を突きつけたりする。ついでに茜に
「じゃあ好きなお店に連れてってよ。『地元民がお勧めの店』としてガイドブックに紹介するから」
と仕事をふるという世にも安易な仕事ぶり。仕事やる気ゼロ。酒飲んで絡む。酔うと男を押し倒

す。玉の輿に血眼で男漁り。これがこの映画に出てくる女性陣の行動である。これ、一応女性向けの映画のつもりなんだよね？　あるいは『セックス・アンド・ザ・シティ』[※1]とかにならい、ぶっちゃけて本音を語って女性の共感を！　みたいなつもりなのかもしれないが（一応ハワイ流ハイファッションに身を包んだみのりと茜が並んで道路をずんずんこっちに向かって歩いてくる、みたいなシーンあり）、これただ下品で貧乏くさいだけだから。**榮倉も高梨も下品なばかりで魅力のかけらもない。**

　みのりは例によってパーティで（ちなみにこの映画の登場人物はほぼパーティに行くことしかしない。そして友人として登場するのは日本人だけ。ひたすら日本人同士でつるんでパーティで酒と男漁り……それがハワイの歩き方）投資を募っている若い男（**瀬戸康史**）と出会う。誘われるままに男の部屋まで行ったみのりだが、男がこんにゃくダイエットから墨シャンプーまでさまざまな商売をハワイでやろうとしてしくじっていることを知って幻滅。現在の商売ネタはお茶漬け屋。「アメリカでは日本食がブームなんだよ！」と力説するお茶漬け男に、みのりは

「じゃあなんでJapanese Tea Riceとか書くわけ？　それアメリカ人に迎合してない？　それにメニューももっと増やして、ちゃんとハワイアンにも受け入れられるものを作るべきじゃないの？お店にこだわってないで、屋台でも引いて頑張ればいいじゃないの！」

　と例によって上から目線でいきなりの思いつき説教。

　ところで二次会はどうなったのか？　とＣＡの友人に訊ねられたみのり、思いつきで「そーねーガーデンパーティとか？」「それ最高！」そんなアイデアを出させるためにわざわざハワイまで呼びよせたのでしょうか？　ともかくも一行はロアリッジの高級住宅地であるというグルメパーティに出かける。とはいえ庶民である彼らはパーティ本番には入れてもらえない。入り口まで行って、カクテルアワーの時間になるまで待っているという涙ぐましいセコさ。そこには金持ちに売り込み

しようとするお茶漬け屋とか、金持ちの結婚相手を探している茜と保険代理店主もやってくる。保険代理店の頼りない新米助手というキャラに扮した茜、「相手が思わず助けてあげたくなるようなことをするんだ」とのアドバイスを受け

「さ、さむういいいい！」

と大声で叫ぶ。正気か！　と思うのだが茜自身が考える逆ナンはさらにもっと壊滅的に酷いので、それは映画を観た人だけのお楽しみに。例によってタッパーに料理を詰めまくる茜、酒を飲みまくるみのり、スポンサー探しを続けるお茶漬け屋、と三人三様のタカリ人生。そこへ満を持してこの家の若き主人（**加瀬亮**）が登場する。男の顔を見たみのりは

「あんた知ってる！」

そう彼こそは着いた初日にホテルのテラスでカクテルをがぶ飲みしていたみのりが助けてやった空き瓶拾いのホームレスであった。実は大金持ちの御曹司だった加瀬、金持ちの人生に飽き足らないのでわざとホームレスのふりをしたりしていたのである（普通に嫌な奴じゃないか！）……そして飲み過ぎでぶっ倒れるみのり。

目を覚ますと目の前には金持ちのイケメン。首根っこをつかまえてキス……そして×××

というわけで茜が夢見ていた「ロアリッジ[※2]のセレブ」と何もしないまま恋人同士になってしまったみのり。「女はみんな金目当てでぼくに近寄ってくるが、きみは違う！」と財閥御曹司はヒートアップするばかり。玉の輿をあきらめて代理店のおっさんと結婚することに決めた茜だが「やっぱりあんたも金持ちが良かったんじゃないか！」と妬みバリバリ。みのりはそのまま会社にも連絡せず、帰りのフライトもキャンセルしてホテルもチェックアウト、ロアリッジの豪邸に移り住みセックス三昧なのであった。でもこれでいいのかしら……とほのかな疑問も感じている。そんなある日、御曹司と二人でビーチを散歩していたみのりは、お茶漬け販売のキッチンカーに出会う。なんとお

茶漬け屋、みのりの説教をすべて実行して「ロコモコ茶漬け」とか作ってハワイアンに人気の屋台となっていた。楽しげに談笑する二人に、おもしろくない御曹司。茜を呼びだして「あの二人はどういう関係なんだ！」と詰問する。そこに全員集合して面倒になったところでみのりが全員を殴り倒して……。

で、結局みのりは1)特に会社で何をやりたかったわけでもなく2)「親友」と呼ばれる人とは上っ面だけのつきあいで3)別に真剣に恋愛してるわけでもなく出会った男と適当にセックスして4)でもイケメンだからいいか～　それがこの映画の作り手が考える今どきのＯＬの姿です！　ハワイについてわかったのは「ロアリッジ」が金持ちの住む高級住宅地だということだけでした。

※1『セックス・アンド・ザ・シティ』　アメリカの連続テレビドラマ。1998から2004年まで6シーズンにかけて放映されたのち、2008年と2010年に映画化もされた。三十代独身女性の友人4人のニューヨークの生活をコミカルに描いた。

※2 ロアリッジ　ハワイ、オアフ島の高台にある高級住宅地。ゲーテッドコミュニティと言われるように、セキュリティのため住民以外は入れない地域でもある。

周回二周遅れの『ダ・ヴィンチ・コード』……
それにしても榮倉奈々ってなんなんだろう？

『万能鑑定士Q―モナ・リザの瞳―』

監督＝佐藤信介　脚本＝宇田学　原作＝松岡圭祐
出演＝綾瀬はるか、松坂桃李、初音映莉子、ピエール・ドゥラドンシャン、村上弘明、榮倉奈々

さて先週『わたしのハワイの歩き方』[※1]という映画を見たあと、某映画監督と飲み屋でばったり会って「いや〜あれすごいよね〜」みたいな話になって、**それにしても榮倉奈々[※2]ってなんなんだろう？**と盛り上がったのである。いったい何に出てたんだっけ……？　とみんなで考えて
「『余命1ヶ月の花嫁』[※3]でしょ！」

「おいおい」

「あと『アントキノイノチ』[※4]」

「最近だと『図書館戦争』[※5]か」

「なあ、一本でもまともな映画ないの？」

「うーんうーん、『東京公園』[※6]？」

「あれも青山[※7]さんの映画にしては……ちょっとwikipedia見るか……あっ今もう一本出演作やってる！」

「え？」

「『万能鑑定士Q』に出てるよ！　ヤバイこれ見に行かないと……」

というわけで見に行ったわけである。いやなんでいまさらのようにこんな周回二周遅れで『ダ・

ヴィンチ・コード』※8にあやかるがごとき映画が作られちゃうわけよ。日本の映画界って本当謎だなあ……と思ったのだが、映画を観てさらに驚いた！ **これ松岡圭祐原作ではないか！**※9 松岡圭祐と言えば『千里眼』シリーズで知られるベストセラー作家なのだが、恐ろしいことに映画好きが高じてヒロインのイメージキャストを雇うのはおろか、とうとう映画を作って自作（新作小説）のおまけにつけて売ってしまったという方である。映画が、本の、おまけなのだ。その名も『千里眼 キネシクス・アイ』※10……なんとぼくはちゃんと見ている上にレビューまで書いているので読んでみていただきたい（映画評論家緊張日記 http://garth.cocolog-nifty.com/blog/2009/04/2009-ae3f.html）。そんな恐ろしい松岡圭祐原作であるので、まあ予想したとおりのことが起こるわけだが、少なくともこっちはモナリザが物語に関係してるし、レオナルド・ダ・ヴィンチの企んだ陰謀も出てくる。これが本物の「ダ・ヴィンチ・コードだ！」と松岡圭祐が思っていたのかどうかは知らないが……。

凜田莉子（**綾瀬はるか**）は驚異的な観察眼と百科事典並みの知識を持つ美人過ぎる鑑定士。ガラス張りのお洒落な鑑定事務所を開き「なんでも鑑定します」の看板でお客を募集している。今日も今日とてやってきた貸しホール業の男。

「あの……このチラシを鑑定してほしいのですが」

チラシの鑑定ってなんだよ！

「ホールを借りてトルコ料理の試食会をしたいという申し出があったんですが、マルチ商法に使われるのではないかと心配なんです。とりあえず、このチラシを鑑定していただけないでしょうか？」

とどう考えても鑑定士とは無関係な仕事を差しだすが、莉子は眉ひとつ動かさず「拝見しましょう」と律儀に手袋をはめた手で受け取ってルーペで子細に検分。

「マルチ商法かどうかはわかりませんが、この食品検査の写真はおかしいですね。バナナの通関をしているところの写真がありますが、その写真にうつっているペンは緑色が発売されていません。

つまり、これは黄色いバナナをフォトショップで修正したものです。きっと緑色のバナナが手に入らなかったんでしょう。黄色く完熟したバナナを通関することはありえませんから、通関の写真自体が偽装です」

うーん見事な推理、なのかそれ？　まあこれが松岡クオリティ。

あっという間に試食会当日。「トルコに一世紀前からつたわる家庭料理をご披露します」と言って一斉に料理をはじめる様子を見た莉子。

「トマトはたしかに今のトルコ料理には欠かせないものですが、トルコに入ったのは戦後のはずです。百年も歴史はない。それにトマトを切るのとバナナを揚げるのが同時というのは変じゃないでしょうか？　揚げバナナは揚げたてじゃないと美味しくないのに……」と推理を働かす。

「あるいは同時に調理すること自体が目的なのでしょうか？　同じ周波数の音が重なると小さい音を隠すことができる。これを〝マスキング効果〟と言います（こういうwikipediaで調べたような豆知識が出てくるところが松岡圭祐小説の特徴）。バナナを油で揚げる音はアセチレン・バーナーの切断音を消すのに最適、クルミを叩きつぶす音は金庫の——はっ！　この上の階はなんですか？」

「ギャラリーです。もう閉まってますが……」

「そこだ！」と金庫破りの大陰謀を突き止めて二階に駆けあがる莉子。間一髪食い止めるまでを見ていたのが落ちこぼれ編集者小笠原（**松坂桃李**）。なんせ莉子は自分の推理を全部実況中継してくれるんでどんなダメ人間でも注目するに決まっている。さっそく「取材させてください！」と莉子の鑑定事務所に押しかける。

「嫌です！」

「そこをなんとか……そもそも〝万能鑑定士Q〟のQってどういう意味なんですか？」

「言いたくありません！」

なんとなく黒歴史のかおりがしますね。そこへやってきたのがギャラリーのオーナー朝比奈（**村**

上弘明)。

「きみの素晴らしい推理のおかげで名品が守られた。ありがとう！　ついては今度、ルーブルの特別学芸員試験を受けてほしい！」

は？　実は朝比奈は極秘裏に進められている『モナ・リザ』の世界ツアーの日本コーディネーターであり、受け入れのための特別学芸員を捜しているのだという。ついてはルーブルへ行って試験を受けてほしい……ってあからさまに怪しい詐欺みたいな話なんだけど、在野の鑑定士莉子はフランス語も喋れないまままるんるんパリに旅立つのであった。もちろん小笠原も自費で後追い参加。

ルーブル美術館には世界中から学芸員が集まっていた。

「テストは簡単だ。ルーブルの館内に『モナ・リザ』の偽物が何点か展示してある。自由に見て、本物を見つけ出してくれたまえ」

ええとこの映画、日本映画初というルーブル美術館ロケが売りらしいんだけど、それはほぼこの場面のみ。豪華なんだかなんなんだか(撮影日数一晩らしい)。**いくらお金積んだんですかねえ**。で、一通りルーブルをそぞろ歩いたのち、試験に。

「さあ、では当ててもらおう。この中で本物はどれかな？」

「ええと……この中に本物はないんじゃないでしょうか？」

「では、きみはどれが本物だというのかね？」

「入り口にポスターに偽装して飾ってあった(ガラスでサンドイッチしてあいだにポスターの文字を載せてポスター状に見せている)奴です」

なんという引っかけ問題！　てかクイズやってんじゃないんだからさ！　一応これ鑑定士の試験なんだろ！　だいたい油絵をいくらガラスで覆ったってポスターには見えないだろ‼　ついでに言っとくとこれ伏線だからな！　それにしても、なぜわかったのか？

「なんとなく、ここには本物がない気がしたんです」

なんとなく……それが松岡クオリティ。さて日本人はもう一人、美沙（**初音映莉子**）が合格していた。日本に戻ると、さっそく二人は軽井沢で『モナ・リザ』の真贋を見分けるための強化合宿に臨む……これ見ているあいだずっと疑問だったんだけど、この合宿によって『モナ・リザ』の真贋を一目で「なんとなく」判断できる天才的直観を身につけたとして、それが『モナ・リザ』来日時の警備や管理の役に立つのか⁉ なお、スマホの通訳アプリによってフランス語ができない莉子にとりいった小笠原だが、部外者立ち入り禁止と言うことであえなく追い出し。で、莉子がどういう訓練をするかというと。

「『モナ・リザ』と同じく展示されるダ・ヴィンチのスケッチ集を持ってきた。十一枚の偽物と混ぜて並べる。きみたちにはこの中から偽物と思うものを二枚選んでもらう。で、二枚のうちからより本当らしくないと思えるほうをもう一方が選ぶ。こうやってくりかえし、最後の二枚の中から本当と思えるものを選ぶ。直観を磨くのだ！」

なんでこんな意味不明のことをするのか全然わからないわけですが、そもそもこの方式だと最後の二枚に正解が入っていなかった場合、どこで間違えたかわからない！　失敗を次に活かせないシステムだなんて……合宿のさなか、莉子はルーブルの学芸員リシャールから『モナ・リザ』にまつわる不思議な噂を聞かされる。実は『モナ・リザ』の瞳にはレオナルド・ダ・ヴィンチがLVのイニシャルを書きこんでいるという。だが、その文字を目撃した研究者が次々に神経衰弱を起こしているのだという。ダ・ヴィンチは『モナ・リザ』に呪いを仕掛けたのだろうか⁉　そしてついに最終試験。いつものテストの要領で、十二枚の『モナ・リザ』を並べてその中から本物を一枚選びだす（いや、『モナ・リザ』こんなところに持ってきていいのか⁉）。順番に見ていくうちに、一枚の瞳にルイ・ヴィトンのロゴのような文字が書かれているのに気づく莉子。思わず魅入られて昏倒してしまう。

それ以降、莉子はすっかりかつての鑑定眼を失い、素人でもわかるレプリカに夢中になったり頓珍漢な反応をしてしまう。ルーブル特別学芸員の資格も失い、すっかり引きこもりの日々。これではならじと発憤した小笠原、独自に十二枚から一枚を選ぶテストをやってみて、そのからくりを暴く。つまり美沙とリシャールはグルであり、テストはわざと莉子を混乱させるためにやっていたのである！　偽物を見せて反復練習することでシナプス結合を作り、偽物を本物と誤認させてしまうのだ。ダ・ヴィンチのイニシャルの呪いももちろん嘘（新聞記事もでっちあげ）。莉子のスーパー鑑定能力を脅威に感じた美沙とリシャールが、彼女を無力化するために仕組んだ遠大にして無意味な罠なのだった。ということは二人は……？　そう、１９１１年の『モナ・リザ』盗難事件にまつわる「ルーブルの嘘」を暴くべく、『モナ・リザ』を盗み出そうとしていたのだった……。

いや、それだったら軽井沢の別荘ですり替えればいいじゃん！

そういうわけで無意味な空騒ぎをくりかえしたあげく、冒頭の伏線もちゃんと回収してちゃんちゃん。綾瀬はるかマニアには、一晩でフランス語を速習（強烈な感情と結びつけて知識を暗記する技術の持ち主だそうな）したはるかの世にもたどたどしいフランス語に萌えていただきたい。ちなみに桀倉奈々は綾瀬はるかの過去を知る友人役で10秒ぐらい友情出演していたので、ぼくは満足です！　あ、そう言えば最後まで明かされなかったが〝Q〟ってどういう意味だったんだろうなあ……。

※**1**『**わたしのハワイの歩き方**』　本書P125参照のこと。

※**2**　**榮倉奈々**　１９８８年生まれ。女優・モデル。雑誌『SEVENTEEN』の専属モデルとして活躍したのち、女優としてテレビドラマでデビュー。ＮＨＫ朝の連続テレビ小説『瞳』（２００８）では主演をつとめる。映画では、本文に取り上げられた作品の他にも『だいじょうぶ3組』（２０１３）など、皆殺し案件の映画が揃い踏みである。

※**3**『**余命1ヶ月の花嫁**』　２００９年公開の日本映画。監督は廣木隆一。もともとはＴＢＳの同名のドキュメンタリー番組だったものを映画化。榮倉奈々は末期のガンに冒された悲劇のヒロインを演じる。

※**4**『**アントキノイノチ**』　２０１１年公開の日本映画。監督は瀬々敬久。『余命１ヶ月の花嫁』のスタッフが制作した生と死をテーマにした人間ドラマ（榮倉奈々は岡田将生の恋人役のヒロインで出演）……だが、書籍版『皆殺し映画通信　２０１４』の松江哲明との巻末対談で、柳下毅一郎は次のように述べている。

『アントキノイノチ』のクライマックスでさ、主人公が「あのときの命が……アノトキノイノチ、アントキノイノチ、アントニオ猪木！」となって、「元気ですかー！」って海に向かって叫んで元気が出て終わる。それをみんなに言っても、「そんな映画があるわけない」って誰も信じてくれなくって（笑）。だって感動ものとして売られてたじゃないですか、あの映画。なのに観たらクライマックスで「アントキノイノチ」「アントニオ猪木」って、ダジャレかよ！（笑）。

※**5**『**図書館戦争**』　２０１３年公開の日本映画。監督は佐藤信介。書籍版『皆殺し映画通信　２０１４』の「『超法規的』ならなんでも許されると思ったら大間違いだ！『図書館戦争』」参照のこと。榮倉奈々は新米図書隊員役で岡田准一とダブル主演。

※**6**『**東京公園**』　２０１１年公開の日本映画。監督は青山真治。第64回ロカルノ国際映画祭で金豹賞（グランプリ）審査員特別賞を受賞。榮倉奈々は主人公の死んだ旧友の元カノ役。

※**7**　**青山さん**　青山真治のこと。１９６４年生まれ。映画監督、小説家、映画評論家。１９９５年にＶシネマ『教科書にないッ！』にて監督デビュー。翌年『Ｈｅｌｐｌｅｓｓ』で初の劇場映画公開。『ＥＵＲＥＫＡ ユリイカ』では第53回カンヌ国際映画祭で国際批評家連盟賞を受賞。この小説版が第14回三島由紀夫賞を受賞する。最近作は『共喰い』（２０１３）。

※**8**『**ダ・ヴィンチ・コード**』　２００６年公開の監督ロン・ハワード、主演トム・ハンクスのアメリカ映画。原作は40カ国以上で翻訳され７０００万部以上を売り上げた超ベストセラー。

※**9**　**松岡圭祐**　１９６８年生まれ。小説家。催眠術師としてテレビなどに出演していたことでも知られる。デビュー作『催眠』はベストセラーとなり１９９９年に映画化もされている。その後も『千里眼』シリーズや本作品原作など立て続けにヒット作を世に出す。

※**10**『**千里眼 キネシクス・アイ**』　２００９年、小説シリーズ『千里眼』の十周年記念特別作品として世に出た、その名も「シネマ&ノベル」。監督・脚本・編集は松岡圭祐。

中島哲也は刺激の専門家である。単調な刺激の連続というのはひどく退屈なものなのである

『渇き。』

監督＝中島哲也　脚本＝中島哲也、門間宣裕、唯野未歩子
出演＝役所広司、小松菜奈、妻夫木聡、清水尋也、二階堂ふみ、橋本愛、國村隼、黒沢あすか、オダギリジョー、中谷美紀

中島哲也監督[※1]四年ぶりの新作である。さて、ぼくは中島哲也については一応主要作くらいは追いかけているのだが、当然予想されるだろうが世評と異なりまったく面白いとは思っていない。『下妻物語』[※2]は悪くなかった（ただし脚本には二点大きなミスがあると思っている。ひとつは樹木希林が伝説のヤンキーであるという伏線を全然活かしてない点。もう一つは、最後にイチゴは桃子をバイクに乗せて東関道を爆走しなければならない！「電車なら三時間？　バカヤロウ、オレの50ccなら一時間半だ！」**ああ、『トラック野郎』[※3]を見てない奴はこれだから！**）。『嫌われ松子の一生』[※4]は松子の堕落にまったくリアリティが感じられない。『告白』[※5]は人工的な物語をさらにあざとく刺激的に加工されても何も胸に感じるものがない。

中島哲也は刺激の専門家である。画面ににぎやかな刺激を加えることに関しては右に出る者がいない。だがそれは刹那的な刺激でしかなく、ストーリーともキャラクタービルディングとも無関係ではないのか……というのは中島哲也にかねてから加えられている主要な批判である。それは『渇き』でも変わらない。というか、その傾向はますます激しくなる一方で……。

さて、中島哲也の映画はカット単位で――シーン単位ですらなく――断片化されているので、ストー

リーを説明するのも大変難しいのだが、おおまかにいってここではふたつの話が同時進行で進んでゆく。ひとつは**役所広司**演じる父親藤島昭和が行方不明になった娘加奈子（**小松菜奈**）を探し求める物語。もうひとつはその三年前、いじめられっ子の「ボク」が同級生の加奈子と出会う話である。事件は2015年の8月にはじまる。コンビニで強盗殺人事件があり、三人の若者が殺された。元刑事である藤島は重要参考人としていつもヘラヘラ笑っている元部下（**妻夫木聡**）に尋問を受けて「……クソが……」と毒づいている。ちなみにこの映画では全編ブッキーはほぼヘラヘラ笑いながらチュッパチャプスを舐めているだけ、役所広司はほぼ「……クソが……」と毒づいているだけという演技。役所広司が家に帰ると別れた妻桐子（**黒沢あすか**）から電話がある。

「加奈子が帰ってこないんだけど……あなたのところにいるんじゃないの？」

どうやら2014年のクリスマスイブに藤島がしでかした「何か」のせいで妻は娘を連れて出ていき、藤島は警察をクビになったらしい。

実は映画はそのクリスマスイブからはじまるんだが、このシーンがバラバラに断片化されすぎていて何を訴えたいのかすらわからない。つまりパーティではしゃぐ若者たち↓楽しげなカップル↓「……クソが……」と毒づく役所とカットが並べられるのだが、それぞれはまったく無関係な映像であり、幸福と不幸の対比にすらなっていない。派手なカットをいくつも並べると、それぞれのインパクトは薄れてゆく。カット間の優劣がないので、何がもっとも重要なカットなのか、見ている側にはまったくわからないのだ。この場合、もちろん「……クソが……」こそがいちばん重要なはずなのだが、印象に残るのは踊ってる若者のほうなのである。すべてが等価だから、すべて平等に意味がない。**これで明るい世界の裏に隠された悪意……とか言われてもだね。**

「会ってもいねえよ！　顔も覚えてねえよ、俺が誘拐したとでも言いたいのか！　クソが！」

というわけで妻に再会した藤島、かばんの中に注射器と薬物を見つける。あの天使のような娘が、いったいなぜ……というわけで藤島は加奈子の友人に会い、加奈子の行方をさぐる。だが、捜査の過程で次々に死人が……。

残念ながら、物語にまったく意外な真相はない。ポスターに「愛した娘はバケモノでした」って書いてあるということを抜きにしても、そもそも「ボク」の話のほうで、加奈子が「天使」でもなんでもないことが早々に描かれるからだ。で、それを追う藤島は完全な狂人で、自分から家庭を壊したくせに元妻に復縁をせまって相手をレイプする始末。それを追うブッキーはじめとする警察もニヤニヤ笑ってるだけで……。

別に登場人物が全員道徳的に壊れていようと、それ自体は別にかまわない。**困るのは物語の中心がまったくわからないことだ。**これ、物語的には役所広司による娘の探索が中心にならなければいけない話だろう。その過程で娘の真の姿が徐々に判明し、同時に役所広司の狂気もあからさまになる。ところがここでは最初から娘もおかしいし、役所広司も狂っている。それではただの愚か者が無駄働きをしているようにしか見えないではないか。役所広司は執念にとりつかれた男でなければならないのに、一向にそう見えてはこない。これは構造的な問題である。カット毎に映画をバラバラにしてしまうから、シーンの感情が一向に高まらない。執念も、当然ながら悪意もない。じゃあ何があるかというと、それは刺激。

この映画、登場人物がみな倫理的に狂っており、平気で他人を傷つけ殺す。じゃあ暴力に満ちているかというとこれが大違い。ここにあるのは暴力の印象だけである。人を殴りつけるシーンなら、得物をふりあげるカットがあって、壁に血が飛ぶカットがある。実際の暴力の瞬間は決して写されないのである。画面を装飾し、カットを分断する。だからどんな過激な場面が描かれようと、そこには本当の痛みはない。この映画、パク・チャヌクあたりを参考にしているとおぼしいのだが、韓流アクションを素晴らしいものにしていた痛みはひとっかけらもない。そして痛みなしに暴力の印象だけふりまく行為は、暴力映画よりはるかにたちの悪いものなのだ。

そういうわけで、物語については、「ボク」の話がストーリー進行の妨げになっている（しかも驚愕の結末がついているので、この話自体になんの意味もなくなってしまった！）という以上は何も語ることはない。そもそもカット毎の刺激、画面の加工がすべてであるこの映画においては、物語などもともとなんの意味もなかったのかもしれない。カットのつながりがシーンをつくり、シーンのつながりが物語を作るという映画の基本が、ここでは最初から成立していないからである。じゃあそこに新しい映画はあるのかという話になるのだが、みなさん御存じのように単調な刺激の連続というのはひどく退屈なものなのである。

※**1 中島哲也**　1959年生まれ。映画監督。明治大学在学中の自主制作映画がぴあフィルムフェスティバルで注目を集めたのち、CM制作会社で山口美江の「しばづけ食べたい」などのヒットCMを手がけてメジャーとなる。フリー転身後、1988年に『バカヤロー！　私、怒ってます　第二話　遠くてフラれるなんて』で劇場映画監督デビュー。『下妻物語』（2004）が高い評価を集め、その後には『告白』（2010）で日本アカデミー賞を受賞。その他の作品に『嫌われ松子の一生』（2006）、『パコと魔法の絵本』（2008）等。

※**2『下妻物語』**　2004年公開の中島哲也監督のコメディ映画。原作は嶽本野ばら。茨城県下妻市を舞台にゴスロリ少女とヤンキー少女の友情を描く。ヨコハマ映画祭では、作品賞、監督賞、主演女優賞（深田恭子）、助演女優賞・新人賞（土屋アンナ）と5部門制覇の偉業を成し遂げた。

※**3『トラック野郎』**　1975年から1979年までシリーズ化された東映の劇場映画。菅原文太演じる、酒とケンカには強いが、女にはからっきし弱いトラック運転手桃次郎が、満艦飾のデコレーショントラック（デコトラ）を駆って、日本列島を爆走する珍道中の物語。

※**4『嫌われ松子の一生』**　2006年公開の中島哲也監督の劇場映画。主演は中谷美紀。ひょんなことから教師をクビになった主人公が、風俗嬢となりやがて殺人までしてしまうという奈落の人生が、スピーディーでコミカルな映像に仕立てられている。この作品で中谷美紀は、日本アカデミー賞をはじめとする各映画祭の主演女優賞を受賞。

※**5『告白』**　2010年公開の中島哲也監督の劇場映画。主演は松たか子。娘を生徒に殺された女教師の復讐をめぐるミステリー。第34回日本アカデミー賞では、最優秀作品賞・最優秀監督賞・最優秀脚本賞・最優秀編集賞の4部門を受賞するなど高い評価を得た作品。

アニメのダイジェスト総集編を見ているかのようなスピード感

『好きっていいなよ』

監督・脚本＝日向朝子
出演＝川口春奈、福士蒼汰、市川知宏、足立梨花、西崎莉麻

累計600万部突破の恋愛バイブル待望の映画化！　だそうである。小学館『Cheese』[※1]連載ということなんで、てっきり高校生がセックスしまくる系の話なのかと思ったが、意外にも暗くてクソ真面目で年齢＝彼氏なし歴の16歳奥手のいじめられっ子が前向きに生きるようになるという話であった。『君に届け』[※2]も似たような話であったと記憶しているが、そういうの流行ってるのかな？　というか、たぶん高校生がセックスして妊娠して白血病になって死ぬケータイ小説系のお話というのは女子高校生たちの非現実的な願望であり、こういうイケてない系の女子のところにある日王子様がやってきて前向きに生きるようになる！　というのがより現実よりの願望だというだけのことなのかもしれない。そういうわけで主人公の橘めい（**川口春菜**）は地味な性格で「クラスで誰一人、声を聞いたことがない」と言われるほど引っこみ思案。ほとんど喋らないので、その分音楽が鳴る鳴る鳴る。**最初から最後まで音楽が騒々しく鳴り響く映画であった。**で、そこでどういう話が語られるのかというと……。

小学生のときに同級生に裏切られたために心を閉ざしためいは、クラスでも誰とも口をきかないと突き飛ばされたりスカートを引っ張られたりと低次元なイジメを受けている。だがある日、同級

生中西のイジメについに切れて「しつこいんだよ!」と後ろ回し蹴りを一閃! だがそのキックが命中したのは隣に立っていた学校一のイケメンにしてモテ男の黒沢大和(**福士蒼太**)のほうだった。当然「あの女、生意気……」とイジメは激しくなるものの、大和は「なんだか面白いじゃん」と下駄箱の前でめいを捕まえて無理矢理携帯番号を渡す。「わたしは友達なんかいらない。人はすぐ人を裏切るし、誰も助けには来てくれないんだ」と露骨に誘い受けしながら「わたしにかまうな!」とか言ってるめいだが、後日、アルバイトしているパン屋にいつも来る客につけまわされていることに気づいたとき、つい大和に電話してしまう。古本屋にめいを助けに来た大和、店の前でストーカー男に見せつけるように

「めい、愛してるよ」

と言ってキスをする。

「あーごめんごめん。ひょっとしてはじめてだった~」

大ショックで硬直のめい(だがストーカーは帰っていった)。

そんなわけでファーストキスを奪われてしまっためい、当然大和の取り巻き少女あさみが絡んでくる。

「大和とチューした? それともエッチした? あさみはチューだけだけど~ 大和、学校の可愛い子とはみんなチューしてるって~ めいちゃん可愛いもんね~」

やっぱり裏切られた! と逃げるめいを追いかける大和。キスにもいろいろあるんだよ、とばかりに。

「これはあいさつがわりのキス……これは進展したい人へのキス……今のは目の前にいる相手への気持ちのあるキス……さあ、俺のこと、好きっていいなよ。何も言わないと本気チューしちゃうぞ」

これ、へえと思ったのは、物語のテーマは実は恋愛ではないのである。大和との出会いによって、心を閉ざしていためいが前向きになり、するとと友人もできて、彼女に感化されて周囲の友人たちも

でいく。

幸せを見つけていくという話なのだ。なのであまりうだうだしないんだよね。その意味ではあまり不快感はないのだが、話が早いので周囲の人々のエピソードを順番に片づけていく早送り感が強い。問題が生まれたときにはすでに解答が示されており、ほとんど葛藤がないままに話がどんどん進んでいく。

まずは大和の取り巻き少女あさみ。実は気のいいあさみはすぐにめいと仲良くなって親友第一号となるのだが、悩みは巨乳を馬鹿にされることである。で、大和の親友で他校の女子高生と遊んでばかりいる中西は実はおっぱい星人。あーこれフラグ立ってますね。というわけでめいの一言で二人はくっついてエピソード終了。

次は同じく取り巻きの愛子（**足立梨花**）。デート中のめいと大和に遭遇すると

「あんた、好きかどうかわからないとか中途半端な気持ちで付き合ってるの？　あんたなんか認めない。あたしはエッチもしたよ！」

最後の一言余計だから！　そういう愛子だが実は愛子のことを好きな雄司（**山本涼介**）とセフレ関係。だが決して明るいところで自分のヌードを見せようとしないのだった。なぜかというと実はデブだった愛子、一念発起して17キロの大減量をして今のまめりん※3ボディを手に入れたのである。その代償として腹に醜いダイエット痕ができてしまった。

「あたしは大和のためにこんなに醜くなっても頑張ったのに、あの女は……！」

だがそんな嫉妬もめいが「あたしやっぱり大和のこと好き」と言うとそれで解消。雄司とラブラブになって明るい中でセックスして終わり。

で、めいとあさみと愛子は親友同士になって……つまりめいが前向きになって人を信じる心をもてば、友人もできるし一言でみんな前向きになるのであった。その後、大和が中学時代のときに親友だったが、イジメられているのを守ってやれないまま転校していった海（**市川知宏**）が体を鍛えて復讐のためにやってくるという一幕があり、海が「めいちゃんもいじめられっ子だったんだから、

俺の気持ちわかるだろ？」

「いいえ。わたしは復讐なんかしようと思わない（復讐の連鎖は何も生まない）」

と言って終了。それで海がめいを好きになり、ライブに誘って「考えておいてよ」と言うのだが、考える間もなく「いいえ。わたしは大和が好きだから」はい終了……**いや前向きで真面目で品行方正で非の打ち所のない主人公というのもちょっと考え物だよね。**最後、大和が男性モデルにスカウトされ、モデルの彼女に強烈にアプローチされるのを見て「大和にはわたしよりあの人のほうがふさわしいかもしれない……」とちょっぴりウジウジするんだが、愛子に一喝されて復活。終了……なんというか、アニメのダイジェスト総集編を見ているかのようなスピード感でした。最後まで音楽が騒々しく鳴り響いていましたが、よりによってワンダイレクションの曲が主題歌として流れ出したときにはびっくりしたなあ。あとJリーグ名誉女子マネージャー[※4]の人（足立梨花）の汚れ感、ハンパない……。

※1 **小学館『Cheese』** 小学館発行の少女向けの月刊コミック誌。過激な性描写で話題になった。
※2 **『君に届け』** 別冊マーガレット連載の椎名軽穂の少女漫画。内気で暗い女子高生で通称「貞子」の青春物語。アニメ、ゲーム、そして実写映画にまで進出。
※3 **まめりん** 本作の愛子役を演じる足立梨花は、NHKの連続テレビ小説『あまちゃん』で、アイドルグループ「アメ女」のセンターの通称「まめりん」を演じていた。主人公の能年玲奈をいじめるライバル役だったため、能年ファンに「能年をイジメるなんて信じられない」などとブログを荒らされ、敵対視されるハメに。セルDVD『足立梨花としたい10のこと』ではセクシーな姿も披露。
※4 **Jリーグ名誉女子マネージャー** その足立梨花は、2007年にホリプロタレントスカウトキャラバングランプリ受賞後、2010から2013年まで、Jリーグのイメージキャラクターをつとめていたことでも知られる。現在は「名誉」マネージャー。そのためサッカーファンでは「あだっちぃー」の愛称で親しまれており、その一方で現在の露出が多いセクシー路線やまめりん役以降のいじめっこキャラには違和感を訴える声もある。

香川発！　現代の浦島太郎伝説！
……香川とうどんの素晴らしさを伝えるプロパガンダ映画!?

『竜宮、暁のきみ』

監督・脚本＝青木克齊
出演＝石田法嗣、谷内里早、松本明子、西山浩司、小林ユウキチ、落合モトキ、金山一彦

香川発！　現代の浦島太郎伝説！　もちろん香川のご当地映画自体はすでにいろいろ存在しており、なんといっても巨匠本広克行監督[※1]が香川県出身なので、『ＵＤＯＮ』[※2]とか『曲がれ！　スプーン』[※3]とかいった香川の良さとＵＤＯＮの素晴らしさを訴えるプロパガンダ映画はいくつも作られているわけで、何をいまさらという感じなんだけど、やはり**うどん以外にも香川にはいろいろ見るべきところがある、**という思いが「さぬき映画祭２０１３」[※4]で優秀企画に選ばれた本作には込められているのかも知れない。まあここまでくれば毒食らわば皿まで、日本中の地方発映画を全部見尽くしてやる！

そういうわけで舞台は香川県三豊市、浦島伝説の地である。映画は薄物をまとって海辺で踊る少女の姿からはじまる……東京の大学へ行った浦浜太郎（**石田法嗣**）は、久しぶりに故郷の町に帰ってきた。はしゃいで延々と海で泳ぐ太郎に、親友の正彦は「もう帰ろうよ～」と呆れ気味だ。実は正彦は曇りはじめた空を不安に思っていたのだが、太郎はそんなことを気づいていない。「大丈夫大丈夫……」と暗転。

目が覚めるとそこは病院だった。良かった……と泣き崩れる母（**松本明子**）。

「あれ……俺どうしたの……正彦は？」

「……きっと大丈夫よ……あなたも回復したんだから……」

そう、溺れた太郎を救おうとした正彦も一緒に波に呑まれて溺れてしまったのだった。俺のせいで……とくずおれる太郎。そのまま正彦は帰らぬ人となってしまった。

一年のときが過ぎた。

今日も太郎は海辺に佇んでいた。正彦を死なせたショックで廃人同然になってしまった太郎は大学もやめ、実家に引きこもっていたのである。高い金出して東京まで行かしてやったのに……！と不満顔の父。母と祖母とは腫れ物にさわるように太郎に接している。今日もいつものように海を見つめていた太郎、そこにいきなり少女がつかつかと歩み寄ってくる。

「ねえ、何してんの？」

「うるさい」

「つめたいなー。北極のシロクマが風邪引きそうなくらい冷たい！」

といかにもうまいこと言ってやった風のセリフを言っておりますが。そこへたまたま！　子供が浜辺でいじめられている。

「あれ？　助けてあげないの？」

えー、とか言いながらもいじめッ子たちを一喝し、子供を助けてやる太郎。子供は亀のキーホルダーを大事に握りしめている。

「あたし、乙武みずきよ。ねえ、あたしたちの名前、まんまおとぎ話みたいね」

「おまえ、あの子のこと知ってたんなら、なんで自分で助けないいんだよ」

「乙姫さまにはいろいろ事情があんのよー」

これ、物語の合間合間に、浦島太郎の物語を人形浄瑠璃で語っていくイントロパートが入っている。浦島太郎の物語、いまさら説明されてもという感じだが、浄瑠璃自体は創作ということだがまずまずよくできている。というかこの映画、どれもこれも個々の要素はそれなりにちゃんとしているのである。演出も丁寧で、好感もてる出来ではある。**だが残念ながら物語が致命的なまでに予定調和。**そして「現代版浦島太郎」という部分がどうにも……。

さて、その出会いがきっかけで、父の酒屋の配達を手伝うようになった太郎。その前にちょくちょくあらわれるみずき。すべてにおいて後ろ向きな太郎の心を徐々にほどいていく。

「どうせ、みんないつか死んじゃうんだよ。明日死ぬかもしれない。だからどうだっていいんだよ。どうせ全部無駄なんだ」

「違うでしょ！　もし明日死ぬなら、今日を精一杯生きたい」

そして

「ねえ、本当はあたしたち、去年病院で会ってるんだよ」

まあ、となればオチは誰でもわかりますよね？　そんなわけで、以下正彦の死のことをグダグダと悔やみつづける太郎が、いろんな人に「いい加減にしろ」と一喝されるという展開。いちばんおかしかったのが桃農家の親友恭平に相談に行くところ。「飲みにでも行くか？」と言った恭平が連れて行くのはなぜかメイドスナックで、メイド姿の女の子が「はい、釜たまでーす」とうどんを食べさせてくれる。太郎が引いていると「夢がないんですかあ？　御主人さま、ファイトですう！」と励ましてくれたりする。メイドうどん。ここ、唯一おもしろかった。そんなわけでいじめられっ子の亀少年に再会した太郎。

「みずきは……」

「みずきのこと知ってるの？」

というわけで病院に連れてこられた太郎、昏睡状態のみずきを見せられる。

「いつから……」

「三年前からです……海で溺れて……」

こいつもかよ！　って香川の海はどんだけ危険なのか！　そんなわけでみずきと最後の夜を過ごすことになった太郎。

「みずきには……夢はあるの？」

「あるよ！　もう一度……踊ること！」

というわけで冒頭に戻ります。これ、浦島伝説に引っかける必要あったのかなあ。やっぱりどんなに押さえていても香川人はついうどんネタで笑いを取りにいってしまうんだなあ、ということがわかったというくらいですかね。

※1 巨匠本広克行　1965年生まれ。映画監督。テレビドラマの演出や監督を皮切りに活躍し、テレビドラマ『踊る大捜査線』シリーズの演出を担当したことで名をあげた。スピンオフ作品を除き、この大ヒットした『踊る大捜査線』の劇場版はすべて本広克行が監督をつとめる。このうちシリーズ最終作となる『踊る大捜査線 THE FINAL 新たなる希望』については書籍版『皆殺し映画通信　2014』を参照のこと。同監督作品の『少林少女』（2008）については本書P95参照。皆殺し映画通信的「巨匠」である。香川県丸亀市出身でうどん好きで知られる。

※2『UDON』　全編香川県が舞台となり、撮影された本広克行監督の2006年公開のコメディ映画。なお同監督は、やはり香川県を舞台とした『サマータイムマシン・ブルース』（2005）を映画化している。

※3『曲がれ！　スプーン』　2009年公開の本広克行監督のコメディ映画。主演は長澤まさみ。香川県を舞台にしており、前項の『UDON』、そして『サマータイムマシン・ブルース』とともに登場人物や出演者などが共通しており、本広監督による香川サーガの一作品となっている。『映画秘宝』が選ぶワースト映画のアワード「はくさい映画賞」において、長澤まさみが最低主演女優賞、製作の亀山千広が特別功労賞をめでたく受賞した。

※4「さぬき映画祭2013」　地元出身の本広克行監督がディレクターをつとめる「映画・映像による地域文化の振興と香川の活性化を目的」（公式サイトより）とした、2006年から開催されている地方映画祭。映画祭のマスコットキャラクターは「うどん脳くん」。

フジテレビの予算消化映画？　太秦映画村を走りまわったりするだけ。

空騒ぎに勝海舟もありがた迷惑

『幕末高校生』

監督＝李闘士男　脚本＝橋部敦子
出演＝玉木宏、石原さとみ、柄本時生、川口春奈、千葉雄大、佐藤浩市

日本映画を見ていると、この映画、誰のために（なんのために）作ってるんだろう？　と自問してしまうことが（悲しいことに）よくあるのだが、この映画でもやはりそう思わずにはいられなかった。いったい誰に見せようと思ったらこんな企画が出てくるのか。

本作はフジTVと東映の共同製作。ぼくの推理するところでは、この映画の作られ方はこうである。フジはいつものテレビドラマの作り方で、人気俳優（この場合は**石原さとみ**）のスケジュールを押さえ、それからネタを考える→東映に話を持ちかけると「じゃあウチ（太秦映画村[※1]）をロケに使えば安く作れるよ」と言われる→でも石原さとみに本格時代劇は無理だな→あーそう言えば20年前にフジテレビで細川ふみえ主演で作ったドラマ[※2]があったわ〜→その映画版ってことでいいよね！

というわけで太秦映画村狭しと石原さとみが着物姿で駆けまわるバラエティ番組が出来てしまったわけなのだった。まあこれが見事なバラエティ。**映画として公開されたりしなければなんの問題もなかったんですけどね……。**

高校の社会科教師の川辺未香子（石原さとみ）は事なかれ主義とアリバイ授業ですっかり生徒からも見くだされているダメ教師。そんな彼女と生徒三人（**柄本時生、川口春奈、千葉雄大**）はいき

なりタイムスリップして江戸時代に行ってしまう。着いたのは1868年3月11日、江戸無血開城の四日前のことだった！　なお、タイムスリップはダメ生徒マサヤ（柄本時生）がテストのカンニングで江戸時代アプリかなんかをいじくっていたら発生するというものでなんの理由もない。しかもスマホには帰還までの時間がカウントダウンされているという親切設計。そういうわけでふらふらと町をさまよっていた二人、不審人物として捕らえられてしまう。連れていかれた奉行所のとなりで油を売っていたのが陸軍総帥の勝海舟（**玉木宏**）である。「その二人、おれに預けちゃあもらえねえか」というわけで勝海舟預かりとなった二人。それはいいのだがあと四日のうちに残る二人の生徒を見つけて帰るという仕事がある。それはたまたま江戸城無血開城の日なのだが……勝が西郷隆盛（**佐藤浩市**）に送った書状に返事はなく、城内では主戦論が高まるばかり。このままでは江戸は火の海になってしまう！　歴史が変わってしまったら、帰るべき未来もなくなるかもしれない。歴史をあるべきコースに戻すため、二人は奔走する！

……と思うじゃん普通。

驚いたことに、二人は何もしないのである。いやまあ一応二人より前に江戸にタイムスリップしているらしい二人を探して太秦映画村を走りまわったりはするのだが、ほぼそれだけ。勝海舟にアドバイスをするでもなく、西郷への秘密工作も手伝わず、ただ状況を傍観しているだけ。だったらこいつらがタイムスリップした意味ってどこにあるんだ？　実に何もないのである。冗談抜きで、本当にまったく歴史には何ひとつ介入しない。じゃあせめて正しい歴史の知識を与えてくれるとか、新たな歴史考証に光を当てるとか、そういう『タイムスクープハンター』[※3]的なものがあるかと言えば、日本髪も結えないバラエティタレントが太秦映画村を走りまわってる時点で……いや本当に、なんのためにこれ作ったのかって、**フジテレビの予算消化以外に理由が見つからない！**

じゃあ一方の勝海舟はというと、こいつもやっぱり何もしない。実は勝が西郷に渡すはずだった書状は主戦論者だった柳田（**柄本明**）に握りつぶされているのだが、そのことを知らない勝はただ待っている。腹案も何もなく、ヒマすぎてタイムスリップしてきた二人組の世話をしている始末。徳川慶喜から詰問されても「和平を目指して返事を待っています」しか言わない（実際待ってる以外何もしてないわけだが）ので切れられてしまう。いやむしろ慶喜が弱気で恭順に傾いていたんじゃなかったのかよ……とか歴史の知識を言ってもしょうがないわけだが、和平交渉とただの無抵抗主義は違うだろう！　勝手に西郷に思い入れて江戸の守りを拒否、返事がなかったら江戸ごと焼き尽くすつもりだという身勝手さ。いくらなんでも勝海舟、こんな馬鹿じゃあるまい。だが身を呈して薩摩出身者をかばう姿を見て、石原さとみは「あなたには良いことを信じ続ける信念がある。それにひきかえわたしはダメ教師でした……」となぜかいきなり反省をはじめる。じゃあ結局タイムスリップは石原さとみに進路指導で生徒の身になって考えることを教えるためにあったのだろうか？　それだけのためにこの壮大な空騒ぎ。生徒指導について相談される勝海舟もありがた迷惑というより他ない。

そんな感じで延々蕎麦を食いつづける以外やることのない無策勝海舟だが、市内を偵察にやってきた西郷隆盛がたまたまお気に入りの蕎麦屋にやってきたのでそこで遭遇。江戸は広いようで映画村は狭い。二人が出会いさえすればすべての問題が解決して江戸無血開城が実現するのでそれでいいのだ。一方主戦派は勝に対して家を荒らすとか袖だけ切るなどという低レベルな嫌がらせを続けているのだが、タイムスリップしてきた獣医志望の優等生慎太郎（千葉雄大）がその一味に加わっていることが判明する。一年前にタイムスリップしてきた慎太郎は現代を捨て、この時代に生きることを決めたというのだ。その慎太郎、総攻撃前日に「やっぱり帰ることにした」と勝の屋敷に転がり込んでくるのだが……誰でも予想できる裏切り劇などあるのだが、そもそも一年間どうやって暮らしており、何をやって旗本の一員になり、暗殺者にまでなったのか全然わからないんで、同情も感情移入もしようがない。

まあそんな感じでクライマックス、桜が舞い散る中を西郷隆盛が待つ薩摩藩邸へ馬で向かう勝海舟。桜はCGでこれでもかというぐらい舞いまくる。どうやら東映京都撮影所がデジタルで雨を降らす技を覚えたらしくて、一部画面に雨がうつりながらも服が濡れていない場面もある。で、**覚えたからには使ってみたい！**　と雨は降る桜吹雪は降る。さらには勝と西郷との会談を妨害すべく襲いかかってくる主戦派の兵士たちの中を勝が切り抜ける場面では画面中にキラキラと光が放たれる。このキラキラ光る光点、何を意味しているのかさっぱりわからないのだが、馬鹿のひとつ覚えとはこのことかと……。

※**1　太秦映画村**　東映が経営する時代劇のオープンセットをそのまま利用したテーマパーク。東映太秦撮影所の一部を利用し、1975年に開園。
※**2　20年前にフジテレビで細川ふみえ主演で作ったドラマ**　1994年に全5話が放映されていたテレビドラマ『幕末高校生』のこと。
※**3　『タイムスクープハンター』**　2009年から続く、NHK総合テレビのドラマ仕立ての歴史教養バラエティ。時空ジャーナリストがタイムトラベルが記録した歴史の真実を巡るドラマ仕立てとなっている。2013年に『劇場版タイムスクープハンター - 安土城　最後の一日 - 』（中尾浩之監督）として映画化もされているが、これについては書籍版『皆殺し映画通信　2014』にて詳述。

ゲロみたいでまずそう……
田舎の同調圧力の象徴か？　地方発の地方料理映画

『しもつかれガール』

監督・脚本＝遠山浩司
出演＝谷村美月、徳永えり、倉田大輔、細山田隆人

「栃木市に行きたくなるショートムービー」である。わかったよ、もう。こうなったらあらゆる地方発映画を見たおして、四十七都道府県完全制覇を成しとげてくれる。で、これ、どういう話かというと「生まれも育ちも栃木の女、東京から来た女、栃木に戻ってきた男の恋の行方。それは、栃木的ラブストーリー」。**栃木的ラブストーリーってなんだよおおおお！**　餃子的な包み込むような愛なのか？　それとも空っ風のように冷たい愛の現実なのか？

　さて物語は東武日光線新栃木駅に滑りこもうとする終電車からはじまる。お洒落をしてブーケを手にして一目で結婚式帰りとわかるあいこ（**谷村美月**）とファイルを手に眠りこけている里恵（**徳永えり**）。目が覚めると地の果て新栃木駅……で呆然とする里恵。しかたなく、落としたファイルを拾ってくれたあいこに連れられ、いきつけの居酒屋に出かける。そこで待っているのが鉄雄（**倉田大輔**）。めざとくブーケをチェックした恵理が「じゃあ今度は……」と水を向けると「ならいいんだけどね……」と浮かない顔をするというわかりやすすぎる伏線を張っていた相手である。

　里恵を連れてきたあいこがさっそく出したのがしもつかれ[※1]、「鮭の頭と野菜の切り屑など残り物を大根おろしと混ぜた」栃木の郷土料理である。見た目がたいへんよろしくないので里恵も「……

ゲロみたい……」と手をつけようとしない（ところでこの「しもつかれ」がどういう料理であるかというのをぼくはこの原稿を書くために検索してはじめて知ったわけで、映画のタイトルにもなっているのに最後まで一言もなんの説明もないというのはいかがなものか。これでは「ゲロみたいでまずそう」ということしかわからないのではないか！）。あいこはしもつかれ好きだが鉄雄は大嫌い。

「好き、わたしは好きだな、てっちゃん」

「大嫌い、嫌いだよ」

はいはいわかったわかった……仕事を聞かれた里恵、「下北沢近辺のタウン誌の編集」と答える（しかし、下北の雑誌の編集者がどこに住んでいたら日光線で寝過ごして新栃木まで行ってしまうのだろうか）。「あ、ぼくも二、三年前まで下北沢に住んでたんですよ」と言う鉄雄。

「鉄雄、大学院出て向こうで研究してたの」

「へえ、なんで帰ってきたの？」

「まあいろいろあって……」

この映画、会った瞬間に人の触れられたくない事情に土足で踏み込んでくるデリカシーのない人間ばかりが出てくるなあ。こうして二人は幼なじみだがつきあってはいないでおたがいウジウジしている少女漫画的関係だと説明されます。意に染まぬ事情で栃木に帰ってきた鉄雄が東京に帰ってしまうのではないか……とあいこはいつも不安に思っている。翌日予定がないという里恵を「蔵の街[※2]案内してあげれば？」と言う居酒屋のマスター。**やっと観光映画らしくなってきた！**

「でも明日ランチ休めない！」（あいこはスマイルファームキッチンというオーガニックなお店でアルバイトしてます）

「じゃあ午前中は鉄雄が案内してあげればいいじゃない」

翌朝、里恵と鉄雄はデート気分で市内観光。仕事しながら二人の仲が進展するのでは……と気をもむあいこ。さる造り味噌屋の前を通りかかると、なぜか鉄雄は「そこは行かないほうがいいよ！」

と通り過ぎようとする。「えーなんでー面白いよ〜」と空気を読めない恵理が覗き込むと、出てきたのは鉄雄の母。

「鉄雄！　何やってんのよ！　今日はあんたが切り直しをする日でしょ！」

というわけでしぶしぶ実家の味噌造りの手伝いをしている鉄雄。どうやら鉄雄、東京で発酵食品の研究をしていたが、なんらかの事情で断念して栃木に帰ってきたらしい。だが実家のあとを継ぐ決心はつかず、だらだらしている。だからその事情ってなんなんだよ！　この映画何もかもはっきりしないで曖昧模糊としすぎてるんだよ！

そんな二人、ヤキモキしているあいこのお店にやってきて、三人合流。どうする？　と問われた里恵、**「栃木らしい場所に行きたい！　観光地！」と観光映画をあらわにし……**。

で、二人が楽しく観光しているあいだ、一人離れた場所で孤独に立つあいこ、というショットが続く。あいこの疎外を表現しているわけだが、これを微速度撮影[※3]で背景の人だけ動かし、手前で一人立っている谷村美月だけが静止しているというウォン・カーウァイ的なショットで表現しようとする。ところがこの場面、バストショットで手前に立たせている谷村美月がふらふら揺れるもんで、どうにもしまらない結果に。唯一の見せ場なんだから、ここだけでももうちょっと頑張ろうよ！

鉄雄の車（なぜかキャンピングカー）で湖にやってきた三人。車を飛び出したあいこ、いきなり湖のほとりまで駆けていって
「バカヤロー！　だいっきらいだー！」

里恵が並んで
「はっきりしない田舎者はきらいだー！」

「栃木はそんなに田舎じゃないー！」

「女にここまで言わせるなー」

我慢できなくなった鉄雄が

「バカヤロー！　おれだっていろいろ考えてるんだー！」

いやーなんですかこれ。二十一世紀にこんな描写があろうとは思わなかったが、鉄雄が何考えてるのか劇中人物はおろか観客にさえまったくわからないので、女の子たちが絶叫したくなるのも無理はない。クライマックスのあと、女の子二人は金魚湯（玉川の湯）[※4]に出かけ（サービスショット）、レモン牛乳[※5]を飲んでリラックス（観光パート）。栃木駅で里恵を送る二人はいつのまにかそろいの油伝味噌の法被を着ている。鉄雄、家を継ぐことにしたのか。

「おれたち結婚するから」

っていろいろすっ飛ばしすぎだろ！

「あたし、帰ったら編集長を説得して〝蔵の街〟特集するから！」

下北のタウン誌で……そのお礼にパックに詰めたしもつかれを「はい！」と差しだすあいこ。

「鉄雄もわたしのしもつかれ、食べてくれたんだよ」

顔をひきつらせながら一口食べた里恵は「お、おいしい……」。いやそこは不味いと思っても言えない流れじゃないか。しもつかれって見た目は悪いけどかみしめると美味しいとかそういう象徴なのだろうか？　**はからずも田舎の同調圧力の象徴になってしまっているような……**なんにせよ「しもつかれガール」ってあまりいい意味じゃないような気がする。まあ、これで満たされる自尊心もあるのかもしれないが、市民映画祭の記念映画みたいなものを作るのは本当に無駄だからやめたほうがいいと思います。なお、監督は秋田生まれで、小演劇で活躍していた人とのこと。大阪出身の谷村美月と秋田生まれの監督とが栃木のPR映画を作ることになった経緯はよくわからないままでした。

※1 しもつかれ　栃木県の伝統料理。鮭の頭・大豆（節分に撒いた残り）・大根・人参などをおろして、酒粕と煮込んだ料理。栃木ではスーパーで惣菜として売られていたり、学校給食などでも出されるが、独特なにおいや味、また見た目などから好き嫌いは分かれているという。

※2 蔵の街　宿場町であり北関東の交易の中心地であった栃木市では、市内を流れる巴波川沿いに、江戸時代から続く蔵が残り観光名所となっている。

※3 微速度撮影　1秒間に1コマというような遅いスピードで撮影された画像を連続して再生して、早送りのような映像とする技法。インターバル撮影やタイムラプスの別名も。香港映画のウォン・カーウァイ監督は特にスローモーション（微速度撮影の逆）とともに、この手法を多用する。

※4 金魚湯（玉川の湯）　創業明治22年、今でも薪で湯を沸かす栃木市の銭湯。中将湯温泉の名前でも知られるが、玄関の金魚の絵と浴室の水槽の金魚から、金魚湯の名前で地元では親しまれている。二階に休憩所（宴会場）があるなど、その建築とともに江戸時代の風情を残した栃木の名所のひとつ。

※5 レモン牛乳　栃木ローカルの乳飲料。甘くレモンの風味で黄色味がかかっているが、レモン風味なだけで原材料にレモンは使われていない。

ドラえもんは未来の圧倒的科学力により古代人を蹂躙する神か？

『STAND BY ME ドラえもん』

監督＝八木竜一、山崎貴　脚本＝山崎貴
声優＝水田わさび、大原めぐみ、妻夫木聡、かかずゆみ、木村昴、関智一、松本さち

ドラえもん3D！　誰のために作るのかドラえもん3D、「すべての、子ども経験者のみなさんへ」「いっしょに、ドラ泣きしません？」というコピーから想像するところでは、ドラえもんファンだった大人のノスタルジーに訴えかけようという戦略のようで、まあ**3D特別料金を払ってまでこれ見たいか？**と思ったが、映画はヒットしているそうである。さすがはありもしない世界への郷愁をかきたてて泣かすのが得意な山崎貴監督[※1]である。

『ドラえもん』のアニメ映画シリーズは毎年順調に新作が制作されており、たいへん評価が高いものもあると聞く（残念ながら見たことなし）。本作『STAND BY ME』はそれとはまったく別物として作られているので、原作の有名エピソードをつぎはぎするかたちで、ドラえもんとのび太の出会いから別れまでが描かれる。ちなみに原作第一話「未来の国からはるばると」、「雪山のロマンス」、「のび太の結婚前夜」、「さようならドラえもん」の四話である。まあドラえもんくらいになれば、アニメも見ておらず漫画も読んでなくても設定とキャラクターぐらいは知っている、という人もそれなりにいるのだろう。で、その人たちが「泣ける」ストーリーがこれだというんだけれど……。

ドラえもんサーガ[※2]が長い歴史を持ち、その中で徐々にのび太や仲間たちのキャラクターも変化していったことくらいは、原作に興味のないぼくでも理解している。だから怠け者でおっちょこちょいでぐうたらで……な存在だったのび太もそれなりに努力もし、やればできる人間へ変化していったのだろう。だが、その変化を1時間40分ほどの時間で語り尽くそうというのはどうなのだろうか。これ、原作からのび太としずかの結婚エピソードが選ばれているせいもあって（どうもそこらへんが『ドラえもん』の中心エピソードとされていることにも違和感があるのだが）、のび太が嫌な奴にしか見えないのだ。

つまり、物語の最初にのび太の子孫であるセワシが未来からドラえもんとともにやってきて、のび太が将来ジャイ子と結婚することを教える→それだけは嫌だとのび太がしずかと結ばれるべくさまざまな工作をする→無事しずかと結ばれることになってめでたしめでたし→ドラえもん未来に帰る。いや、それしずかやジャイ子や出来杉（たぶんセワシがドラえもんを送り込まなければしずかと結ばれるはずだった）の感情はどうなってるのか。のび太、他人の感情などまったく気にせず自分の快不快だけで周囲の人間をあやつる自己中心的な人間にしか見えない。

実はこれは原作の根本に潜む問題点でもある。単発エピソードでならのび太の自己中心的キャラクターも笑えるのだが、ここではしずかと結婚することがのび太の目標になっている。その途端、物語はひどくグロテスクなものになってしまうのだ。のび太がドラえもんの力を借りて人間的に成長し、結果としてしずかと結ばれるというのなら、そんなにおかしな話でもないだろう（実際、長大なアニメと漫画においては、ほぼそういう物語になっているのだろう）。だが、一本道のストーリーで、最初からしずかとの結婚ありきで展開するのでは、**ドラえもんは未来の圧倒的科学力により古代人を蹂躙する神のごとき存在というしかない。**

途中「刷り込み卵」を使ってしずかの心をつかもうとして大失敗、反省するみたいなエピソードもあるのだが、心をいじくられたしずかも別に嫌悪感をいだくでもないという菩薩っぷり。そして科学力に頼ってもダメ人間のままであるのび太からのプロポーズをしずかさんは「のび太さんは、わたしがついてないとハラハラしちゃうから」とDV男に共依存しているかのごとき理由で受けるのだが、それを「のび太くんは他人の気持ちがわかる子だから」と後押しするしずかパパ。**のび太は他人の気持ちなんか屁とも思ってないよ!** ああ、セワシの野望のために犠牲になるしずかの運命には涙するしかない!

なお、注目の3Dドラえもんは意外とよくできていて、そんなに気持ちの悪いものではない。ただしそれはドラえもんがロボットだから可能なのであって、たとえばのび太だと顔の半分が目。しかも主人公だからあまりデザインを変えるわけにもいかない。そこでそのまま3D化すると、横を向いた途端真っ平らな絶壁が出現してしまう。この絶望的な状況を避けようとしずかなどは完全に3D向けのキャラデザインをやりなおしているのだが、**これがまた絶望的に可愛くない。** CG向けの人間のデフォルメ表現と肌の質感の問題は何度もくりかえしてるんだが、一向に変わらないね。なお、映画の最後にはアニメ次回作(『のび太の宇宙英雄記』[※3])の予告がついてるんだが、どう見てもこっちのほうがおもしろそう。おもしろいドラえもんを見たい人にはこちらをお勧めします。

※1 山崎貴 1964年まれ。映画監督。特撮やSFXなどのディレクションから映画の世界にはいり、数多くの作品でSFXを担当。VFXを駆使した映画『ジュブナイル』(2000)で監督デビュー。『ALWAYS 三丁目の夕日』(2005)は国内映画賞を総ナメする評判を呼んだが……。2013年の監督作品『永遠の0』については、書籍版『皆殺し映画通信 2014』を参照のこと。

※2 ドラえもんサーガ 1969年にコミックとして連載が開始された『ドラえもん』は、1345編の膨大なマンガ作品となった。これ以外にも藤子不二雄作ではない学習漫画などの代筆作品も多数。さらに1979年に開始され、断続的に現在まで続くテレビアニメや本作で34本を数える劇場公開映画などがあり、もはや作者を超越した物語群(サーガ)となっている。

※3 アニメ次回作(『のび太の宇宙英雄記』) 2015年公開予定。ドラえもん映画作品35周年記念作。

場内には山形出身のご老人のいびきが高らかに鳴り響いていたのであった

『くらげとあの娘』

監督・脚本＝宮田宗吉
出演＝宮平安春、浜谷恵美、杉山彦々、あがた森魚、山口美也子

来ました「映画24区」[※1]**！**　庄内キネマ第三回作品は「〝クラゲ展示種類数世界一〟を誇る鶴岡市立加茂水族館を舞台に描かれるラブストーリー」。うーんこれどうなのと毎回言ってるわけだけど、この庄内キネマ[※2]とつきあってるおかげで庄内地方の食材や水族館事情を知れたわけで、少しはPRの役にも立ってるのかもしれない。まあでもオレとしてはやはり、日本で唯一といってもいい世界に誇れる映画祭をもつ山形県でやんなきゃなんないことか？　と思わずにいられない。で、今回だがクラゲと言えばこの人のチチ松村「私はクラゲになりたい」[※3]を原案に、音楽もゴンチチが担当。かつてなくメジャー感が強まった映画24区作品ついにメジャーへのブレイクなるか！　ってあいかわらずK's Cinemaのモーニングショー[※4]で、**客は山形出身（？）の老夫婦ばかりだったけどな！**

さて、主人公浩平（**宮平安春**）は加茂水族館のクラゲ飼育員。面接では「クラゲになりたいです」と言って採用された草食系だ。今日も今日とて港にミズクラゲを取りにいく（ミズクラゲ、展示以外にほかのクラゲの餌になったりもするらしい。さすがにクラゲ映像だけはいろいろ登場して魅せてくれる）。するとそこへ訳あり女がやってくる。ごついピックアップトラックから似つかわしくない涼しげな女性が降りたち、防波堤のいちばん端（どう考えても立ち入り禁止の危険な場所）で

花束を海に投げるさまをじっと見守る浩平であった。

親戚の少女から一歳になった姪の誕生日に来るように命じられた浩平、おみやげを買おうと水族館の売店に寄る。売店のおばさんから「もう閉めるから早くして！」と言われるくらい決められずにウジウジ。ここからはじまって、実はこの映画では「クラゲになりたい」とかふやけたことを言ってる輩がいかに面倒くさい人間なのかが延々と語られる。**作者実はクラゲ嫌いなんじゃないか疑惑。**浩平をしげしげと見た売店のおばさん（**山口美也子**）。

「あんた、タダハルさんそっくりだねえ」

「え、父を御存じなんですか？」

「……いや、全然！」

って何過去を臭わせてるんだよ！　このおばさん（大久保さん）モブ[※5]じゃねーのかよ！　ただのおばさんなんだけどな。その夜、姪っ子の誕生パーティに行こうとするが、窓からのぞく明るい家族の団欒に気後れしてそのまま逃げ出す。ふらふら街を走っていると売店のおばさんがフランスパン屋に入っていくのを目撃。応対した店員は例の花を投げた女性だった。

パン屋の店員は有希（**派谷恵美**）といった。ある日有希は少女を連れて水族館にあらわれる。もちろん有希のほうはクラゲ男のことは知らないのでただのぼーっとした水族館員である。なぜか有希をロックオンしたクラゲ男はパン屋に通うようになる。そこにやってきたのは大久保さん。

「あら葡萄パン？」

「新作です。実家から送られてきたんで……」

「ご実家長野だっけ？」

「いえ山梨です」

などと彼女の過去に関する情報が小出しにされていく。そうか彼女は結婚で鶴岡に移ってきたけれど、夫を海に亡くしてその車をそのまま使っているのだなあ（「もういい加減あきらめなよ。外はきれいだけど中は水に浸かってるからダメだよ」と言われていることから死因は……)。

「あんたはどんなパンが好きなの？」(とおばさんらしく無用の世話を焼く大久保さん)

「ソーセージとか……」

「男の子だからね～」

「ヒサトさんと一緒だ……！」

そんな感じでパン屋に通うクラゲ男。だが次に来たときには有希はおらず老嬢(店のオーナー)が店番をしていた。

「残念ね～」(と余計な突っ込みをする大久保さん)

「な、なに言ってるんですか！」

と照れるクラゲ男。思わず手を伸ばしたパンに、大久保さんも手を伸ばし、二人の手が触れあった……！　恋のはじまり!?

いや大久保さんただのおばさんですからね。なぜかクラゲ男は大久保さんちでそのパンを一緒に食べることになります。売店のおばさんのくせに天井も高くて広い木造の一軒家に住んでいる大久保さん。ステレオに置いてあるレコードをかけると
「あ……」

「あなたのお父さんが好きだった曲よ」

「父がいつも鼻歌で歌ってるんで覚えちゃったんです」

大久保さんの過去！

「浩介くん、いちばん好きな人と結婚しなきゃダメよ」

「……でも、いちばん好きな人がぼくを好きじゃなかったら、どうしたらいいんですか？」

「……それが問題なのよ……」

そこで大久保さん、話をそらして

「有希ちゃんのボトルがあるから飲む？　お店じゃないのに名前書いてあるの」

と出してきたのはアブサン[※6]のボトル。クラゲ男、たちまち潰されてしまう。起きると目の前には有希。どうやら寝顔を覗いていたらしい。不思議なことにここまでこの二人のからみってまったくない。有希の過去こそちらほらとクラゲ男に伝えられるのだが、有希にとってはクラゲ男はただのパン屋の客でしかない。何を言われても「あー」とか「うー」とか言ってるだけの徹頭徹尾受け身で何を考えてるのかわからない男。大久保さんが余計な世話を焼いてるんで恋愛っぽくなってるだけで、実際には何も起こっていない。この場面も「寝顔を見てた」とかいうフラグがあるんだけど、そこまで。


ついに愛車が「車検通らないから廃車だね」と告げられる有希。がっかりして夜の海に行く。と、そこへやってきたクラゲ男（なぜだ！）。有希は問わず語りに過去を話しはじめる。

「ヒサトは祭りの夜、この海で死んだの。車をUターンしようとしてまちがって落ちちゃったの。それから時間が止まってる……わたし、結婚もしてないのに未亡人みたい。未亡人って言葉ひどいよね。未だ亡くなってない人だって……」

ってギャグなのかと思ったよ！　それに答えてクラゲ男は付き合っていた（つもりだった）彼女に二股かけられており、妊娠したけどあなたの子供じゃないから、と別れを告げられたという過去を告白する。

話し疲れて「お腹減った……」と言う有希に「あ、ぼくパンがあるから」と自分の車まで走って取りにいくクラゲ男。うーんどう考えても女の子が求めてるのはそういうことじゃないような。

そして勘違いから海に落ちてしまったクラゲ男。有希の車で水族館に向かう。夜の水族館で、クラゲを見つめる二人。

「なんでクラゲになりたいの？」と何度目かに訊ねられたクラゲ男、ついに答える。

「クラゲみたいに何も考えずに、流れるがままに生きていきたい……」たぶんチチ松村の言いたかったことはそういうことではないと思う！　そしてここまでムード高めながらまだ手も握らないクラゲ男。ついに有希のほうから手を握り、そのまま押し倒して……。

翌朝。有希の車に乗った二人。

「どこか行こうか」

「いいですよ」

「どこ行く？」

「どこでも」

とどこまでも受け身のクラゲ男。もう一度訊かれて「どこか」と言い直すが
「じゃあ、流されてみようか。この車のエンジンが一発でかかったら、わたしとずっと一緒にいる。かからなかったら、これまで」

「え……はい」

で、エンジンをかけるわけですが、それ以前に、チョークを引いてキーをひねらないとエンジンがかからないという描写があるわけで、わざわざチョークから手を離してキーひねってる時点で、女、見限ったな、と……。

一年後。例によってクラゲ取りに来た男。海を見ると花束が浮かんでいる。はっとふりむくと、そこには有希の姿が。お腹はまるまるとふくらみ臨月。固まるクラゲ男。

「ひさしぶりだね」

「う……うん」

「驚かないの？」

「……驚いたよ」

一瞬クラゲ男の子供なのかと思ったけど、一年後なんだからそんなわけないな。で、有希は実は

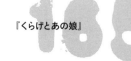

結婚しておらず、男とも別れ、シングルマザーになる決意を固めていると告げる。だが、そこまで言われても何も声をかけないクラゲ男……やはり人間流されるだけではだめだという結論だったのか。なんせクラゲ男が喋らず受け身すぎて映画はたいそう静かな情景が続き、場内には山形出身のご老人のいびきが高らかに鳴り響いていたのであった。

※**1**「**映画24区**」 映画制作・プロデュース・ワークショップ運営を手掛ける「〝映画〟をキーワードとする総合プロデュース企業」。映画を使った地域プランニング事業を手掛けているため、皆殺し映画通信では、「地方発映画」を語るうえで欠かせない存在となっている。

※**2** **庄内キネマ** 本書『乙女のレシピ』脚注（P72）参照のこと。

※**3** **チチ松村**「**私はクラゲになりたい**」 1983年デビューのギターデュオ「ゴンチチ」ギタリストのチチ松村が1993年に書下ろした「愛と感動のクラゲ観察日記」。チチ松村はここから文筆家として知られるようになった。

※**4** **K's Cinemaのモーニングショー** 2004年に開館した新宿のミニシアターK's Cinemaは、様々な貴重な映画を集めた特集上映で知られているが、午前中や深夜の時間帯は、上映の機会に恵まれない映画で目白押しである。

※**5** **モブ** 名もない端役や背景などで出てくる通行人などの出演者のこと。英語では「群衆」の意。

※**6** **アブサン** フランスの薬草酒。ヨモギの一種であるニガヨモギの独自の香りと味が特徴である。18世紀に流行した酒だが、ニガヨモギには中毒性があるとして、長らく製造を禁止され、これの模造品が近年では流通していた。現在は各国で禁止が解除され、日本国内でも一般的に飲むことができる。

すべてが内面の中で一体化してゆく……そんなポエムがこの映画のすべて

『ホットロード』

監督＝三木孝浩　脚本＝吉田智子
出演＝能年玲奈、登坂広臣、鈴木亮平、太田莉菜、木村佳乃、松田美由紀

原作は紡木たく。[※1] 一世を風靡した超有名漫画であるが、ぼくはほとんど印象がない、というか積極的に避けてきた。ひとつにはヤンキー文化が苦手だったからである。トライしてみたこともあるのだが、ちっとも面白いと思えずすぐ断念。それまでは少女漫画も少しは読んでいたのだが、**紡木たくの登場から一気に読めなくなってしまった。**少女漫画はキャラクターの内面を発見した、と指摘したのは大塚英志だが、[※2] 紡木たくにおいてはそれは極限に達した。紡木たくの漫画では、詩のような独白が吹き出しから自立して絵に添えられている。それは主人公のセリフかもしれず、あるいは単なる内省かもしれず、だが作者による語り（ナレーション）かもしれない。その三つのあいだには区別がないように思われる。主人公の内部世界と外部世界とのあいだに区別はなくなり、内世界はどこまでも広がっていく。それが少女漫画の正しい発展段階なのだとする大塚英志の指摘はそのとおりだろう。だが、ぼくにとってはそれはどうにも気持ち悪く、受け入れがたいものだった。だからぼくは少女漫画から遠ざかることになったわけである。

だがしかしこの内的独白と外的語りとが一体化した語りは、実は映画とはたいそう相性がいいのである。とりわけぼくが「**副音声映画**」[※3]と呼んでいる、登場人物が全員自分が何をどう感じているのかリアルタイムで口に出して喋るタイプの映画と。そして『ソラニン』[※4]や恋愛獣姦青春映画『陽

だまりの彼女[※5]』で知られる三木孝浩[※6]監督は、まさしくそういう映画の名手として知られた存在なのだった。したがって、そこでできあがる映画というのは……。

夜明けの、蒼い、道
赤い、テールランプ
去ってゆく、細い、後ろ姿
もう一度、あのころの、あの子たちに会いたい

予想通りにはじまる**能年ちゃん**[※7]のポエム。もちろん本作の主演は『あまちゃん[※8]』でおなじみ国民的アイドル能年玲奈。映像化を拒んできた原作者が「能年ちゃんなら……」と主演を熱望して実現したのだという。それはいいんだが能年ちゃん、若くは見えてももう21歳なわけで、**中学二年生の役はどうなんだ?**

物語は仏頂面で座っている能年ちゃんの顔のアップからはじまる。万引きでつかまった和希（能年玲奈）だが、同級生と違って泣きもせず昂然と相手を睨みつけている。呼び出された教師に能年ちゃんは告げる。

「母は来ません。今日は誕生日だから男と会ってるんです」

（驚かないでね、先生）

能年ちゃん、台詞を言ってはその心中を説明してゆく。これが副音声映画という奴だが、原作もそうなんだから仕方ない。そうやってすべてを説明していくので、**当然ながら映画には余韻などまったく残らない。**冒頭の場面だけでもう話が全部わかってしまう。要するに能年ちゃんは自分をネグレクトした母（**木村佳乃**）への反抗として万引きをしたり、髪をちょっぴり茶色に染めてみたり、ささやかな反抗で不良になっているわけ。それにしても母親、高校時代から相思相愛だった相手、

鈴木くん（**小澤征悦**）がいながら双方ともに別な相手と結婚、子供もできたが夫とは死別、元カレ鈴木くんと焼けぼっくりに火がついて相手は離婚調停中……というそりゃあ能年ちゃんもグレるわという話なんだが、この大時代な設定こそが80ｓヤンキー文化。暴走族だって悪い子じゃなくて、本当はママに愛されたいだけなのだ（主題歌はもちろん尾崎豊）。で、転校生に誘われて遊びに行った暴走族のたまり場で切り込み隊長・春山（**登坂広臣**）と出会う。何を言われてもびっくりまなこで硬直しているだけの能年ちゃんであったが……。

さてこういうかたちで能年ちゃんの内面までがすべて説明されてしまうので、後には何も残らない。そもそも物語の中ではたいした事件も起こらない。原作コミック自体がひたすら主人公・和希の内面世界の描写だけで続いていくのだから、それを映画化したところで起伏のある話になりようがないのだ。能年ちゃんの内世界が外に拡大してゆくというとまるでJ・G・バラードのようだがもちろんこれはそういう映画ではない。むしろ能年ちゃんの内世界においては外部の軋轢さえもが内面化し、消失してゆく。

物語の最大の山場となるのは春山の所属する「横浜NIGHTS」と新宿を拠点にする暴力派「漠統」との抗争である。まだ若く人望もない春山はチームをまとめられるのか？　そして抗争の中で春山は……だが、驚いたことにこれは映画の中では何ひとつ描かれないのだ。紡木たくにアクションを描けというほうが無茶なのだから、よく考えれば当たり前なのかもしれないが。ともかく春山が単身漠統に殴り込む場面では、春山が走ってきて鉄パイプをふりあげた瞬間にカット。次にあらわれるときは春山は「リーダーみたいな奴を殴って逃げてくるつもりだったけどぼこられちゃったよ～」と包帯姿で笑っている。最後の決戦ではなんとナイツの集合場所が警察に急襲され、メンバーはちりぢりに。熱を出したために遅れた春山は一人で襲撃場所に向かうが、途中警察の検問につかまりそうになる。Uターンするとそこにトラックが……。

「ハルヤマは、5m、空をとんだ」

アンチクライマックスこそが紡木たくのヤンキー漫画とはいえ、抗争が何もなくてトラックにはねられただけってのはなんなんだ。もちろんはねられる瞬間は描かれることがない。能年ちゃんの脳内ではそんな恐怖は決して再生されえないのである。しかしこれほど描くことが何もないと、映画はどうするんだ？　ということで監督が考えたのが空。

この映画、何かっていうと空、そして海（灯台）の風景カットがインサートされる。思えば『ソラニン』でも何かっていうと空ばっかり映していたが、**三木孝浩って本当に風景カットが好きなんだなあ。**別に何を意味しているわけでもない心象カットが適時インサートされて余韻の幻想を作りだす。しまいに能年ちゃんと春山のキスシーンで、キスの瞬間に空の映像がインサートされたりして。ポルノ映画じゃないんだから、そこをアンチクライマックスにしてどうするんだよ！

結局、冒頭の「夜明けの、蒼い、道〜」というポエムがこの映画のすべてである。この話者が誰なのかわからない――「あのころの、あの子たちに会いたい」と思っているのは誰なのか？――和希なのか能年ちゃんなのか紡木たくなのか不明のままだというのが、映画の本質を表現しているのだろう。そうやってすべてが内面の中で一体化してゆく。そのことに違和感を感じない人、むしろ積極的に一体化したがる人ならこの映画を楽しめるのではあるまいか。なお、21歳の能年ちゃんが中二を演じることについては、思っていたほど悪くない。能年ちゃんの中にある無垢さというべきものがとらえられており、アップで表情を見ている分には中学生でも通用しそうだ。ただしカメラが引いて全身を映したり、演技をはじめたりすると、そこにいるのはどこからどう見ても21歳の女優なのだが。

※1 **紡木たく**　1964年生まれ。漫画家。1986から87年に別冊マーガレットで連載した『ホットロード』は少女漫画にしては珍しい湘南の暴走族を取り扱った作品で、そのモチーフとは裏腹なその詩的な作風とあいまって当時の大ヒットコミックとなった。

※2 **大塚英志**　1958年生まれ。評論家。マンガ作家や編集者を経て、民族学やサブカルチャーの批評家として活躍。コミックから文学、政治思想、哲学に至るまで幅広い批評を続ける。大塚の『教養としての〈まんが・アニメ〉』（講談社2001）等では、萩尾望都、竹宮恵子、大島弓子などの1970年代に活躍した「花の24年組」と呼ばれた女性漫画家たちにより、主人公の「内面」が少女漫画独自の様々な表現手法とともに、叙述されるようになったとしている。

※3 **副音声映画**　登場人物がセリフで自らの内面や行動を説明してしまう安心安全かつわかりやすい映画手法。

※4 **『ソラニン』**　2010年公開の三木孝浩監督の日本映画。宮崎あおいと高良健吾が主演。原作は少年サンデーに連載されていた浅野いにおのコミック。元OLとフリーターが、モラトリアム生活のなかで、あきらめきれない音楽の道に歩んでいくという青春物語。

※5 **恋愛獣姦青春映画『陽だまりの彼女』**　2013年公開の三木孝浩監督の青春映画。「真緒、おまえブライアン食べただろ!」のオチについてなど、詳細は書籍版『皆殺し映画通信　2014』を参照のこと。

※6 **三木孝浩**　1974年生まれ。映画監督、映像ディレクター。ソニーミュージックでミュージックビデオのディレクターとして活躍したのち、2010年に『ソラニン』で映画監督デビュー。2015年には『くちびるに歌を』が公開予定。

※7 **能年ちゃん**　能年玲奈のこと。ファションモデルで活躍したのち、中島哲也監督の『告白』（2010）で映画デビュー。映画『カラスの親指』（伊藤匡史監督2012）で、報知映画賞の新人賞をとるなどして注目される。NHK連続テレビ小説『あまちゃん』でブレイクし、一挙に国民的俳優。本作『ホットロード』は原作者が能年怜奈であればということで映画化を許したという。

※8 **『あまちゃん』**　2013年放送のNHK連続テレビ小説。脚本は宮藤官九郎。朝の時間帯での最高視聴率27・0%を記録するなど国民的な人気ドラマとなった。このドラマからは同年の「じぇじぇじぇ」、「あまロス」などの流行語も。宮藤官九郎脚本のこのドラマについては書籍版『皆殺し映画通信　2014』の『謝罪の王様』にても触れられているが……。

すべてがどこまでも中学生な北村龍平映画
『ルパン三世』

監督＝北村龍平　脚本＝水島力也　ストーリー＝山本又一朗、北村龍平、ジョセフ・オブライアン
出演＝小栗旬、玉山鉄二、綾野剛、黒木メイサ、浅野忠信

山本又一朗[※1]×**小栗旬**×モンキー・パンチ×布袋寅泰×北村龍平[※2]＝？　いったいどんなものが生まれるのか？　と見る前は思っていたのだが実はこの方程式を解くのは簡単で、最後に「北村龍平」を掛けた時点ですべてが北村龍平映画になってしまうのだった。恐るべし龍平パワー。当たり前だなどと言わないでいただきたい。この映画だって山本又一朗式底抜け超大作（もれなく小栗旬つき）になってもよかったんだし、黒木まんが映画（**黒木メイサ**をヒロインにしたまんが原作映画）というジャンルも厳然と存在しているのを忘れてはなるまい。だがそのどれにもならず、出来あがったのは立派な龍平映画。つまり鋲を打った黒いロングコートをまとった金髪の悪者がキャハハと高笑いしながら両手でサブマシンガンを乱射し、黒づくめのロングコートの男が蹴って飛んで三点着地を決めるという奴である。**ゴジラからルパンまですべてを龍平化してしまうさすがの龍平力！**　というわけで……。

映画の冒頭、つったっている黒ずくめの三人の男女。まぎれもなき龍平映画である。彼らは国際的泥棒組合〈ザ・ワークス〉の首領の命を受け、シンガポールの個人博物館に所蔵されている古代オリンピック第一回アテネ大会で授与された金メダル（……）を盗むためにやってきたのである。

峰不二子（黒木メイサ）、ジロー、ピエールの三人は……え、ルパンは？　ルパンはいないの？　いないのである。重量感知装置付きの床をまたぎこすために天井からぶらさがったりジェットパックを使ったり、三者三様の手でガラスケースに迫るが、最初にたどり着いたのは不二子であった。手を伸ばそうとした瞬間……爆発とともに床が抜けてガラスケースごと金メダルは落ち、下で待ち構えていたルパン三世（小栗旬）がまんまとゲットする。

そのまま持って逃げようとするルパンだが、その前に立ちふさがったのがマイケル（**シェリー・イェン**）。金メダルを渡さないと不二子に仕掛けた爆弾を爆破する、と脅してまんまとメダルを奪い取る。ルパンは不二子にだけは弱いことを手にとった巧みな手口で……いやいやいや、おまえ誰だよ！（台湾のアイドルらしいので、中国圏への売り込みを狙う山本又一朗の策謀なのかもしれない）。

この映画、いろいろ納得できないことは多いんだが、多くの人が危惧していたとおり最大の問題はここである。いくら小栗旬が「ふ〜じこちゃ〜ん」と猫なで声を出そうと黒木メイサがちっとも色っぽくも可愛くもなく、二人のあいだに何一つケミストリーが生まれない。まあ龍平に女の子をセクシーに撮るなんてことができるわけもなく、せいぜい小学生的な記号的色気表現（パンチラとかミニスカとか）程度なのだからしょうがない。だがそれではルパンの行動原理がまったく納得できないではないか（そういうことになっているから、というお約束でしかない）。小学生的色気の不二子の行動に一喜一憂するルパンはどう見ても童貞なのだが、それが龍平イズム。

さて、そんな彼らは香港にある〈ザ・ワークス〉本部に集められる。実は国際的大泥棒にして〈ザ・ワークス〉首魁のドーソンは、若い世代に組織を譲り渡そうと、新しいリーダーを決めるために金メダル獲得競争を命じたのである。見事メダルを取り出したのは不二子といちゃついてルパンをめげさせていたマイケル……ではなく不二子！　ドーソンは

「我々は泥棒だ！　溜め込んだ金で宝石を買い集めるような金持ちからはどんどん盗め！　貧乏人

からは盗むな！」

　とかなんとなく義賊を装うふうの演説をかましてますが、そこで金庫を開けると世界中のお宝がどっさり。お宝を死蔵しているおまえがいちばんの利己主義者だ！　アントニウスがクレオパトラに贈ったという「クレオパトラの首飾り」（だがそこには最後にはめるべき宝石＝クリムゾン・ハート・オブ・クレオパトラが欠けている）について得々と説明をはじめたところで、鋲打ちロングコートの龍平的人物たちがキャッハーと銃を乱射しながら乱入してくる。マイケルの裏切りであった。クレオパトラの首飾りを奪ったマイケルはドーソンを人質に取って
「エドワード・ラムを知っているな……」

「彼はいい男だった」

「いい男」ってなんだ⁉　と思ったがたぶん"nice guy"とか言ってるのを直訳で吹き替えてみたんでしょう。そこでいきなりマイケルの部下ロイヤルが発砲。ドーソンは死亡してマイケルは逃亡する。手遅れになってから乱入してくるインターポールの銭形警部（**浅野忠信**）。

　ルパンはドーソンの用心棒次元大介（**玉山鉄二**）に
「俺たち、気が合いそうだな。一緒に組まねえか」

と声をかけるのだが、気が合うも何もそれまでこの二人一言も口きいてないよ！　だがそれが龍平クオリティ。ルパンと次元はドーソンの仇をとり、首飾りを奪うことを誓い合うのだった。


　一年後。

　ルパンと次元はタイにいた。例によって不二子があらわれ、不二子の家に入り込んだルパンは二人でダンスを踊る（何を言っているかわからないと思うが、**見てるこっちだってわからないんだから許していただきたい**）。だがそこにあらわれたのは銭形。不二子が例によって裏切って、ルパンを売り渡したのだった。そこで銭形はルパンに、犯罪記録を抹消してやるかわりにクレオパトラの

首飾りを盗むよう命じる。なんでもマイケルは名を変えてタイにあらわれ、大富豪にして悪の帝王であるプラムックと接触をはかっているのだと言う。プラムックは首飾りにはめる宝石「クリムゾン・ハート（以下略）」を持っているのだという。マイケルは宝石を手に入れて首飾りを完成させる狙いなのだ。で、それをなぜかすべて知っている事情通の銭形（何も知らないルパンと不二子）なのだが……。

いやさあ、銭形はそんな取り引きしないだろ！　だいたいそもそもそこで首飾りをおさえてどうなるというのか。政財界に影響力を持つ悪の帝王プラムックを逮捕したい銭形はタイ陸軍幹部（『オンリー・ゴッド』のあの人）[※3]から「証拠をつかまないかぎり動けない」と言われているんだが、そこで首輪だか宝石だかを持っていたとして、それが何かの証拠になるのか？

だがこの映画において意味不明な言動をするのは別に銭形一人ではない。不二子のところへマイケルからの使いがやってくる。例によって鋲打ちロングコートでキャハハハと笑う女。

「力ずくでも連れていくわよ」

と言って風呂上がりの不二子とひとしきりキャットファイトをくりひろげたあげく（それを外で見ているルパン）、

「このくらいでいいでしょ。もともと行くつもりだったから」

と同行を承知する不二子（意味ね〜）。マイケルのアジトに赴くと

「裏切ったのね。人死にが出るなんて聞いてないわよ」

「あれは手違いだ……」

「全部教えてちょうだい。エドワード・ラムって誰よ？」

「ぼくとおまえの父さんだ……」

「!?」

なんとマイケルと不二子は生き別れの兄妹だったのだ。いや不二子、生き別れの兄妹だというと

ころまで知っていたのに父親のことは聞いてなかったのか⁉　ドーソンと組んで首飾りを盗み出したラムだったがドーソンに裏切られて首輪を奪われ、殺された。マイケルはその復讐のために首飾りを手に入れようとしていたのだという。盗み聞きのルパン、いちゃついてた二人が兄妹だと知って一安心……てか少女漫画のラブコメじゃないんだからさあもう。

ついにプラムックとマイケルの対決の日がやってきた。大ホールでおこなわれる公開オークションの最後、一対一で取り引きがおこなわれる。司会者が大げさに煽り立て、二人は衆人環視のガラスケースの中で公開取り引きするというのだが……だからそんな盗品を堂々と取り引きするってどういう神経なんだよ！　現場でレントゲン使って鑑定して「本物にまちがいありません！」とか言ってるわけだが、有名な盗品なんだったらその時点で銭形が乗り込んでくればいいわけだし、歴史の闇に埋もれて真偽も定かでない逸品だというならなぜ鑑定できるのか。だが龍平にそんな難しいことを突っ込んでもしょうがない。なんとなく派手な舞台で、なんとなく煽り立て、なんとなく真相を明かせばなんとなく（勝手に）盛り上がってしまう。それが龍平映画。

マイケルは2億ドルで首飾りを売るとオファーを出す。どうやらこの取り引きを餌に宝石（クリムゾン・ハートうんちゃら）を持ってこさせる作戦だったらしいのだが、それ自体がよくわからない（なぜプラムックは本物の宝石を持ってこなければならないのか？）。マイケルはかわりに宝石をよこせと脅迫するが、プラムックは平然と2億ドルの小切手を切って首飾りを買い取り一件落着。実はラムを殺したのもプラムックであり、そのときに宝石を奪い取ってドーソンに罪を着せたのだった。敗北にうちひしがれるマイケル。宝石と首飾りを一気に奪い取る作戦を立てていたルパンは「作戦中止だ。あんなクソ野郎はもっと酷い目に遭わせてやらないと……」

なんでだよ！　実行すればいいじゃないか！　**どんな計画だったかわからないけど！**

駆けつけた銭形が歯がみする中、プラムックは堂々と本拠地に帰っていく。絶海の孤島にある難攻不落の城塞〈ジ・アーク〉（なんでもかんでも定冠詞がついてるところに龍平のハリウッド流こだわりを感じる）だ。プラムックの鼻をあかすため、ドーソンが残していったファイルを元にルパンは〈ジ・アーク〉攻略計画を練る。マイケルも協力を申し出て、恩讐を越えた最強タッグが結成だ！

なんで最後マイケルとルパンの友情ものになってるのよ。

この映画、ルパンと次元の信頼関係とか、不二子との愛憎とかいったものはすべて「お約束」で進行してゆく。まあもうみんなとっくに知ってることだからというんだけど、それなら最初からそういう関係が成立しているものとして、小さなエピソードの積み重ねでチームの信頼関係を表現する。それが普通のやりかただ。ルパンの凄さだって、ただぴょんぴょん飛ぶだけでなく、知性とか演技力とかいろいろあるはずである。それを示すことこそが演出であるわけだが、龍平にとってそれは黒いロングコートをいかに翻すかというところに……で、メインキャラクターの見せ場がすべて「お約束」で進んでいく一方で、ぽっと出のキャラが宿命のライバルみたいに扱われる違和感。この話、基本は親を殺されたマイケルの復讐譚なので、ルパンは無関係なんだよね。そのことにどうも龍平だけは気づいてないように思える。

〈ジ・アーク〉に総攻撃をかけるルパン一味。泥棒でも隠密潜入でもなくて総攻撃。プラムックの繰り出す私兵数百名を大殺戮し、タイミングをみはからって突っ走れば抜けられる必殺の罠をくぐり抜け、秘宝をゲットしたルパン。タイ軍を引き連れた銭形がプラムックを逮捕して帰って行き、取り残された四人組が「で、俺たちどうやって帰るの？」みたいな台詞で〆るんだが……。

だからそこでプラムックを逮捕できるんだったらさっさと逮捕しとけよ！　**あとルパンの襲撃でどう見ても百人くらい死んでるから！**　窃盗より殺人のほうが重大な罪だから！

でも、それでもこれでもなくて、ぼくがいちばん疑問だったのは最後の最後である。ついに宝石をはめこんで完成したクレオパトラの首飾り、ルパンがほいとわしづかみで不二子にプレゼントして、不二子もいそいそと懐にたくし込み……。

つけないのかよ！　黒木メイサのクレオパトラ姿がなかったら宝石を奪う意味がないじゃないか！（ルパンにとってこの大騒ぎの目的はほぼそれだけだったのに）別に黒木メイサが脱ぐとは思ってないが、せめて着衣でもルパンがつけてやらなきゃダメだろ！　そのシーンが必要だということに思いいたらないあたりがどこまでも中学生な龍平映画なのだった。

※1 山本又一朗　1947年生まれ。映画プロデューサー。芸能プロダクションのトライストーンの代表取締役。作品の主演の小栗旬は同社の所属。さいとう・たかをのもとで劇画原作を学んだのちに映画プロデューサーへ。『太陽を盗んだ男』（長谷川和彦監督1979）や、ジャック・ドゥミ監督を起用した劇場版『ベルサイユのばら』（1979）などを手がける。ドキュメンタリー映画『アメリカン・バイオレンス』（シェルドン・レナン監督1981）や『Mishima』（ポール・シュレイダー監督1985）など伝説ともいえる映画を次々と製作した名物プロデューサー。近年では脚本も水島力也名義で兼務することも多く、本作品も脚本を担当している。

※2 北村龍平　1969年生まれ。映画監督。オーストラリアの映画学校で制作した自主映画などが高い評価を呼び、『ヒート・アフター・ダーク』（1999）で監督デビュー。他に『あずみ』（2003）、『ゴジラ FINAL WARS』（2004）など。山本又一朗プロデューサー・脚本で北村監督作は『あずみ』に続く二度目。

※3『オンリー・ゴッド』のあの人　ニコラス・ウィンディング・レフン監督、ライアン・ゴズリング主演の2013年映画『オンリー・ゴッド』に神にかわって人に罰をくだしてカラオケを歌う警察官役で出演していたヴィタヤ・パンスリンガムのこと。

真面目な人間が真剣に取り組めば面白い映画ができるかっていうと、そうではない

『イン・ザ・ヒーロー』

監督＝武正晴　脚本＝水野敬也、李鳳宇　主題歌＝吉川晃司
出演＝唐沢寿明、福士蒼汰、黒谷友香、寺島進、日向丈、小出恵介、加藤雅也、及川光博、和久井映見、松方弘樹

なんとプロデューサーが李鳳宇[※1]ではないですか。で、これ決して不快になる映画じゃない。作り手も俳優陣も真面目に取り組んでいるし、技術的にも東映の全力を注入して成果を出している。だが、真面目な人間が真剣に取り組めば面白い映画ができるかっていうと、そういうことではないのである。しかるにこの映画のテーマがまさに「真面目な人間が愚直に夢を追えばきっと叶う」みたいなものだったので、見ているあいだじゅうずっともやもや……。

さて、主人公は「アクション馬鹿」の本城渉（**唐沢寿明**）。特撮戦隊もののスーツアクター[※2]としてウン十年のキャリアを積んできたアクション一筋の男である。本人はブルース・リーに憧れてアクションスターを夢見ているが、いつまでも芽が出ないので薬剤師の妻には愛想を尽かされてしまった。スタントマン仲間を引き連れて下北沢ヒーロー・アクション・クラブ（ＨＡＣ）という団体を作り、日々ヒーローショーで子供に夢を与えている。そんな彼に、何年ぶりかで顔が出る映画の仕事がくる。喜び勇んで妻に報告するが、いざ打ち合わせに行ってみると、その役を演じるのは売れっ子アイドル一ノ瀬リョウ（**福士蒼汰**）になっていた。リョウは「こんなジャリ番（組）やりたくないっすよ」と吐きすて、「ぼくはハリウッド目指してますから」とスタントをあからさまに見く

だす傲慢な若造。そんなリョウに憧れのハリウッド映画での仕事がまわってくる。スタンリー・チャン監督（**イ・ジュンイク**）が日本ロケのニンジャ映画を企画し、そこで主人公の相棒役のオーディションを受けられることになったのだ。マネージャーが本城の知り合いだったことから、「ちょっと鍛えてやってください」とリョウのトレーニングを依頼される本城。リョウのほうはあからさまにやる気がないのだ……。

よく、**日本映画は庶民を描くのはうまいが貴族は描けない**、と言われる。要するに貧乏がしみついているので、豊かな生活を描けないというのだが、同じように日本の映画撮影の現場は描けても、ハリウッド映画の撮影現場は描けない。と言いたくなるくらいこのスタンリー・チャン監督のハリウッド映画の現場はひどい。チャン監督は『キル・ビル』みたいなインチキ日本趣味映画を作っているのだが、青葉屋みたいなセット※3をこしらえて

「わたしの映画は本物のアクションをやる！　ノーCG、ノーワイヤーだ！　ここから飛び降りて何十人叩き切って火がついて燃えながら戦う！　4分50秒ワンカットで！」

とか無茶なことを言いはじめる。だがその役を演じるはずだった香港のアクションスターは「俺はそんな危険なことはできない」と言って映画を降板してしまう。このままでは日本ロケ自体がなくなってしまうピンチ、そこで……。

いや、あのさ、そもそもこの『キル・ビル』もどきがどんな映画なのかさっぱりわからないのだけれど、このシーン、もし撮るならセットはハリウッドに建てるよね。タランティーノは青葉屋のセットを北京に建てたわけだが、いずれにせよ日本で撮る必要などひとかけらもない。そしてこれが低予算ではない本物のメジャー・プロダクションで、スタンリー・チャンはわざとインチキ日本を作っているタランティーノ的キッチュ趣味の持ち主であるとして、だったらなおさらそんな危険な撮影は絶対に許されない。日本では俳優の命は安いかもしれないが、アメリカ映画では違うのだ。

その意味で、この映画は最初から根本的に成立していないのだ！　それにしてもこのスタンリー・チャンを演じてるの誰なんだ、と思ったら韓国人映画監督（『ソウォン　願い』などのイ・ジュンイク[※4]）じゃないか！　**なんでネイティヴじゃない人間に英語を喋らせるんだよ。**そういうことしてるからかっこつきの「ハリウッド映画」になってしまうのだよ。もちろん当たり前だが現場は見事に金かかってなさそうにしか見えない。当然だ。

さて、ここで問題である。ここまでの話を聞いて、このあとどうなるか想像できるだろうか？　ぴんぽーん！　あなたの答えが大正解。そう、リョウは実は心優しい青年で、一人で幼い弟妹を育てている。これ、結構早い時期に明かされ、リョウの傲慢な態度は一人で生きていくための虚勢に過ぎないと示される。彼のアメリカ人の母親は子供を捨てて去ったのだ。リョウは家では家事もやり、ロケ弁も余計に持ち帰って弟妹に食べさせたりしている……ってなんだそのセコさは！　いや高給取りのアイドルなんだし、家政婦くらい雇えないのか？　というか家に子供二人置いて仕事に出てるとかいろいろマズいんじゃないの？　そこらへんがどうも**日本映画的な貧乏臭さ**に見えてしょうがない。

で、彼がハリウッド映画に出たがっているのは、ハリウッドでスターになってアカデミー賞を取って、その授賞式で

「お母さんはぼくらを捨てていったけど、ぼくらは恨んでない。今でも愛してる」

ってスピーチするためなのだ！　てか思いっきり恨みに思ってるじゃないか！　そういうものすごく遠大な夢があるのだが……そのためにはなんとしても日本ロケを敢行しなければならない。

このピンチに日本側プロデューサー（**加藤雅也**）は一計を案じる。そう、忍者役を本城に依頼するのだ。一世一代の晴れ舞台がやってきた。だが本城は首に爆弾を抱えており、今度やったら命の保証もないとも言われている。薬剤師の元妻（**和久井映見**）は、実は、いや実はも何も最初から見

え見えなのだがまだ本城にベタ惚れで、でも「傷つくあなたを見たくない！」みたいな屈折した感情でツンデレしているのだが、ともかくその元妻に見合い話が舞い込んでくる。まあこれが絵に書いたような金融資本主義の覇者で嫌な奴。で、その見合いの当日に、本城は……。

ああもうクリシェクリシェ、クリシェだけでできあがった紋切り型辞典みたいな映画である。見合い相手（**及川光博**）をなんでこんな不愉快なキャラクターにしなきゃならないのか。普通にいい奴だって全然ドラマは成立するじゃないか。白痴のように予定調和なことしか起きないドラマの中で、東映大泉撮影所の裏方たちが紹介され、撮影所愛が臆面もなく吐露される。「裏方なんてどうだっていいすよ」とうそぶいて、徹夜で作った小道具を粗末に扱ったと咎められても「それが仕事でしょ」と平然としているリョウも改心し、「アクションは一人じゃできない、相手がいてはじめて成立するんだ」と本城に諭されて一からアクション修行をやることになる。しかしリョウ、主人公の相棒だかの役のはずなのに、撮影場面がちっとも出てこないのはなぜなんだ。

だがそれ以上に謎なのは本城が演じる役である。4分50秒ワンカットのアクションはいいのだが、それ以外のシーンというのはどうなっているのか？　もしそれ以外のシーンがないのなら、それ、ただのスタントマンじゃないのか？（そしてスタントであるならそもそも香港スター本人が演じようが演じまいがどうでもいいはずだ）実際白い頭巾で顔を覆った本城はスタント・ダブルのように見えるのである。そしてあれだけワンカットワンカットと叫んでいたのだから、せめて実際のアクションはロングテイクで（ワンカットでやれとか無茶なことは言いませんよ、ぼくは）撮るのが筋だと思うなあ。せめて飛び降りるシーンは、ＣＧ使ってもなんでもいいですから、ワンテイクで撮ってるようにみせてください。問題は観客にとってどう見えるかであって、ＣＧ使うとか使わないとかって作り手の自己満足じゃないんだから。

※1 李鳳宇 1960年生まれ。映画プロデューサー。株式会社RESPECT（移動映画館などの企画運営を行ってきたSUMOMOから事業移管）のCEO。1989年に映画配給会社シネカノンを設立。『パッチギ！』（2004）、『フラガール』（2006）など多くの作品に携わる。韓国映画『シュリ』（1999）や『JSA』（2000）などの配給などでも知られる

※2 スーツアクター 本書『キカイダー REBOOT』脚注（P112）参照のこと。

※3 青葉屋みたいなセット クエンティン・タランティーノの映画『キル・ビル』（2003）で、クライマックスのゴーゴー夕張（栗山千明）らとの壮絶なチャンバラ大殺戮がおこなわれる場所が、キッチュな日本趣味の高級料亭である青葉屋。なお、この青葉屋のモデルとなったのは、「ラ・ボエム」や「ゼスト」、「モンスーンカフェ」などのリーズナブルでおしゃれなレストランを展開する株式会社グローバルダイニングの系列店「権八」西麻布店と言われている。この店は2002年にブッシュ前米大統領と小泉純一郎元首相が訪れたことでも知られている。

※4 『ソウォン 願い』などのイ・ジュンイク 1959年生まれ。韓国の映画監督。韓国で大ヒットした時代劇『王の男』（2006）が代表作。他に『黄山ヶ原』（2003）や『ラジオスター』（2006）などコンスタントにヒット作を生み出している。プロデューサーや俳優としても活躍。

184

「モナコ国際映画祭」ってなんだよ！　和田秀樹って誰だよ！
最後までよくわからない銀座ホステス映画

『銀座並木通り　クラブアンダルシア』

監督＝和田秀樹　脚本＝倉科遼、佐上佳嗣、和田秀樹
出演＝松方弘樹、姿月あさと、江口ナオ、渡辺大、阿部祐二、鎌田奈津美、木村祐一

　こういうのもご当地映画と言うんですかねえ。お水業界漫画の帝王倉科遼原作の銀座クラブ漫画が**松方弘樹**主演で映画化、当然ヒューマントラストシネマ有楽町で鑑賞。ああ、銀座並木座[※1]があれば……（並木座ではこんな映画は上映しません！）。何がすごいって公式サイトを見たら監督の履歴が書いてない！　ええと、チラシによれば「監督は精神科医・大学教授の顔をもち、『受験のシンデレラ』[※2]『わたしの人生～わが命のＴＡＮＧＯ～』[※3]などモナコ国際映画祭[※4]でも評価も高い和田秀樹」**って誰だよ！！！**　**「モナコ国際映画祭」ってなんだよ！！！**　ちなみにモナコ国際映画祭では『受験のシンデレラ』は「最優秀作品賞、最優秀男優賞、最優秀女優賞、最優秀脚本賞の4部門を受賞」だそうである。そんなことまで書かれておりあまりにも充実しすぎなwikipedia読んでも、この人がいったい何者なのか、なぜそんなにもモナコで評価されているのかさっぱりわからないんだけど、なんなのよ本当に……。

「昼と夜でその様相を変える街、銀座。夜は最高の女と最高の男が集う街……」とはじまる松方弘樹のナレーション。彼こそは銀座では珍しいクラブの男性オーナー、奥澤である。ナレーションのあいだ銀座五丁目のクラブ街の街灯風景が映るのだが、このあとしょっちゅう場面転換のたびに同じ風景が映るのであっという間に飽き飽き。和田さん、街並み映して尺を稼ぐのはやめよう！

そんな奥澤の店、クラブアンダルシアは作曲家三枝成彰も通う銀座の名門。そこへやってきたはじめての客がＩＴ企業社長増田（**渡辺大**）である。「もう六本木のキャバクラには飽きた。やっぱり大人の資格は銀座で飲むことだよね。金ならいくらでもあるから！」と成金丸出しのＩＴ社長。紹介でついた担当は美和（**江口ナオ**）だが、増田は美貌の恭子（**姿月あさと**）が気になっている。

「あの人きれいだよね」

「あら。でも銀座のお店は永久指名で、途中で担当を変わることはできないんですよ」

と銀座一口メモが入るところが倉科流。そういうわけで六本木のキャバクラ並みに「ほれいちばん高い酒入れて！」と大盤振る舞いして120万円也をブラックカードで払う増田。そのまま出たところでキャッチに捕まって近所のライバル店クラブエレガンスに連れ込まれる。ここでまた大金を使った増田は前後不覚になるまで酔っぱらい、家まで送ってくれたホステスに裸にされて写真を撮られ、既成事実を作られてしまうのだ……って何これ？　銀座の店はぼったくりだから気をつけろってことなのか？　ともかく銀座のクラブだからと言って特に高級感があるわけでもなく、ヒロインの姿月あさとも特に魅力的なわけでもない地味な中年女。倉科遼お得意の六本木のキャバクラ出世ストーリーと何が変わるわけでもない下品な物語が展開するのだった。

エレガンスのホステスに弱みを握られた増田はせがまれるがままに服を買ってやったりするのだが、なおも恭子に執着している。恭子はかつて美和と同じ会社に勤めていたが、彼女に誘われてこの世界に飛び込み、そのまま15年間続けているのだという。そんな中、親がボケて養老院に入って1000万円要る、と妹からの電話で知らされた美和のところにエレガンスからの引き抜き話が舞い込む。支度金1000万円（わざわざそこで電話での会話がリピートされる安心演出）、将来はチーママに！　というわけで渡りに船と店を移る美和。だが、頼りにしていた増田はすでにエレガンスに担当がいる。客はまったく引けず、売り上げがあげられないのでママからは下品な客への枕営業を強要される。泣きながらおっぱいをもみしだかれる江口ナオと、かつて美和とのナンバーワン争いをくりひろげ「美和はわたしたちの誰よりも銀座の女のプライドがあるのよ」と語る姿月あさととがカットバックされる。**どういう演出なのかこれ。**まあ二人のライバル関係と友情みたいな話にしても安すぎてわびしさしか……。

美和がやめたので晴れて恭子を担当につけてもらった増田。恭子はやらないと言ってたアフターにつきあってカラオケ屋に行ったり（これがまったくうまくないので驚いたんだが、わざと下手に歌ってたのかな?）、銀座岡半に同伴したりのべったりサービス。増田はどんどん恭子に惹かれてゆく。なお、この映画の登場人物はセリフを妙に区切って息継ぎしながら言う癖があり「あなたみたいな人は／誰も／ほっとかないでしょ」なんて言われて増田は舞い上がってしまう。だが、いくら口説いても恭子は落ちない。

実は恭子は15年前、はじめて銀座で働きはじめたときの客、藤崎に恋していた。だが藤崎は妻子のある身。「銀座の女はわきまえた恋をするんだ」と松方弘樹に諭され、すべてをあきらめる覚悟をしていた。ところがそこで藤崎の会社が倒産、妻子とも別れてしまう。いつかきっと銀座にふさわしい男になって戻ってくる、と誓う藤崎。「わたしも／それまで／待ってます／この店で」

恭子が落ちないというので

「銀座ではどういう人がモテるんだい？　六本木みたいに金を使ってもだめだし……」

と奥澤にぼやく増田。奥澤は

「銀座ではきれいに遊ぶことですよ（**大意：黙って金落としてけばいいんだよ！　やりたいだけならキャバへ行け！**）」と諭し

「増田さんのことをひそかに愛している人が近くにいるかもしれません」

はっ、とヘルプについている美佐江（**鎌田奈津美**）のほうを見る増田なのであった。

40歳の誕生日で店をやめたい、と奥澤に申しでる恭子。はいもうこうなったら最後の展開はおわかりですね。恭子が感動のスピーチをするのだが、ここまでずっと微妙なことになっている録音がここで頂点に達し、というのもスピーチになぜか「お店での背景会話音」がかぶさっているのである。たぶんアフレコで一律に「お店での背景会話」をダビングしていったのだろうが、スピーチ中は誰も無駄話しないだろ！　まあそんなわけで予定調和のハッピーエンドがあって、美佐江とベッドインして「きみみたいな青い鳥がこんなところにいたなんて」とか言ってる増田。さっそくおねだりする美佐江。銀座のホステスと六本木キャバクラ嬢の差、最後までよくわからなかったな。それにしてもモナコ国際非暴力映画祭ってなんなんだろうなあ。

※1　**銀座並木座**　1953年に開館した邦画専門の名画座。老舗として親しまれていたが、1998年に惜しまれつつ閉館。その名の通り、本映画の舞台の並木通りにあった。

※2『**受験のシンデレラ**』　2008年公開の和田秀樹監督の日本映画。余命いくばくもない塾講師が、最後の時間をかけて教え子を東大入試に成功させるために奮闘する……という物語らしい。和田秀樹は精神科医で文筆家。自身は塾経営をおこない、受験本など多数出版していることから、この映画を製作することになったと思われるが、詳細はいろいろと詳しすぎるご当人のwikipediaをご参考に。

※3『**わたしの人生～わが命のTANGO～**』　2012年公開の和田秀樹監督の日本映画。主演に秋吉久美子。認知症と介護生活について苦悩する家族を描いた。なお、『受験のシンデレラ』に続き、この作品はモナコ国際映画祭にて、最優秀男優賞（橋爪功）、最優秀女優賞（秋吉久美子）、ベストアンサンブルキャスト賞、ヒューマニタリアン賞の4冠に輝いたという……。

※4　**モナコ国際映画祭**　2003年から始まった、世界で唯一の非暴力映画を顕彰する「愛と平和と芸術の」映画祭。最優秀の作品には「天使の賞」が与えられる。

オレのために作られた六本木キャバクラ映画?…を六本木で観る

『ハニー・フラッパーズ』

監督＝笹木恵水　脚本＝平山憲司
出演＝坂口杏里、川村ゆきえ、矢吹春奈、森下悠里、岸明日香、紗綾、杏さゆり、水崎綾女

銀座で見る銀座クラブ映画の次は、六本木で見る六本木キャバクラ映画である。こちらのほうがいくらか意味不明度は低い。というのも「**坂口杏里、川村ゆきえ、矢吹春奈、森下悠里、岸明日香**ら豪華グラビアアイドルが共演」ということで、グラビアアイドルがキャバスタイルでおっぱいの饗宴！　となるとなんかの間違いで見に行ってしまう人間もまあいるのだろう、と思えるからだ。なお事務所関係でまとめ売りなのか⁉　とか「ハニー・フラッパーズ」ってユニットを組んでなんかやろうとしてるのか？　とか**そういう大人な事情については何も知りません。**

さて、主人公は女子大生のミカ（坂口杏里）。何事につけてもおどおどした消極的態度で就職試験も連敗中である。今日も今日とて面接で何も言えずに凹んでいるところ、友人の麻衣（岸明日香）に誘われてキャバクラ〈クラブ・ハニー〉に体験入店する。「これも気分転換よ！　ただでお酒飲めるしいいじゃん！」と脳天気な麻衣だが、あっという間に酔っぱらって大失態。高価なワインをひっくり返して台無しにしたあげく「あたしが働いて返せばいいんでしょ！」と啖呵を切って本入店することになってしまう。店に入ってもあいかわらずおどおどしてロクに接客もできないミカの前に、しっかり者の先輩ハナエ（川村ゆきえ）、ナンバーワンの輝きを放つサキ（矢吹春奈）、枕営

業で妊娠してしまう由真（紗綾）らさまざまな夜の蝶があらわれる。彼女たちに揉まれる中で、自分の居場所を見出したミカは、ついにトップを目指して歩きはじめる……！

……という話だと思うやんかー？

これが全然そうじゃないのである。最初こそ、おどおどとキャバ嬢らしからぬ接客をしているミカが「ふーん。きみ新鮮だねー」となぜかモテてしまうという出世物語みたいなものがあるのだが、じきにじきにじきに話の焦点は川村ゆきえ演じるシングルマザーキャバ嬢のほうにいってしまう。夫を亡くしたあと、一人で子供を育ててきたハナエだが、キャバで稼いでいたことを義父に知られてしまう（夫との思い出がフラッシュバックしたりするたるい展開）。乗り込んできたヒステリックな義母は「夜この子を一人で放り出してたなんて！」とわめき立てて子供を連れていってしまう。家に引きこもっていたハナエだが、思いあまって義父母宅を襲撃、子供を奪って屋上に籠城する。そして後輩のミカに電話。

屋上で警察に囲まれるハナエ。

「孫を巻き込まないで！　死にたいなら一人で死になさい！」

と冷酷非情な言葉を投げつけるのは母子のあいだを裂いて顧みない鬼義母。

「この子を殺すはずがないでしょ！　一緒に生きたいだけなんだから……」

そこへ駆けつけたのは職場を抜け出してきたサキはじめキャバ嬢たち。実は〈クラブ・ハニー〉のほうでは他店から引き抜かれてきた亜里沙（森下悠里）がおっとりした外見には見合わぬ強烈な仕切り能力を発揮してたちまち店を掌握、サキはナンバーワンの座を脅かされて内心おだやかならぬ状態だったのである。だが「仲間のためじゃないか！」とハナエのピンチに奮起、店は亜里沙にまかせて飛び出してきたのだった。ビルの屋上で警察とともに所在なげに並ぶキャバ嬢たち。

「ハナエ！」

「なんですかあんたたちは！　そんな破廉恥な恰好で！」

「これはあたしたちの戦闘服なんだよ」

「そんな恰好で男に媚びを売って！　そういうのが子供に悪影響を与えるのよ！」

そこでおもむろにたどたどしく口をはさむミカ。

「みんな、頑張ってるんです。この仕事に誇りをもって。ばかにしないでください」

なぜかそう言われて
「あきらめなさい。わたしたちの負けだ……」と引き下がる義父。こんな騒ぎで引っ張り出された警察の立場は……。


そんなわけでキャバ業に限界を感じたサキは恋人のホストと結婚引退。誇りもってやってるんじゃなかったのかよ！　結婚式帰り、道いっぱいにひろがってバッカルー行進[※1]（西部警察歩きとも言う）でのし歩くキャバ嬢たち。すると向かいからやってくる地味な女が……。

「……あれ、胡桃さんよ！」

伝説のキャバ嬢胡桃（**水崎綾女**特別出演）！**って『ユダ』**[※2]**かよ！**　そんなのオレ以外に誰が覚えてるっていうんだよ！　というわけでどうやらオレのために作られた映画だったみたいだよ、これ……。

※1　バッカルー行進　アメリカのカルトSF映画『バッカルー・バンザイの8次元ギャラクシー』（1984）のエンディングシーンの演出。主人公が一人で歩いていると一人ずつ仲間が合流し、横一列で並んで歩く。
※2　水崎綾女特別出演・『ユダ』　2013年公開の大富いずみ監督の映画『ユダ』については、書籍版『皆殺し映画通信　2014』参照。カリスマキャバ嬢（水崎綾女）が、歌舞伎町でのし上がるサクセスストーリー。

大分と言えば……唐揚げだ！　鶏肉の味がわからない人たちが作った唐揚げ最高！

『カラアゲ☆USA』

監督＝瀬木直貴　脚本＝山田耕大
出演＝高橋愛、浅田美代子、石丸謙二郎、渡辺美佐子、ダンテ・カーヴァー、海東健、中村ゆうじ

「ゆーえすえー」ではなく「うさ」と読みます。USA、すなわち大分県宇佐（うさ）市発のご当地ムービー。監督の瀬木直貴は本書ではすでに『Route 42』[※1]でおなじみ「自然や地域コミュニティーをモチーフにした作品に定評がある」＝**日本中を渡り歩いてご当地映画を作ってます映画監督**。これがなぜか元ハロプロリーダーの**高橋愛**と組んで、大分県の町おこし映画に挑む。大分と言えば……唐揚げだ！

いや知らないけど。なんでも日本でも鶏肉消費量トップを争う鶏肉料理大国・大分県の中でも唐揚げに特化しているのが大分県宇佐市。日本初の唐揚げ専門店は昭和30年代に宇佐で生まれ、今にいたるまでケン×ッキーの出店はないフライドチキン不毛の地だという。そんな宇佐市はUSA唐揚げ合衆国と称して唐揚げで町おこしを狙っているのだった。こんななんの役にも立たない豆知識がさずけられてしまうのがご当地映画のいいところですね！

一陣の風とともに彩音（高橋愛）が故郷の宇佐市に帰ってくる。彼女は唐揚げ専門店「とり一番」のあと取り娘だったが、アメリカ人クックのランディと恋に落ち、駆け落ちしてしまったのである。

それから数年後、ひょっこりと戻ってくると、黒人の娘シャーリーを連れている。

「……おまえ、そんな……」

「違うわよ！　年見ればわかるでしょ。この子はランディの連れ子！　だいたいなんで唐揚げ出すのよ！　嫌がらせ⁉　あたしが鶏肉食べられないの知ってるでしょ⁉」

数年ぶりに帰ってきたと思ったら、しおらしい態度どころかこの逆ギレぶり。そして鶏肉食べられないのかよ！　この映画の前提がすべてひっくり返るどんでん返しなんですがなんなの。これに限らず、**この映画、唐揚げに対する愛がない**、というか食べ物の扱いがいちいち雑というかなんというか。せめて見終わったあと唐揚げ食べたくさせてくれないとダメだと思うんだけどなあ。

そういうわけでなぜか日本語がペラペラな黒人娘、小学校に転入して不安げに見守られてたりするのだが、校庭の隅で相撲を取っているデブ小学生に興味を向ける。その父親（**中村ゆうじ**）は禁断のフライドチキン・フランチャイズを宇佐に開店する。「アメリカン・チキング」はチアリーダーを使った派手な宣伝と安売り攻勢でたちまち大人気。一方、心安らかでないのは彩音の幼なじみである「鳥元帥」の智也（**海東健**）で、というのも駆け落ち以前からずっと彩音のことが好きだったからである。「これからもずっと好きやねん」とか二ケツで乗せた彩音にさりげなく告白するが、彩音には「えー聞こえなーい」とこれ見よがしのスルーをくらう。二人が向かった先はというと唐揚げ商店会議。

「なんでこんなとこ連れてきたのよ！」

「だっておまえ帰ってきたし……」

「わたしはあとを継ぐ気なんかないったら！　だいたい鶏肉食べられないし！」

と鶏肉屋の寄り合いで言ってはならないことを大声で叫ぶ彩音。

「そもそも唐揚げとフライドチキンてどう違うん？」

「そんなことも知らないのか！」

とみんな怒るわけだが、じゃあどう違うのかって誰も答えられないんだよ！　そういう豆知識を教えてくれずして何が唐揚げ映画なのか！　一応智也が
「肉に味をつけて揚げるのが唐揚げで、衣に味がついてるのがフライドチキン……だと思うよ」
と自信なげに言うのだが、それが正解なのかどうかわからないんだよな。**唐揚げ愛がなさすぎんよ～**

打ち上げで出かけたスナック、何を食っても不味いという最悪のスナックで、一同つまみを持参（そこは唐揚げ持ち込めよ！）。だがそんな不味いつまみをぱくぱく食っている彩音の父。

「……お父さん？……」

「……実は父さんは味音痴で、美味いか不味いかがわからないんだ。うちの唐揚げはお祖母さんのレシピをそのまま使って作ってるんだ……」

味音痴の父親に鶏肉嫌いの娘！　そんな中、父親が心筋梗塞で倒れてしまう。唯一の頼りとなるおばあちゃんは、唐揚げを揚げながらなぜか予科練の若き航空兵との淡い思い出を語りはじめる。

「あのころ、唐揚げちうもんを知っとったら、あん人に唐揚げ食べさせてあげたのになあ」

なんでこんな話が唐突に！　と思ったが宇佐は航空隊があって特攻隊が出撃したとかそういう暗い歴史があったんですね。**いやあ勉強になるなあ**。そんな中、ついに毎年恒例カラアゲ・カーニバルの季節がやってくる。宇佐の唐揚げ店総出のお祭りで、観客投票で選ばれた優勝者には「唐揚げ大統領」の称号がさずけられるのだという。ここで優勝すれば「アメリカン・チキング」の鼻も明かせる！　というところで……。

……頼みの綱のばあちゃんが腰をいわして寝込んでしまい、鶏肉を食べられない娘が一人で唐揚げを作らねばならなくなる。もはや倒産待ったなし！　てか彩音の母とか弟とかいるんだけど、あんたらなんで何もしないのか。味見すらできない出戻り娘よりはなんぼかマシだと思うのですが。

だがそこへぬっとあらわれる黒人が。そうランディ！

「カラアゲは得意料理だ」

とか言ってアドバイスをはじめると、彩音も素直に聞いているんだが、ちょっと待て、おまえつい さっきまで
「ほかに女を作って、博打で借金も作って、わたしたちを放り出して逃げたのよ！」

と飲む打つ買うの三拍子揃ったクズ男ぶりをこぼしていたばかりじゃないか！　誘惑されて駆け落ちしてアメリカに行ったら大きな子供がいて騙されたと怒っていたのではなかったのか！　「片栗粉に米粉を混ぜるんだ」とか「魚醤ある？」とか言われただけで許してしまっていいの？　放り出されて一年以上血のつながらない母親に育てられてきた娘も、なんの疑問ももたずに父親になついている。こいつら、本当に一分前のことも覚えていられない鳥頭なんじゃなかろうか……。

そんな女たらしアメリカンに言われるがままに作ったニュー唐揚げ。家族に食べさせると「美味しい！」と大評判。

「彩音、あなたも食べてみなさいよ」

「でも……」

彩音の脳裏に浮かぶのは絞められる鶏の姿。幼いころ、鶏を絞める姿を見せられたのがトラウマで、鶏を食べられなくなってしまったのだった……ってそんな程度の理由だったのかよ！　そのぐらいでいちいちあの逆ギレとは、**わがままますぎてこれっぽっちも同情できません！**

ついにカラアゲ・カーニバルの日がやってきた。こっそり「とり一番」の様子を見に来たランディだが、警察に見とがめられて捕まってしまう（修行途中で逃げ出した師匠のところで悶着を起こしていた）。捕まったランディ。

「アヤネ、アイラブユー」（棒）

「ダディー」（棒）

愕然とする彩音。だがそこで立ちあがった父が！

「粉をまぶせ、ふりはらえ、170度の油につけろ！　おまえの唐揚げを揚げるんだ！　日本一の唐揚げを！」

「そうよ。好きな人を思いながら揚げるのよ！」

なんだかわからないままに盛り上がる彩音だが、ランディからの教えだけは守って
「油は172度やけ！」

この2度の差が肝心なのだった。一家みんなで応援してどんどん売りまくる！　ニートな弟も応援！　いや声出すだけじゃなくて、揚げるの手伝えよ！　彩音と年端もいかない娘二人に作らせるんじゃなくて！　そんなこんなでイベントも無事終了しました。

「かつて宇佐からは特攻機が飛び立っていきました……唐揚げが平和の使者として世界に飛び立つことを願い、今年の唐揚げ大統領を発表します。優勝は……〝鳥元帥〟！」

やったあ！　と喜ぶ智也。「とり一番」は第二席「唐揚げ首席補佐官」を獲得しました。

「首席補佐官」になって客が引きも切らない「とり一番」。だが彩音は旅立つ準備をしていた。シャーリー、ランディとともにアメリカに帰るのだ。ランディ（結局容疑は晴れた）と一緒に空港行きのバスに乗る彩音。最後に思いを伝えようと自転車で走る智也。どうでもいいけど別れの場面がバスターミナルってものすごくわびしいので、そこは嘘でも駅か大分空港にすべきだったと思うなあ。ほんとうにこの男についていっていいのだろうか……といまさらのように悩みはじめる彩音。いや遅いと思うのだが。

「これまでのことは反省したし、心も入れ替えるよ！　愛してるよ」

とどう見ても信用できない感じでかき口説くランディ。

「どうしたら信じてもらえるの？」

「それはあなたが考えることよ」

うわ、そこで相手に投げるのかよ！　いちばん最悪なのやっぱりこの女なんじゃね？　ということで鶏肉の味がわからない人たちが作った唐揚げ最高！　という映画でした。

※1 瀬木直貴・『Ｒｏｕｔｅ 42』　１９６３年生まれ。映画監督。映画製作会社ソウルポートプロダクションを２０００年に設立後、各地のまちづくりアドバイザーもつとめながら、映画監督としても活躍。同監督作品である『Ｒｏｕｔｅ 42』については本書Ｐ８７参照のこと。

ギャアアアア！　これぞ楳図マジック！
その謎には先生本人も含め誰一人答えられないだろう

『マザー』

監督＝楳図かずお　脚本＝楳図かずお、継田淳
出演＝片岡愛之助、舞羽美海、真行寺君枝、諏訪太朗、中川翔子

最初に書いておくが、この映画、まったく意味がわからない！　これはぼくの理解力に問題があるのではなく、たぶん誰が見ても何ひとつわからないはずである。根本的に筋が通っていないので、理解しようとしてもするだけ無駄だ。だけど、じゃあつまらないのかというとそういうことではなくて、不条理な悪夢のように頭から離れないというか、脈絡がないまま怒濤のクライマックスに雪崩れこむあたりに楳図漫画の呼吸を感じるというか。どこからどこまでも無茶な映画だとはいえ、楳図かずお[※1]初監督作品に珍品以外のものを求める人はいなかろう。その期待には見事に応えてくれる**今年最大級の珍作である。**

楳図かずお（**片岡愛之助**）の仕事場に編集長（**諏訪太朗**）が新人編集者さくら（**舞羽美海**）を連れてやってくる。子供のころから楳図漫画の大ファンだったさくら、緊張して顔もあげられないガチガチぶり。諏訪にうながされておずおずと企画を切りだす。

「わたし、先生の生い立ちを本にしたいんです。独特の感性が何に由来するのかを知りたいんです！」

「ぼくのことなんか誰も興味持たないと思うよ」

と言いつつも悪い気はしない楳図、さくらのインタビューを受けて生まれについて語り始める。

「ぼくは高野山の山奥の生まれで……」楳図は父から夜な夜な妻が抜けだすという怪談を聞かされたこと、母イチエ（**真行寺君枝**）が死の間際に「わたしの葬式の夢を見たわ……高野山にもまわってきたの……お礼参りに……」と夢の話をしていたことをさくらに聞かせる。さらにイチエが死の間際に手に何者かの髪の毛を握りしめていたこと。楳図はその黒髪を今も手元に置いてある（これ、問題のひとつはイチエが死んだのが何年前なのかまったくわからない、ということである。たぶん楳図＝片岡愛之助は30年くらい同じ容姿のままなんだと思うが）。

生い立ちをさらに取材しよう！ と思い立ったさくらは単身高野山、楳図の生まれ故郷に出かける。車が故障して山道を歩いていると、見事な滝の前に出た。するとそこで水浴びをしている美少女がいる。そこへやってきた渡りの猟師、美しい水浴姿をスケッチしてヌードを描く。そしてその絵を見せて少女を脅迫し、襲いかかろうとする。見るに見かねたさくらは猟師を引きはがそうとするが、振り払われる。だが格闘の中で銃を奪い取った娘は猟師の右掌を撃ち抜いた……はっと夢から覚めると、さくらは楳図のふるさとの村にいた。さくらはイチエの妹を訪ねてきたのだが、妹はすでに亡くなっており、その息子（甥っ子）とそのまた娘が家の前に棒立ちで歓迎してくれる。この映画、人が三人以上居る場面では棒立ちだらけになるんだけど、それは作家性ということで。囲炉裏端で（これは現代の話である！）甥っ子はイチエにまつわる悲劇を語る。

孤独でプライドの高い子供に育ったイチエはいつも一人で滝で水浴をしながら自分の裸体に見惚れていた。だが、そんなあるとき、イチエは渡りの猟師に襲われる。相手の銃を奪って右手に傷を負わせたイチエだが、小さな村には傷物にされた身を嫁にもらおうとする者はいなかった。しかたなく学校教師のもとに嫁がせたのだが、男狂いとなったイチエは子供ができたあとも夜な夜な村を徘徊して男遊びをくりかえしていたという。つまりさっきさくらが見た夢は……ということなのだが、幻覚の中ではっきりさくらは過去に関与してるんだよ。あれが現実なのか幻想なのかさっぱりわからない。**これが楳図マジックという奴だ！** あ、そう言えば父が語っていた怪談は……そしてついでながら楳図は昔絵を描いているときにまちがえて右掌をペンで突き、黒い傷を作ってしまった。それはいまではほくろとなっている。

翌日、娘の案内で、幽霊屋敷と化しているイチエの旧居を訪れるさくら。一人家に入ると中から少女の泣き声が聞こえてくる。大丈夫よ……と声をかけながら（なぜか暗視ビデオをまわしながら）近づくと、振り向いた少女の顔は！　ぎゃあああああ〜と必死で逃げるさくらだがついに追いつかれ……。


東京の楳図は急報を受けて病院に駆けつける。実家の近くで倒れて錯乱状態になっていたさくらが発見され、病院に運ばれたというのである（近くには娘の死体があった）。楳図は高野山にいた親族や村人たちが次々に襲われていることを知る。もしや「お礼参り」とは本当に復讐のことなのでは？　母は死ぬ前に霊となって未来の自分たちに復讐してまわっていたのではないだろうか？　このままだと自分のところに来る！　と騒ぎはじめた楳図を医者は取り押さえ、鎮静剤を注射する。

ギャアアアアア！（楳図見開き絶叫な感じで）

……そして楳図が目覚めると、脳に電極をつけられ、ベッドに拘束されている。不安そうに覗き込んでいるのはさくらと編集長。

「安心してください。これまでのすべてはあなたの思い込みです。それが証拠に楳図さんが寝ていた三日間、何も事件は起こっていません」

「そんなことはない！　母は本当に甦ってきて襲ってるんだ！」

「ちなみに弟さんはあっちでお祓いをしていますが、わたしども心理学者はそんな非科学的なことは……」

だがそのお祓い中の坊主を霊が襲う。一方病院では母の霊は看護婦（特別出演**中川翔子**）に乗り移って楳図を襲ってくる。楳図、間一髪のところで右手を突きだす。ぎゃあ！　と相手が怯んだところでさくら（ちゃんと赤白縞のボーダーを着替えに持参している。できる女だ）の手を借りて霊を撃退。家に戻って母との戦いの準備を整える。何をするかと言えば楳図絵の美少女の大量コピー。「実は今まで言ってなかったが、母はぼくが描く美しい女性の絵を怖がっていたんだ！」知らないよ！

「きみが殴ったら傷を負っていただろう。もう母は実体化している。戦うしかない！」

車で一路西へ向かう二人。着いたのは野迫川村の小学校。父と母の出会いの場所だ。母はここに来るに違いない！

「♪宵闇せまれば～悩みは果てなし～」

と歌いながら追いかけてくる母。**怖いのか暢気なのかわからないがそこが楳図漫画だ。**教室中に美少女の絵を貼り、蜘蛛の絵（これはたぶん楳図さん自身が怖いもの）をばらまいて待ち構える二人。向かい合って

「愛してる」

「愛してます」

いつからそういう関係になったんだよ！　とか突っ込むことすら許されぬ圧倒的クライマックス感の中で母は廊下を這いずってせまり「わたしは男狂いなんかじゃないあの人を探していただけなのでもどこにもあの人はいない」と訴えそのとき学校を大地震が襲い奈落への穴があいてさくらが落ちてそのとき手を伸ばしたイチエは……。

……翌朝、二人は病院の屋上で倒れていた。弟は命が助かり、さくらはおどおどしたファン気質に戻って漫画編集者をやっている。小学校は地震で崩壊したらしい。いやそれで何がどこまでどう誰の妄想だったのか、誰か教えてくれないか!?　だがその問いにはおそらく楳図先生本人も含め誰

一人答えられないのであろうなあ。

※1 **楳図かずお** 1936年生まれ。漫画家、タレント。1966年に『週刊少女フレンド』に連載した『ねこ目の少女』、『へび少女』などで人気を博し、恐怖漫画の第一人者となる。『週刊少年サンデー』を中心に作品を発表。代表作に『漂流教室』、『まことちゃん』、『わたしは真悟』など。その独自の世界観や恐怖描写に魅了されるものは多い。タレントとしても活躍。トレードマークの赤と白のボーダーの服は『ウォーリーを探せ!』よりも早くから着用。新築した自宅の外装も赤と白のボーダーとしたため、地域住民とのあいだで軋轢が生じた。

「もう限界だよ」……それはこっちのセリフだ！
この陰謀、何ひとつ成立してないじゃないか！

『風邪〈FUJA〉』

監督＝橋本以蔵　脚本＝木田薫子、橋本以蔵、三上幸四郎　スキャット・主題歌＝八代亜紀
出演＝小西真奈美、窪塚洋介、和田哲史、クリス・ペプラー、秋吉久美子、柄本明

202

「風邪」と書いてFUJAと読む。『軍鶏』[※1]などで知られる漫画原作者にして『AKIRA』[※2]、『漂流教室』[※3]の脚本家である橋本以蔵の監督作品。そのコネなのかなんなのか、無駄に豪華なキャストが集まったこの映画、「極秘裏に開発された特効薬をめぐる利権争いに巻き込まれていく女性の姿を、小西真奈美の主演で描いたサスペンス」とか書いてあるんでメディカルサスペンスかなんかだとみな思うことだろう。ところが見てびっくり活躍するのは**小西真奈美**でも**クボヅカ**でもなく**柄本明！　シリーウォーク[※5]する柄本明！　踊る柄本明！　叫ぶ柄本明！　と柄本明の魅力満載でお贈りする柄本映画なのだった。**どうしてこうなった……。

映画がはじまると死体安置所に安置されているやけにグラマーな老婆の死体が映る。そこにかぶさる八代亜紀のスキャット。なんだこれ。舞台は転じてどこかの廃棄物処理場。バイトで働いている日村紀久生（クボヅカ）はしつこい風邪に悩まされてゲホゲホやっている。たるんでんじゃねえぞ！　と怒る先輩バイト、いや契約社員。

「バイトのくせに、契約なめんじゃねーぞ！」

仕事を終えると近所のカラオケスナックへ。店の美人ママ桜子（小西真奈美）は東京からの出戻

りで、昭和歌謡のデュエットには付き合わない面倒な女だ。その店で風邪が悪化してばったり倒れるクボヅカ（カール・ツァイスの顕微鏡※6をいつも持っているので高校時代のあだなは「カールくん」）。真奈美はさっそく部屋に運んでかいがいしく看病する。店も閉めたっきりで毎日「今日も風邪が治らないので休みます」とか電話してくるわけで周囲からは「店閉めてやってんじゃねえのかあの二人」とか言われてるわけですが、決してそのようなことはなく、ときどきクボヅカが小西真奈美に抱きついておいおい泣くとか、小西真奈美が自分の着ているものを洗濯しようと脱ぎかけた瞬間にクボヅカがあらわれて、じっと見つめ、意を決して真奈美が脱ぐとそのままスルーして蒲団に戻るという真奈美やる気まんまんじゃねーか、というシーンがあるくらい。

実は真奈美はシングルマザーで、心臓疾患で病院から出られない息子がいた。父親は何かの（この映画、細部がたいへんざっくりしている）NPOで働いている男津田。

息子の見舞いに来て「おまえ、男引き込んでんだって？」と嫌らしい笑いを浮かべる津田。

「津田と結婚したことに悔いはない」

「……離婚したことにも」

風邪が治らないクボヅカ。真奈美に連れられて病院に来ると

「入院したいんです。ぼくのウィルスをDNAシークエンサーで見てもらえませんか」とあからさまに不審なことを言いだす。だが風邪の権威であるという高名な医師一ノ瀬（柄本明）は何事もなかったかのようにスルー。

その夜、ベッドを抜けだすと研究室に入り込み、慣れた手つきで自分のウィルス検査をはじめるクボヅカ。こいつはいったい何者だ!?　その夜、クボヅカは病院から姿を消す。

電車を乗り継いで国際展示場前まで来た真奈美。駅前のベンチに廃棄物処理場でのクボヅカの上司、道元部長（**クリス・ペプラー**）、一ノ瀬医師が互いに尻を向けて座っている。「見逃すとはどう

いうことだ」とかなじられる真奈美。そう、真奈美は道元の命令で、クボヅカの監視をしていたのである。ひときわ妙ちきりんなアクセントで事情を説明する柄本明。

「二十年に一度の天才と言われた—日村は—すべての風邪に効くという万能のワクチンFUJAを開発したが—、実験データをもって逃亡した—」

クボヅカの風邪は柄本明がとくにデザインした感染力は弱いがしつこい風邪なのだという。つまり、こいつらどうしても治せない風邪に感染すればしかたなく万能ワクチンを開発するだろうと考えて、クボヅカを泳がせていたのだ。いやそんなのさっさと捕まえて連れもどそーぜ。事情を知らなかった真奈美。

「わたし、風邪薬のために体はってたの⁉」

だが息子のため（心臓疾患なので、風邪を引くと合併症で死の危険がある！）に心を鬼にする真奈美！

「これを成功させて、契約じゃなくて正社員になる！」

それが目標なのか真奈美！　バイト差別の件といい、この映画やたら就職のことばかり気にしているような……一同解散。柄本明はなぜか妙な歩き方で帰っていく。なんでそんなところで一人でシリーウォークしてるんだよ！　**もうここらへんでクボヅカなどどうでもよくなって気になるのは柄本明のことばかり。**


スナックに帰ると津田が入り込んでいる。

「日村はどこだよー」

津田もまた万能ワクチンFUJAを手に入れようとしていたのだった。

「俺たちはNPOだからあいつら製薬会社と違って金のためじゃない。オレによこせ」

と言いながら真奈美を襲う津田。こんな奴の言葉、何も信用できないよ！　だが真奈美が突き飛ばすと、倒れた津田は打ち所が悪くて即死。

「……またしても津田がわたしの人生に割り込んできた……」

とか言いながら死体を捨てに行く真奈美。ちょうど埋め終わったころ、クボヅカ上司から電話があった。

「一ノ瀬が裏切って日村を監禁している。おまえは一ノ瀬の行きそうなところを探せ」

病院で息子を緊急事態に陥らせ、「一ノ瀬先生を呼んで！　行きそうなところを教えて！」と迫る真奈美。息子のためじゃなかったのかよ！　いろいろ酷いが、それで看護婦から研究所の場所を聞きだしたらしい。**個人情報保護？　それなんのこと？**

自然光だけで撮っているせいで真っ暗で顔も見えないような研究所の駐車場。そこにはクボヅカ上司の死体が！　はっと気づくとライフル銃をかまえている柄本明！

柄本の地下室に連れ込まれると、そこには衰弱しているクボヅカ。柄本明の独演会がはじまる。

「金じゃない。今度のクライアントは思想がある。しそーのあるクライアントに！」

それ津田のことだったら死んでますよ……と言う真奈美。

「ならばかまわない科学のためだ！　ほらワクチンを造れ！」

「どうして造らないのキク（←クボヅカのこと）！」

しかしクボヅカは真奈美が柄本明やクリス・ペプラーとつるんでいることは知らないはずなのに、なんでここで驚かないのであろうか。ひたすらぼーっとしてるだけ。柄本は勝手に暴走し、クボヅカは素のまま。橋本以蔵は何もしていない。

真奈美の説得に負けたのかついに口を開くクボヅカ。

「陰のあるところ陽がある」

「ウィルスとワクチンのことか……！」

「違うよ馬鹿。陰を極めれば陽になる……風邪ウィルスを総体にして……複雑系……」

とかなんとか言いながらよくわからない数式を書くクボヅカ。それを見た柄本明。

「……神の業だ！」

「ただの風邪薬だよ」

「……複雑系……波動……」

と何やらスピリチュアルに感じはじめた柄本明、オフィスのスピーカーを分解してスピーカーの上に温床を置く。音楽を流すとワクチンが振動で踊りはじめるではないか！　一緒に踊る柄本明。柄本、歓喜の踊りである。ついにＦＵＪＡが完成した！

柄本はＦＵＪＡをクボヅカに注射する。成功だ！　だがクボヅカが治ると、柄本、今度はいきなりクボヅカにライフルを向ける。

「おまえ、わたしを見くだしただろ！　天才だからって」

「そんなことないよ」

「わたしは嘱望されていたんだ！　かつては！」

よくわからないままに絶望のあまり絶叫してライフルを口にくわえて自殺する柄本！

「もう限界だよ、もうどうしたらいいのかわからないよ」

と真奈美。**それはこっちのセリフだ。**だがポジティブな考えを捨てない真奈美、残されたＦＵＪＡを持って逃げる！

追ってくるクボヅカ。なぜか森の中に立ってフードをかぶりニヤリと笑っているというホラー演出。走って逃げてもなぜか目の前にいてニヤリ。なんで襲ってくるんだよ、クボヅカ。そしてついに二人は向かい合って抱き合って天から光がさしてきてキス。ついでにクボヅカの脳内には母（**秋吉久美子**）との思い出がフラッシュバック（ちなみにここまでクボヅカいっさい口きかないので何考えてるのかさっぱりわかりません）。

真奈美「一緒に幸せになろうよ」

と思うや真っ赤に染まった腹を抱えて仰向けに倒れるクボヅカ。真奈美が甘いセリフを口ばしりながら刺したのだった。さっきのキスはハニートラップだったのか⁉　奪った薬を息子に注射し、これで風邪は引かない……と胸をなで下ろす真奈美。そのついでにクリス・ペプラーのところに薬を持っていく。

「これで正社員にしてくれる？」

「ふざけんな。てめえ警察に追われてるだろ。そんな人間を正社員にできるわけないだろ！　とりあえず東京博多の新幹線切符50枚分。金券ショップで交換しなさい」

なんなんだこの正社員へのこだわり。そしてどうでもいいところが細かいのは橋本以蔵のこだわりか。そのクリス・ペプラー、話しながら延々とスマホでパンチラ写真を見てるというギャグ。

契約くんからクボヅカが生きて帰ってきたと聞いた真奈美、処理場にかけつける。

「今、幸せ？」

おまえが刺したんじゃねーのか！　どの口で言っとるんやー。と見るとクボヅカ、口からよだれたらたら流して幸せな感じになってる。はっ副作用！　そう、ＦＵＪＡには実は重篤な副作用があり、それゆえにクボヅカは封印していたのだった。クリス・ペプラーら陰謀家たちはそのことを知っていながら黙って真奈美に薬を探させた。いやちょっと待て、注射したらくるくるパーになるって知ってたら、変な風邪引いたぐらいでそんなワクチン造らないだろ！　最初にそのことに気づけよ！　**この陰謀、最初から何ひとつ成立してないじゃないか！**　クボヅカは「キュリー夫人になりたくて息子に化学を叩き込んだ」母をＦＵＪＡの人体実験で殺してしまい、遁走していたのだった。

「教えたでしょ。科学者の心得その一よ。最初の被験者は身内にしなさい！　わたしに人体実験するのよ！」

って『華岡清洲の妻』[※7]かよ！　その心得一番目から間違ってるよ！　そして冒頭に戻ってその死

体の前に立ち尽くすクボヅカ。死体が立ちあがって全裸の秋吉久美子（ＧＩＬＦ）※8とクボヅカが抱き合ってダンス……クボヅカと秋吉久美子は脳内で末永く幸せに暮らしましたとさ……突っ込みどころだけのつもりが凄すぎて粗筋最後まで書いちゃったよ……あっ真奈美の息子のこと忘れてた！

※1『軍鶏』　１９９８年から双葉社『漫画アクション』と講談社『イブニング』に連載されている橋本以蔵原作・たなか亜希夫画の格闘コミック。この作品、途中で長い休載があり、どうしたものかとファンをやきもきさせていたが、どうやら原作の権利を巡って訴訟が起きていた模様。作画のたなか亜希夫は橋下以蔵の原作について「連載当初に大ざっぱなあらすじが書かれた原稿しか出しておらず、ストーリーやキャラクター設定、セリフなどすべて自分がおこなった」とサンケイ新聞に対して答えている。そのため途中から原作に橋下以蔵の名前は消えている。２００８年に映画化されているが、こちらの脚本は橋下以蔵。

※2『ＡＫＩＲＡ』　１９８８年公開の劇場アニメ映画。監督は原作者の大友克洋。橋下以蔵は大友と共同脚本を担当している。２０１９年のネオ東京を舞台にした近未来ＳＦは独自の世界観とストーリーにより、コミックとともに海外でも高く評価されている。

※3『漂流教室』　１９８７年公開の楳図かずお原作の映画。監督は大林宣彦、脚本は橋下以蔵。なお、この『漂流教室』は１９９５年にアメリカでリメイクされてもいる。

※4 橋本以蔵　１９５４年生まれ。日本の脚本家、映画監督。『スケバン刑事』の脚本を皮切りに数多くのテレビドラマの作品を手掛ける。所十三原作のコミック『名門！多古西応援団』の劇場映画から監督デビュー。コミックの原作も手掛ける。脚本家として活躍中だが、本作品『風邪〈ＦＵＪＡ〉』は『陽炎２』（１９９６）以来、13年ぶりの監督作品となった。

※5 シリーウォーク　イギリスＢＢＣテレビのコメディ番組『空飛ぶモンティ・パイソン』の「バカな歩き方省」というショートコントに出てくる歩き方。

※6 カール・ツァイスの顕微鏡　１８４６年創業のドイツの光学機器製造会社カール・ツァイス社は、天体望遠鏡、顕微鏡、眼鏡、光学照準器、カメラなどの機器のメーカーとして有名だが、もともとは顕微鏡の製造メーカーである。

※7『華岡清洲の妻』　有吉佐和子の１９６６年発表の小説。およびそれを原作とした増村保造監督の１９６７年の劇映画。舞台やテレビドラマでもおなじみの作品。蘭医学を学ぶ外科医華岡青洲は、世界最初の全身麻酔による乳癌手術に成功している。しかし、その陰には人体実験に協力した姑と嫁の愛憎の物語があった。

※8 ＧＩＬＦ　Grandma I Love to Fuckの略。「やりたいくらいセクシーなお祖母ちゃん」の意味。

四十越えた自主映画おっさんが一念発起！
真に作りたかったヒーロー映画を作った

『拳銃と目玉焼』

監督・脚本・照明・撮影・編集＝安田淳一
出演＝小野孝弘、沙倉ゆうの、矢口恭平、紅萬子

世の中にはいろんな映画がある、というのを常日頃から訴えているわけですが、そういうぼくもまだまだ知らないことは多い。日本は広い。知らない映画は多い。「京都でビデオ撮影業を営む男性が自主制作した新感覚ヒーロー映画」「8万円のカメラと750円のライト、約3・5人のスタッフで撮られたヒーロー映画」である。タランティーノとロバート・ロドリゲス[※1]は世界の貧乏な映画バカに勇気とインスピレーションを与えてくれた。**映画学校に行っていなくても、たとえ金がなくても映画は作れる！**

そういうわけで四十越えたビデオ撮影業の自主映画おっさんが一念発起、真に作りたかったヒーロー映画を作ってしまったわけである。いやこういうのは嫌いじゃない。他人の金をあてにして綺麗事で作る「地域活性化映画」[※2]なんかよりはずっと好感が持てるし、一人でなんでもかでもやってしまうフミキ主義も圧倒的に正しい。こういう無駄な情熱の空回りを待っていたのである。で、それを前提で言いますけど、この映画全然悪くないです。ぼくはたいへん好感を持ちました。役者もスタッフ（というか安田さん約一名だけど）もたいへん頑張っており、嫌いになれない。情熱だけで作った映画なんで、ごくごくシンプルなお話なんだけど、役者は全員達者で不愉快なく見られる。

喫茶ノエルの常連客である新聞配達の志朗（**小野孝弘**）は、毎朝来ては「いつもの……」と目玉焼きを注文してゆく内気な中年男である。実は看板娘のユキちゃん（**沙倉ゆうの**）にホの字で、それは常連客のタクシー運転手やママ（**紅萬子**）ら全員承知なのだが、あえて触れないでいる生暖かい関係だ。ある日、自宅への帰り道、志朗は不良のオヤジ狩りに出くわす。なけなしの勇気をふりしぼって飛び出した志朗だがたちまちボコボコに。だが狩られていたはずのオヤジが自作の空気銃で応戦（おっさんそれ違法なんじゃ……）、助けてくれる。

不甲斐なさにいたたまらずそのまま消えた志朗だったが、翌朝老人はノエルにやってくる。バルブ工場を経営しているという老人は、旋盤でいろいろ武器を作ってしまう明るい暴走老人だったのだ。一緒にオヤジ狩りをとっちめよう、と言われた志朗はバイク用のプロテクターを購入。老人が囮になって襲われたところで志朗が助けに入る計画だったが、もちろん志朗はコケ、老人はボケ、あわや大失敗……になりかけるのだがなんとかかんとか敵を撃退。ひそかな夢だった正義の味方活動に浮かれる志朗であった。

そのころ、バイトを終えたユキは化粧を整えて夜の町へ出かける。向かう先は……ラブホテル！

「マリアでーす。入りまーす」ユキちゃん、なんとデリヘル嬢だったのだ。仕事を終えて帰るとそこには彼氏（**矢口恭平**）が。

「清掃の仕事、やめてきた……一生こんなことやるのかと思うとうんざりして……このくらいの金、パチンコなら一日で稼げるし……」

「もうパチンコはやめるって約束したでしょ！　だいたいもうすぐ今月の返済日じゃない……」

そう、ユキちゃんは闇金に借金作って逃げ回っているパチンカスというダメンズ彼氏のためにデリヘルで働く共依存彼女なのだった、あー……。

そんなこととは知らない志朗、ウキウキで自警活動の準備を整えている。アマゾンでモトクロス用プロテクターを購入すると、老人の工場に通って改造にいそしむ。スタンガンにヒントを得て電撃ショックつきプロテクターを製作し（捕まえられたときに電気ショックではねとばすというあくまでも後ろ向きな発想）、さらにメットをふたつ組み合わせて顔を完全に覆う黒いヘルメットに目をつけて……**自主工作への邁進ぶりに『タクシードライバー』[※3]魂がビンビンでたいへん好ましい。**どんな映画でもタクドラ魂があれば正しいのだが、この映画の場合、元々がワンマン自主映画だからこういうところがやたらと泣けるんですね。工場で作業中、ふと見るとそこに老人の試作したパチンコ玉を撃つ空気銃が……（じ、銃刀法……）。

一方、金も返さずパチンコで遊んでいるダメ彼氏、すかさずウシジマくん[※4]に捕まって事務所に連込こまれる。

「おまえ、芝居やってたんだって？」

「は、はあ……」

「じゃあいいとこ紹介してやるから働いて返せや」

と言って連れて行かれた先は

「世の中には二種類のバイトしかない。格好いいのと良くないのだ」

とか言ってる。いややりたいことはすごくわかるんだけどいかんせんいろんなものが足りないなあという感じのセリフを吐く男で、デスクがずらりと並び、電話帳と携帯電話が置いてある。はいつまりそういうことですね。「いやあ就職決まったんだよ〜」とか言ってケーキを買ってくるダメンズだが、ユキちゃんはどうも善からぬものを感じ取っている。

悪いことは重なるもので、ノエル常連のタクシー運転手が競馬で穴を当てた勢いでデリヘルを呼んでしまう。「えーとじゃあマリアちゃんで！」

……。

翌朝、いつものようにノエルに来た志朗はユキちゃんが突然やめたと知らされる。そして残酷な真実も。一応自分でもマリアちゃんを呼んでみて愁嘆場を演じたりするのだが、そこらへんは省略、というか安田くんの美点は何よりタクドラ魂にあるのであって、こういう芝居どころはいろいろ恥ずかしい。だからさ、こうなったら最後はあれしかないだろ？　娼婦になってる女の子を救うために武装して乗り込むんだろ？　早く色々面倒なのすっ飛ばしてそこへ行こうぜ！

さてその後ダメンズ彼氏が改心してオレオレ詐欺をやめようと思ったはいいが行きがけの駄賃で金を奪おうとか考えたせいでとんでもないことになって、ユキちゃんは捕まってレイプされ、でも下着にもならないのはどうかと言いたいところだが自主製作映画だからなあ。ダメンズもとっ捕まって絶体絶命。そこで！　ついに！　**処刑ライダー**[※5]**がやってくる！**　青い光を逆光に背負って仁王立ちというエイティーズ感覚バリバリのあれ。うん、まあ、自主製作映画のいいところだけ感じられる楽しい映画でした。

※1 ロバート・ロドリゲス　1968年生まれ。アメリカの映画監督。学生時代から自主制作映画で名をあげ、新薬の臨床実験のバイトでつくった費用で、自主映画『エル・マリアッチ』（1992）を製作。これをセルフリメイクした『デスペラード』（1995）で商業監督デビューを成し遂げる。荒唐無稽な武器を使ったアクションシーンやB級なストーリー展開で通を唸らせる。タランティーノとは盟友ともいえる間柄で、『グラインド・ハウス』では2本立て映画を模した協同作品『プラネットテラー』（2007）を発表している。

※2 フミキ主義　映画監督渡辺文樹のこと。1953年生まれ。自ら監督と主演、さらには脚本、製作、撮影、編集、音楽を担当した『家庭教師』（1987）で注目を浴び、以降も『島国根性』（1990）、『ザザンボ』（1992）、『腹腹時計』（1999）などタブーに切り込んだ作品を自主上映し続ける。そのほとんどは監督と主演兼務で、配給も自らがおこなっている。宗教、知的障害、天皇などを取り扱った作品が多く、また犯罪行為スレスレの内容も多く、そのためその作品のほとんどがDVD等で観ることができないばかりか、上映場所もほぼ公民館などを使った自主上映である。柳下毅一郎評して曰く「現代の巡回興行師」『興行師たちの映画史』（青土社）より。最近作は『金正日』（2010）。

※3 『タクシードライバー』魂　1976年公開のマーチン・スコセッシ監督のアメリカ映画『タクシードライバー』では、主人公は大統領候補を暗殺する際に、海兵隊あがりのノウハウを駆使して武器を改造したり、様々な隠し武器を孤独に体に仕込んでいくシーンがある。

※4 ウシジマくん　2004年から小学館の漫画雑誌『ビッグコミックスピリッツ』で連載されている、真鍋昌平作『闇金ウシジマくん』から転じて、闇金の借金取りの意味。同作品は、2012年と2014年に劇場映画として公開もされている。

※5 処刑ライダー　1986年公開のチャーリー・シーン主演のアメリカのアクション映画。監督はマイク・マーヴィン。黒のライダースーツにヘルメットの男の背景には青白い光、そして暗闇には黒の最狂マシーン、ターボ・インターセプターを従えている……というのが、この映画のポスターをはじめとするメインビジュアルイメージ。

214

驚異の瞑想タイムつき映画！
スールキートスの二十一世紀日本のエクスプロイテーション映画最前線

『シャンティ デイズ　３６５日、幸せな呼吸』

監督・脚本＝永田琴
出演＝道端ジェシカ、門脇麦、村上淳、ディーン・フジオカ

さてこの映画、道端ジェシカ[※1]主演のヨガものという知識だけで「おいおい……」と思っていたのだが、見に行ってみたら配給：スールキートス[※2]であった。**またしてもスールキートス映画！**　やはりスールキートスこそ二十一世紀日本のエクスプロイテーション映画最前線[※3]であったか……と思って見て二度驚いたのだがこれほとんどエクスプロイテーション映画の王クローガー・バブの『Secrets of Beauty』[※4]（劇中でいきなり登場人物がメイクのやりかたを説明したり、美容体操をはじめたりする奥様向け美容映画）を彷彿とさせる前衛エクスプロイテーション。**ここまでやるなら劇場でヨガマット貸し出しサービスとかすればよかったのに！**　木幡さんマジで尊敬してますよオレは。全国２００万のヨギー感涙の映画とは？

主人公は青森のリンゴ園から「わくわくキラキラしたもの」が欲しくて原宿にやってきた海空（みく）演じるは**門脇麦**……って『愛の渦』[※5]で地味少女をやってた娘ですね。今度は都会に憧れる青森弁バリバリの田舎娘。母親との会話は全部青森弁なんで、そこは字幕まで入る。そういう意味では演技は達者なんでしょうが、記号的にステレオタイプな田舎者演技でなんだかなあ、という感じ。しかも空気が読めず自己中心的で他人に迷惑をかけまくる好感の持てない主人公ナンバー１なのだが少女漫画的には、というかスールキートス的にはそれでかまわないのである。これぞ「そのままのきみでいいよ」主義。

で、お金を貯めて東京に出てきた主人公、テレビで見たモデル兼ヨガインストラクターのｋｕｍｉ（**道端ジェシカ**）に「この人……本当に人間!?」と一目惚れ。ヨガ教室におしかけて追っかけとなる。ちなみにｋｕｍｉは雑誌の表紙をかざり、自前のヨガ服ブランドも立ち上げる計画があるというスーパーセレブ。ふうん。当然寄ってくる海空のことも「あの子……ストーカー？」と警戒している。いや実際海空はまがいではなく本物のストーカーで、スタジオで出待ちしたり、行きつけのバーＳｏ Ｈａｍに張り込んだり（**村上淳**演じるゲイのマスターがヨガ教室に通っていることを利用して店を突き止める狡猾な手口……）。だがそんな彼女が数日姿を見せなくなる。ｋｕｍｉもなんとなく気になる様子。数日後、全財産をかかえてあらわれた海空。「どうしたの？」と問うｋｕｍｉにこの三日ほどのできごとを語るのだが……。

自分がブスなので物事がうまくいかないんだと思った海空は、美容整形を受けようと銀座の整形外科前に立っていた。だがいざとなると入るふんぎりがつかないでいる。そこに通りかかったイケメン。そのままナンパされて

「三年かけて88万円も貯めたの？　きみ、すごい頑張ってるんだね」

とかなんとか言われてその気になって、気がつくと朝になってチュンチュンと雀の声。まあ『愛の渦』だからこのくらいはね。だが起きると彼氏はいない。は、と思うと枕元にあったテレビがない。ミニコンポもない。冷蔵庫もない。洗濯機もない！　……いやいやいや……もちろんクッキーの空き缶に入れておいた88万円もない。タンス預金かよ！

「はじめてだったのに！　東京はおっかねえよ～」

今どき寝てるあいだに家財道具を運びだす泥棒がどこにいるんだよ！　まあそんな与太話にも突っ込まないｋｕｍｉである。そのまま海空をスタジオに連れ込んでヨガのレッスン。

「いいこと、息をゆっくり吸って。空気のエネルギーを取り入れて、不要なものを息と一緒に出して〜」

おおスピリチュアル。

「ほら顔色良くなった！　さっきと全然違う〜」

というわけで元気を取り戻した海空を「じゃあうちに来る？」と誘うｋｕｍｉ。ストーカーを誘うとは何を考えているのか。案の定「一晩だけね」の約束でソファで寝かしてやったはずが、たちまちのうちにｋｕｍｉの家を占拠して「わあー、片付いてないっていうかー」などと天真爛漫に（言い換えれば傍若無人に）家をのっとりｋｕｍｉの服をわがものにして着たおし、毎日青森料理の朝ご飯を用意するしであっという間にルームメイトになってしまう。なぜｋｕｍｉがこんな女を受け入れて、ラブラブ光線を送り続けているアッシーのカメラマンアッシ（**ディーン・フジオカ**……この人って『I am ICHIHASHI 逮捕されるまで[※6]』とか作ってた俳優兼監督じゃねーのか!?）を無碍にしてるのかさっぱりわからない。ｋｕｍｉが自分の誘いを無視して権力と金のあるオヤジと食事に行くのを見たアッシは凹み、そこで空気を読まない海空に「あー運転手の人だ」と言われてついにあきらめ、ｋｕｍｉの後輩の誘いに乗ってしまうのであった。

一方ｋｕｍｉは雑誌の表紙も男も後輩に取られて面白くない。ここぞとばかり「迎えに来い」ＬＩＮＥを送っても既読スルー。てかこれってどう見ても彼のこと別に好きじゃないけど、後輩に取られそうになったら急に惜しくなるってパターンだよね。しかも加えてヨガウエアプロジェクトが突然の中止。まあ他人の金をあてにしてるお洒落商売とかではありがちな結末だ。そしてアッシからは決定的に

「いいかげん自分の世界に縛りつけようとすんのはやめてくれ」

の言葉を投げかけられ……異変を察知した海空が家にかけつけると、そこにはワインと睡眠薬を飲んで倒れているｋｕｍｉが！

ところでこのｋｕｍｉ、それまでもジャンクフードを過食してるらしい（そして当然トイレで戻してるんでしょうが、そこらへんは映画では描かれない）という描写があって、頑張ってるけどいろいろストレスはあり、決して順風満帆ではないのだと語られる。都会で頑張ってる〝デキる女〟も苦労してるんだよ……とＦ１層の心を慰撫するのは忘れぬスールキートス映画であるが、それってヨガはなんの役にも立ってないってことじゃないのか。病院で目覚めるも、すべてを失った虚脱状態に陥ったｋｕｍｉ。そこへやってくるのがいろんなことの元凶海空である。

「ちゃんと息してる？」

いや言うに事欠いて！　じゃなくって彼女はヨガの基本をやりなおせと言っているのである。

「こんなときこそソーハム、ソーで吸って、ハムで吐いて～」

ヨガをしながら徐々に心を落ち着けてゆくｋｕｍｉ。

「わたしははじめて挫折ってものを味わった。こんなわたしって格好悪いでしょ？　中身のない女だと思った？」

うん、まあ、わりと……ようやく立ち直ったｋｕｍｉ、仕事を休んでインドへ行き、もう一度自分のヨガを見つめたい、と告げる。

「ヨガを通してたくさんの人を幸せにしたいの」

ここらへんの話をアツシ相手じゃなくて海空とオカマにしているというあたりがポイントで、結局スールキートス世界に男は必要ないんだよね。打ち明け話ができる親友さえいれば、男は必要ないのである（だいたい、ｋｕｍｉが睡眠薬飲むところで、普通のストーリーテリングならアツシが病院に駆けつけるのではなかろうか）。

そういうわけで三人は公園の芝生にヨガマットを広げ、並んでヨガをはじめる。カメラが引くとその隣にも、前後にも、さらに引くともっと……という具合に広がってついに公園中がヨギーに占拠されている。ヨガが世界中に広がっていく！　**うわああ！　と思ったところでカメラが上空に向かい青い空を映す。**

「ソー、息を吸って、ハム、息を吐いて」

との言葉でここから五分間目を閉じて瞑想タイムがはじまる（インストラクター：椎名慶子）。腹式呼吸をしながら

「自分の内面を見つめること、それが瞑想のはじまり。すべてのことから学びに感謝します。身のまわりのすべての人に感謝します……わたしたちはみな、この世に生まれたとき、何か目的を持って生まれてきました……あなたはなんのために生まれたのでしょう……これがわたしたちの本質……シャンティ……」

という驚異の瞑想タイム付き映画！　かつてクローガー・バブは性教育映画の途中に講演の実演をはさみ込んだわけだが、スールキートスは瞑想タイムをくっつける。いっそ道端ジェシカが画面から観客に語りかけてくるヨガ講座を入れて、ヨガマット貸しだし付き上映とかやってほしかった。そこまでやれば現代エクスプロイテーション映画の傑作となったかもしれない。

※1 **道端ジェシカ**　1984年生まれ。福井県出身のファッションモデル。父はスペインとイタリアのハーフで、母親が日本人。類まれなる美貌で13歳からモデルデビュー。当代きっての人気モデルとなった。2014年にイギリス人F1ドライバーのジェンソン・バトンと婚約。本作で映画デビュー。

※2 **スールキートス**　2008年創立の日本の映画制作・宣伝・配給会社。この会社については、書籍版『皆殺し映画通信　2014』の『すーちゃん　まいちゃん　さわ子さん』のレビューが詳しい。

スールキートス王国のはじまりは2006年、PFF出身のインディーズ監督だった荻上直子がフィンランドで製作した『かもめ食堂』を大ヒットさせたことからである。かもめ食堂 小林聡美がヘルシンキで開いた日本食レストランに集う人々の淡く優しい人間模様を描いた『かもめ食堂』に集った癒しを求める女性層（F1）による共同幻想、それがスールキートス王国である。小林聡美、もたいまさことという主要キャストをそのままに、沖縄の癒し系レストランを舞台にした『めがね』（2007）のプロデュースをつとめた

小幡久美は２００８年に株式会社スールキートスを設立。スールキートスとはフィンランド語で「本当にありがとう」の意味。スールキートスは荻上直子監督作品『トイレット』(２０１０)、『レンタネコ』(２０１２)をはじめ荻上作品もそうじゃないのも併せてＦ１層向け癒し映画を次々に送りだしてきたのだ。

アラサー女子たちの心を慰撫して領土を広げゆくスールキートス王国（『すーちゃん　まいちゃん　さわ子さん』）

※３ エクスプロイテーション映画　興行収益を狙って特定の層に訴えかける見世物的要素がメインの映画。エクスプロイテーションは「搾取」を意味する。参考書籍に柳下毅一郎著の『興行師たちの映画史』(青土社)。

※４ クローガー・バブの『Secrets of Beauty』　クローガー・バブ（１９０６－１９８０）はアメリカの伝説的映画プロデューサー。プロデューサーというよりは「興行師」という名にふさわしいエクスプロイテーション映画を量産する。自称「恐れを知らぬ若き興行師」。代表作に性教育映画『母と娘』(１９４５)があるが、これは日本でも文部省の協力で公開されている。『Secrets of Beauty』はクローガー・バブが手掛けた化粧品会社とタイアップした映画。別名を"Why Men Leave Home"(「なぜ男は家から去っていくのか」)。家庭の主婦にむけてメイクや服装をセクシーにするためのハリウッドのメイクアップアーチストによる講座が差し込まれた映画である。クローガー・バブについては柳下毅一郎著の『興行師たちの映画史』(青土社)に詳述されている。

※５『愛の渦』　２０１４年公開の三浦大輔監督・脚本の日本映画。乱交パーティを目的に集った男女10人の人間模様。三浦大輔が率いる、劇団「ポツドール」の舞台と戯曲から映画化。なお、門脇麦は、この作品でＴＡＭＡ映画賞の最優秀新進女優賞を受賞している。

※６ ディーン・フジオカ・『I am ICHIHASHI　逮捕されるまで』　ディーン・フジオカはアミューズ所属の俳優。高校卒業後アメリカ、シアトルの大学へ留学。父親が中国人であることもあり五か国語を話す。台湾で俳優としてデビューし、現地ではメジャーな活躍をしていたそうである。『I am ICHIHASHI　逮捕されるまで』は２０１３年に公開された、そのディーン・フジオカの監督・主演作品。日本中を震撼させたイギリス人女性英会話講師殺害事件の犯人・市橋達也自身による手記を元に映画化した実録ドラマであるが、書籍版『皆殺し映画通信　２０１４』の巻末対談では、松江哲明監督により２０１３年のダメ映画ベスト３に選出されている。

「魔法をかけるの。美味しくなーれ」って、萌え萌えきゅんかよ！

男は全員吉永小百合に惚れるという大前提

『ふしぎな岬の物語』

監督＝成島出　脚本＝加藤正人、安倍照雄
出演＝吉永小百合、阿部寛、竹内結子、笑福亭鶴瓶、笹野高史

吉永小百合ほど奇妙な映画女優もあまりいないのではなかろうか。この人が日本を代表する大女優であるのはまちがいない。だがではたしてここ十年ばかり、吉永小百合がまともな映画を作ったことがあるのだろうか。小百合様が御年六十九歳にしてたいへん若々しい美人であることを認めるのはやぶさかではない。**だが、いくら「年に似合わない美貌」だと言っても、年は年である。**いくつになってもヒロイン、それも神聖不可侵な絶対美女ばかりを演じさせられるのはいかがなものなのか。決して老け役にはならず、数十年にわたって時が止まったかのようにヒロインであり続ける小百合様に万国のサユリスト[※1]ははたして満足なのだろうか。だが少なくとも日本一のサユリスト、岡田裕介[※2]が小百合映画を作り続けるかぎりはこの状況は続いていくのであろうなあ。

『ふしぎな岬の物語』で小百合様が演じるのは千葉県は房総半島の岬の突端に立つ〈岬カフェ〉のマダム悦子さん。一杯ずつハンドドリップで入れるコーヒー目当てに多くの人が通ってくる。小百合様がコーヒーを美味しく淹れる秘訣が

「魔法をかけるの。美味しくなーれ、美味しくなーれ」

萌え萌えきゅん[※3]、かよ！　というか冗談抜きで岬に一軒きりのメイド喫茶の常連客よろしく、岬

の男たちはみんな「悦ちゃん」に夢中なのである。**阿部ちゃん**から**鶴瓶**から**笹野高史**から全員が吉永小百合に萌え、恋い焦がれる。いくらなんでも阿部ちゃんが小百合様に惚れてるって無理がありすぎだろ！　『母べえ』[※4]で浅野忠信が檀れいをふって吉永小百合に純情を捧げるのに匹敵する無理っぷりである。「男は全員小百合様に惚れる」という大前提のせいでどんどん無茶な話になっていくわけだが……。

「悦ちゃんは毎朝、不思議な時間を過ごす。まるで夢遊病者のように……俺にはこの人を守ってやる義務がある」とひとりごちる浩司（阿部寛）のモノローグ。浩司は毎朝、離島までボートでわき水を汲みにいく悦ちゃんを手伝う。寺の空き地に掘っ立て小屋を立てて住んでいる（風呂はドラム缶）浩司は「わたしが甘やかしすぎてしまったもので……」と悦ちゃんがもらすように、いい年になっても定職にもつかず「何でも屋」と称して木にあがったネコを救出したり、千葉プロレスのリングに飛び入りで上がったりしている腰の据わらない男。「前科者のオレはこんなところから見守ることしかできないんだ」というのが口癖なのだが、その前科というのが悦ちゃんにからんだ相手を半殺しにした傷害罪。悦ちゃんがらみになるとすぐかっとして暴れだすのだ。で、てっきり親子なのかと思いきや、周囲はみんな小百合様に惚れてると知っているという設定。でもそう指摘されると、本人は「な、なに言ってるんだ！　だいたい悦ちゃんとは血がつながってるじゃないか！」って動揺しまくりながら否定する。どういう関係なんだ？　と悩んでいたんだけど、どうやら叔母と甥の関係らしいと後半になって判明する。

一方、小百合様目当てで毎朝コーヒーを飲みに来る常連客が不動産会社勤務のタニさん（笑福亭鶴瓶）。

「30年間、ここはなんーんもかわらん。ここにおるだけでしあわせなんや」

と小百合様のコーヒーを飲むだけで満足という萌えっぷりを披露する。

ところがやがてタニさんに大阪への転勤の話が舞い込む。いつまでもこのままの関係ではいられない。そこで浩司にハッパをかけられ、告白を考えはじめるのだが……。

一方、東京から笹野高史の娘みどり（**竹内結子**）が帰ってくる。結婚して町を出て行ったのだが、旦那に愛想が尽きて逃げてきたのだった。追って来た旦那を阿部ちゃんと鶴瓶がヤクザのふりして追い返す、みたいなコントが入るが、笹野高史はコーヒー飲んでる最中に血を吐く。「大丈夫大丈夫、よくあるから〜」とか言ってるけど、いや、それ大丈夫じゃないから！　末期胃がんの診断がくだり、ほどなく入院することになる笹野。小百合様から差し入れられたコーヒーに大感激の笹野を見て、みどりは小百合様からコーヒーの淹れ方を教わることにする。その一方で浩司に「悦子さんのかわりでもいいのよ……」と迫ってみたりして。

そんな感じで町の人々はみな悦子さんのコーヒーのまわりをぐるぐる回っているのであった。

これ、実は話としてはオムニバス形式で、喫茶店に舞い込んできた人たちと小百合様との交流がつづられる（原作もそういう形式の連作短編集。ただし原作ではみんな悦子さんに萌えてるとかそういう描写は特になし。当たり前だが）。一文無しで思いあまって強盗に入った男が小百合様に諭されてすぐ改心する……みたいな小百合萌えエピソードもあるのだが、物語的には冒頭に登場する少女を連れてあらわれた男がメイン。妻を亡くした男だが、マンションから見た虹を追いかけて来たのだという。娘が「あの家に虹がある」と言ったので岬カフェに入ってくると、なるほどそこには大きな虹の絵がかかっているではないか。そう、こののぞみちゃん、いろんなことを感じてしまうちょっとメルヘンな少女なのである。実はこの絵こそ、悦子さんの亡き夫が残したものなのであった。

少女に「美味しくなーれ、美味しくなーれ」を披露して

「それって魔法？　おばさん魔女なの？」と問われた小百合様

「じゃあ、魔法を教えてあげるわね。おまじないよ。好きな人を抱きしめて『だいじょうぶ、だいじょうぶ』っていうの。そしたら悲しいことなんて、遠いお空に飛んでってしまうのよ」

おおメルヘン。

「ママがいなくてもさみしくなくなった？」


やがて忘れたころに男と娘がもう一度やってくる。

「なんか知らない人が来て、虹の絵を返してくれって言うのー」

あの人だわ！　と独り決めした小百合さん、そのまま絵を渡してしまう。そのまま虚脱状態に陥った小百合さん、コンロの火をつけっぱなしにして火事が起こり、カフェは消失してしまう。浩司に助けだされると
「浩司、あなたはわたしを助けてくれていたつもりかもしれないけど、そうじゃないの。正一さんがずっといてくれたの。あれは幻じゃないー！　でもあの人はもう行ってしまった……永遠なんてないってことわかってたのに……」

といきなり大芝居で愁嘆場を演じはじめる。それまでとの落差が酷いんだが、これこそが小百合様のやりたかったことなのかなあ（ちなみにこの映画、企画も小百合様）。いまさらのようにアイドル脱皮で演技開眼なのか小百合様。**「さむい、さむいよ～」とか言ってたけど寒いのはこっちだ！**なお、小百合様に萌える村人たちの寄付でカフェは再建され、見事阿部ちゃんの子供を宿したみどりが二代目を継ぐことを予感させて映画は終わるのだった。まあ竹内結子じゃみんな萌えないだろうから、喫茶店も長続きしないような気もしますが……。

※1　**サユリスト**　永遠の美少女として吉永小百合を敬愛するファンのこと。吉永がデビューした1960年代に団塊世代を中心に一大勢力となる。その信仰は現在に至るまで脈々と日本社会に存在し続けている。なおサユリストが発生した当時に十代の少女だった吉永小百合は本稿の時点で69歳。

※2　**岡田裕介**　1949年生まれ。東映代表取締役グループ会長。慶應義塾大学在学中にスカウトされ、俳優デビュー。『赤頭巾ちゃん気をつけて』（森谷司郎監督1970）、『実録三億円事件　時効成立』（石井輝男監督1975）などに出演。『吶喊』（岡本喜八監督1974）では、主演兼プロデューサーをつとめ、以降は俳優よりプロデューサー業務に転じていった。1978年に東映入社。『夢千代日記』（浦山桐郎監督1982）、『北の零年』（行定勲監督2005）、『まぼろしの邪馬台国』（堤幸彦監督2008）など多くの吉永小百合主演作品をプロデュースしている。父親は戦後の日本映画を創った人である前東映会長の岡田茂（1924－2011）。

※3　**萌え萌えきゅん**　メイド喫茶の基本的な接客作法のひとつ。食べ物や飲み物を出すとき、手でハートマークをつくり「おいしくなーれ、萌え萌えきゅん！」と、心を込めて呪文を唱える。するとキラキラと星が散り、その食べ物や飲み物が美味しくなるという、くすぐったい幻覚を得られるという。もともとはアニメ『けいおん！』で登場人物がやっていた動作をメイド喫茶に導入した模様。

※4　**『母べえ』**　2008年公開の山田洋次監督のドラマ映画。原作は野上照代の戦争中の体験がもとになっている。戦時中に反戦思想により特高警察に逮捕された夫、そして残された家族の懸命な生き様を描く。主演は吉永小百合で、浅野忠信は投獄された吉永小百合の夫の教え子という設定。

あなたの知らない映画の墓場、お蔵出し映画祭2014レポートから

日中合作日本未公開作を紹介

『スイートハート・チョコレート』

監督＝篠原哲雄　脚本＝湯迪、米子
出演＝リン・チーリン、池内博之、福地祐介、山本圭

年間約400本の公開本数を誇る日本映画界。日々、多くの映画が上映されていますが、お蔵入り＝劇場公開していない作品もたくさんあります。そんな劇場未公開作品や、DVD化されていない作品、劇場でなかなか上映されない作品など、知られざるお宝映画を発掘して一挙上映してしまおう！

それがお蔵だし映画祭である。この世には作られたにもかかわらずさまざまな理由で公開されない映画がある。それを集めて上映するイベントが、尾道・福山の映画館で開催されている。ちなみにコンペがおこなわれて最優秀作品に選ばれると劇場公開もされるというのだが、目出たいという以前にここでかからなかったら誰も見ないかもしれない映画がそれだけあることがまず恐ろしい。誰も見る予定もないままに映画が作られ、見られないままに消えてゆく。そんな映画の墓場がお蔵出し映画祭なのだ。

こころみに2011年に開催された第一回のラインナップを見ると、廣木隆一[※1]監督で**安藤サクラ**、**柄本佑**、**菜葉菜**といった面子が出演している『僕らは歩く、ただそれだけ』[※2]とか、2003年に作られて東京国際映画祭にも出品されている千野皓司監督の『ｔｈｗａｙ―血の絆』[※3]とか、香川県の

離島を舞台にした島起こし映画とか、なかなかに強烈な作品が並んでいる。これだけ売りの多そうな、メジャーな監督が撮った作品でも公開されないわけで、じゃあなんだったらいけると言うのか？ちなみにグランプリは中村大哉監督、**鈴木砂羽**主演の『しあわせカモン』で、これは２０１３年に公開にこぎつけたらしい。

そういうわけで毎年順調に開催されてきたお蔵出し映画祭。いやこの映画祭が順調に開催されるのがはたしていいことなのかどうかはわからないのだが、２０１４年は10月31日～11月2日の日程で、尾道・福山の映画館で開催された。さすがに四年目ともなるとタマ的にも厳しくなってきたと見えて、最初の一、二回ほど「こんな映画、作ったままで眠ってたのか！」という驚きはない。自主映画もいくつかあって、自主映画が公開されないのは当たり前だろ！みたいな気もする。さて、そんな苦しい中で選りすぐられた精鋭お蔵入り映画は以下の五タイトル。

『スイートハート・チョコレート』（篠原哲雄）　出演＝リン・チーリン、池内博之、福地祐介
『多摩川サンセット』（渡邊高章）　出演＝舟見和利、星能豊、松井美帆
『ぼくら（半径3キロの世界／プリンの味）』（菊池清嗣、畑中大輔）　出演＝谷村美月ほか
『キユミの詩集サユルの刺繍』『貝ノ耳』（杉田愉）　出演＝鰐淵晴子
『Dressing UP』（安川有果）　出演＝祷キララ、鈴木卓爾

鰐淵晴子主演の自主製作映画『貝ノ耳』も注目だが（これ、なんと台詞のいっさいないサイレント映画で、ポーランドの映画祭に出品されてアンジェイ・ズラウスキー[※4]に絶賛され、海外では各地で上映されたのだという。見てみたのだが、そもそも映画祭でシナリオ大賞を受賞したというのがどういう意味なのか訊きたくなる代物で……）、やはり目玉は篠原哲雄[※5]監督、日中合作なのに日本未公開という『スイートハート・チョコレート』だろう。舞台は上海と夕張（！）。どうやらプロ

デューサーがゆうばりファンタ[※6]のファンで、夕張で映画を作りたかったらしい。しかるに中国でならそれも良かったんだが、日本から見ると国内描写がいろいろ不思議な感じで……。

この映画、上海でチョコ屋〈甜心巧克力〉を開くパティシエ、リンユエ（**リン・チーリン**）は正月、思い出の地夕張に帰ることにする。上海でギャラリーをひらく総一郎（**池内博之**）を誘うが、総一郎は帰ろうとしないので一人で。夕張スキー場の山の上にある鐘を鳴らし、その前にあるMAMORUの文字が書かれた碑の前で祈りを捧げるリンユエ。それは十年前のことであった……。

というわけで十年にわたる愛の軌跡が描かれる。この映画、十年前の過去と現在とが交差する構成になっているのだが、どっちの話が主眼なのかよくわからないうえに、回想に飛ぶタイミングが適当。なんとなく過去と現在、ふたつの話をぶつ切れにして並べただけみたいな感じでわかりにくいことおびただしい。キャラクターの思いがまったく伝わってこない映画になっているのだ。

上海から絵の勉強に留学してきたリンユエは、「『幸せの黄色いハンカチ』が好きだったので」北海道に行くことにして総一郎の家に下宿し、夕張のゲレンデで絵を描いている。そこへ突っ込んできたのが守（**福地祐介**）。レスキュー隊員なので、夕暮れまでに全員を山麓まで送り届けるのが仕事なのだと説明する。

「ああ、雪の目覚まし時計なのね！」

と詩的な表現を駆使する日本語達者なリンユエ。ちなみに福地祐介は台湾などの映画界で活躍している日本人俳優だそうで、いかにも中国映画風のイケメンなので、最後のクレジットを見るまで中国人俳優かと思っていた。そんなわけで急速に惹かれあうリンユエと守。総一郎は複雑な思いながら親友の恋路を見守ることになる。自作のチョコレートを大晦日に夕張じゅうの家に配るサンタクロース的活動をひそかに続けている守の夢は、自前のチョコ屋を開くことである。一緒にチョコ配りに参加したリンユエ、二人のあいだはどんどん近づいていく……。

これ、過去の話ばっかり書いてるようだけど、あいだに現代の話もはさまっている。ただ、それが総一郎がウジウジしてる以外のことは何も起きないので……それにしても総一郎、守（が死んだことは冒頭でわかるので）に遠慮しながらも上海までリンユエを追いかけてきてギャラリーかなんかやりつつ見守っているようなんだが、どうなんだそれ。上海のレストランで食事に誘い、意を決して指輪を出そうとしたらリンユエに三人の幸せな思い出を持ちだされてシオシオになったりして、まったくもって煮え切らない。

悲劇は総一郎がリンユエに「子供たちに絵を教えてくれ」と頼んだことからはじまる。なぜかゲレンデに子供たちを連れていき、スケッチをはじめたリンユエだが、子供同士が喧嘩して、リンユエも巻き込まれて崖下に転落。守はいち早くリンユエを発見するが、弱った彼女を必死で病院へと運ぶ。

「リンユエ、目を覚ましてくれ。きみの笑顔がぼくの目覚まし時計なんだ！」

だがその車が対向車と……目を覚ましたリンユエは、守の遺志をついでチョコ屋をはじめることを決意するのだった。てかいきなりそれで店が開けてしまうんだから、チョコ商売チョロいぞ！

そしてようやく現在に追いついたと思ったら、今度はリンユエがばたり。

「きみには言ってなかったが、実はきみの心臓は守のものを移植して……」

って心臓移植なんて話はじめて聞いたよ！　最後は煮え切らなかったことなどきれいにすっぱり忘れてラブラブな二人ですが、そこらへんがまた中国っぽい。まあそんなこんなで本作は見事グランプリを獲得、劇場公開も決定したそうで、めでたいことである。

※1 廣木隆一　1954年生まれ。映画監督。『性虐!女を暴く』（1982）で映画監督デビュー。ポルノ映画を多数手がけたのち、米国留学。その後に発表した『800 TWO LAP RUNNERS』（1994）で文化庁優秀映画賞を受賞。その後旺盛に監督作品を作り続けている。代表作に『ヴァイブレータ』（2003）、『余命1ヶ月の花嫁』（2009）等。2013年監督作品である『きいろいゾウ』、『だいじょうぶ3組』そして『100回泣くこと』は、書籍版『皆殺し映画通信　2014』に詳細。

※2『僕らは歩く、ただそれだけ』　人気ロックバンドSPANK　PAGEの長編プロモーション映像として制作された作品。現在はDVDで観ることができる。

※3『thway―血の絆』　企画・制作・脚本・監督の千野皓司によるミャンマーを舞台にした、第二次世界大戦末期のインパール作戦に参加した父親とビルマ人女性と子を探す女性の映画。日本とビルマ発の合作映画で、2003年に山路ふみ子文化賞、日本映画批評家大賞奨励賞、シナリオ功労賞などを受賞するも、一般公開されなかった。

※4 アンジェイ・ズラウスキー　1940年生まれ。ポーランドの映画監督。1971年『夜の第三部分』により監督デビュー。『ポゼッション』（1980）にて世界的に注目される。耽美的で狂気に満ちた映像は物議を醸すことも。他の代表作に『私生活のない女』（1984）や『シルバー・グローブ／銀の惑星』（1988）など。

※5 篠原哲雄　1962年生まれ。映画監督。『月とキャベツ』（1996）で劇場長編映画の監督デビュー。代表作に『はつ恋』（2000）、『深呼吸の必要』（2004）、『真夏のオリオン』（2009）等。なお本映画の主演福地祐介はこの監督の作品の常連である。

※6 ゆうばりファンタ　1989年に始まった「ゆうばり国際ファンタスティック映画祭」は、竹下内閣の「ふるさと創生資金」の1億円を活用して立ち上がったが、その後に夕張市の財政破たんとともに中止。その後継として有志により2007年に立ち上がったのが「夕張映画祭」。その後に「ゆうばり国際ファンタスティック映画祭」は別団体が開催するようになったため、現在夕張市には二つの映画祭が存在する。

230

これいったいなんなんだ映画祭、本年度堂々の優勝作品！
ケツ、踏切、東京タワー、そして東京ボーイズコレクション

『東京～ここは硝子の街～』

監督＝寺西一浩　脚本＝寺西一浩、入江おろぱ
出演＝木村敦、ＪＫ、中島知子、田島令子

これいったいなんなんだ映画祭、本年度堂々の優勝作品の登場である。

これいったいなんなんだ……と言うなら、一言でいえば製作・監督・脚本・原作をつとめる「田中眞紀子の隠し子（自称）」が撮った映画である（正確には自称しているわけではないようだ）。映画オフィシャルサイトから彼の経歴を引用する。

寺西一浩

小説家・映画監督　１９７９年10月2日生まれ。

3歳で、女優・山岡久乃に見初められ子役として活動。慶應義塾大学法学部卒業。慶應大学在学中に出版したエッセイ『ありがとう眞紀子さん』が話題となり文壇デビュー。

その後、24歳の時、業界最年少で芸能プロダクション、株式会社トラストミュージックエンタテインメント代表取締役に就任し島倉千代子歌手生活50周年事業を成功させる。その後は、小説家、プロデューサーとして活躍。著書に、「クロスセンス」「新宿ミッドナイトベイビー」「女優」、世界初電子書籍連載小説「Ｍａｒｉｋｏ」を配信。

２０１１年、「女優」が映画化されるにあたり、自身が監督デビュー。

「女優」は、第15回上海国際映画祭正式招待作品に選ばれ主演・岩佐真悠子とレッドカーペットを歩く。また、第25回東京国際映画祭、東京中国映画週間オープニング特別上映作品に選ばれ開幕式でグリーンカーペットを歩き話題となる。2013年、映画「東京〜ここは、硝子の街〜」を監督・脚本・プロデュース。日本最大級の男性ファッション&音楽イベント「東京ボーイズコレクション(R)」を大原英嗣氏と共に主催。ゴールデンバード賞主催。2014年、「新宿ミッドナイトベイビー」(出演:大原英嗣、浜田ブリトニー、KIMIN、マルコス、岩井志麻子 他)が映画化決定し監督をつとめる。

処女作『ありがとう眞紀子さん』では田中眞紀子との十年にわたる交友をつづり、そこから隠し子説が出てきたとかなんとか。もちろん田中事務所は「そんなことあるわけないだろ」と一笑に付して終わり。その後は年上の女性に取り入りながら名をなして、いつのまにか映画まで作ってしまった。今は何をしているかというと新宿二丁目でショーパブみたいなクラブを経営しているそうで……そういう経歴を活かして作った本作はそのクラブ〈KISEKI〉も登場する男と男のラブサスペンス!

えー、とは言ってもこの映画、何から何まで謎だらけなので、ストーリーを説明するだけでは映画の中身が伝わりそうもない。そもそもこの謎だらけの男寺西くんはこの映画を作ることで何を訴えたいのか? 寺西くんが見せたかったものは三つ「東京ボーイズコレクション」「男のケツ」「東京タワー」である。まったく無関係に見えて、フロイト的につながっているというところがミソだ。「東京ボーイズコレクション」は先述のとおり寺西が開催した男性イケメンモデル大集合の催し。寺西にとっては(いろんな意味で)一大ページェントであり、そのイベントをみんなに見せたいと願うのは当然のことだろう。というわけで映画の中では主人公が若くしてクラブを経営しながら「東京ボーイズコレクション」の開催に向けて邁進する。もちろん実際のイベントの映像が映画の流れなど無視して大量に投入される。

　まあもともと流れなんてないんだけどね！

「男のケツ」は主人公がやたらとセックスしまくるから。もちろん男同士で。**そう、この映画はそっち方面の人垂涎の濡れ場大全開の映画なのである。**主人公はやたらもてるプレイボーイだが、なぜか正常位一本槍なのでケツばかり延々見せられる。まあこれは監督が見たかったものなのだろうからしょうがない。

「東京タワー」。この映画の特徴としてやたらと流れを無視して風景映像がインサートされるのだが、そこで出てくるのが東京タワー。そして京王線の踏切。何かというと東京タワーの映像がサブリミナル映像のようにインサートされる。その合間には機動性を優先したのか三脚を使うのが面倒臭かったのか知らないが、やたらと手持ちカメラの不安定な映像が続く。普通に人が玄関から出てくるのを手持ちのフィックスで撮ってたりするので苛立たしいこと甚だしい。で、どうでもいいんですけど、これ世界進出を狙って全編英語字幕が付いています。


冒頭。ビルの屋上にあがった青年アツシ（**木村敦**）が泣きながら飛び降りる。死亡。

舞台かわって六本木。新宿二丁目でバー〈ＫＩＳＥＫＩ〉を経営するトオル（木村敦二役）が焼き肉屋で昼食を食べていると、隣の席にいたイケメン（**ＪＫ**）と目があう……二人の視線ががちっと噛み合った瞬間……イケメンは逃げ出した……食い逃げだ！　トオルは追いかけて捕まえるが。

「日本は同じだ！　何も変わらない！　夢も希望もないよ！」

とイケメンは意味不明のことを叫んで逃げだす。東京タワー。

二十年前。踏切。ゴミ捨て場に捨てられている死体が発見される。

現代。セックスするトオル。これ、現代と過去がなんの脈絡もなく交差して意味不明かと思いますけど、**見てるこっちはもっとわけわからないんでどうか許してください。**ともかく現代パートでは木村敦（テニミュ[※1]に出てる人らしい）のケツがたっぷり。別れたあとウリセンバーに行ったトオル。そこに入ってきたのは食い逃げイケメンではないか。目と目があう二人。イケメンに言葉はいらない。イケメン韓国人ヨンをトオルは自室に連れ込み、セックス。ケツ。部屋には自分のポスターが貼ってあるナルシシズム仕様。「モデルなんだ……」と憧れの目を向けるユンはモデルになる夢を抱いて日本にやってきたのだった。

朝、「じゃあ、先に行くから」と枕元に三万円置いて出かけるトオル。**酷い奴だなこいつは。**行った先は学校であった。実はトオルは大学生で、文学部で赤木教授（**中島知子**）から三島由紀夫を教わっている。そう！　あのオセロ[※2]の、『ハダカの美奈子』[※3]の中島知子、和装の大学教授として三島を語ります。この話、なぜか『仮面の告白』[※4]がモチーフなんですね。

一方そのあいだ、ヨンは芸能プロダクションの社長と会っている。「モデルになりたいんだろ？　じゃあオレについてこい」と言われてセックス。ケツ。だがホテルに入るところをトオルの恋人の一人に盗撮されていた。その写真を送られて怒り心頭のトオル。

「オレとつきあったのはコネ目当てだったのか！」

いや最初に金をわたそうとしたのはおまえだろう！　ヨンはわざわざ「お金ジャナイヨ。トオルのこと好きダカラ」とか言ってお金返してるのに。わからないところだらけのこの映画でいちばんわからなかったのは実はこのトオルの言動。どっちなんだよもう。だいたい自分はそのあいだにもほかの男とセックスしてケツ見せまくってるのである。それで浮気したって激怒するとか自分を棚に上げるにもほどがある。

場面変わる。白いシーツに蝋燭を立てた部屋で中島知子が三島の『仮面の告白』を朗読する。かたわらにはトオルと銀座ナンバーワンと言われているクラブのキャスト（その割には貧相なんだけど、そういうことを言ってはいけません）の路チューが映される。トオルがゲイである自分を自覚する場面が三島と重ねられて……。

二十年前。アッシと親友ユースケがキスしているところをアツシの母が目撃してしまう。「やめてぇ〜うちの子を引きずり込まないで〜」とユースケに懇願するアツシ母。たいがい失礼だが、怒ったユースケはアツシ母を殴る。そのままボコボコに……。

「やめて、ユースケ」と止めようとするアツシに「だいじょうぶよアツシ、今日からわたしがあなたのママよ」と言いながら母を殺すユースケ。意味がわからないよ！　そのまま死体を段ボールに詰めて……あっ二十年前の死体ってアツシの母だったのか⁉　それが今ごろようやくわかるってどういう作りなんだこの映画は？　そしてアツシは「母を殺したのはボクです」と遺書を残して自殺……これが冒頭の意味だったのか！　**ここまでなんの伏線もないまま見せられた人間の思いを想像して下さい。**

「……警察はそのままアツシを犯人として事件を処理した。だがこの事件は闇が深い。恋人の本間（ユースケ）はその後行方不明になった。パスポートの記録によると本間は何度も海外に行っている。十八年前タイに行ったのが最後で、そのまま帰国記録はない。つまり彼は名前も性別も変えてどこかに潜んでいるのかもしれない！」と語る刑事。

「おまえどこから出てきたんだ！」とか「その〝つまり〟ってつながってないだろ！」とかいろいろ言いたいことはあるでしょうが、定年退職前にふと事件のことを思い出して捜査をはじめた刑事には誰もかなわない。刑事はついでにトオルに新宿二丁目で頻発しているゲイ連続行方不明事件のことを警告する。

さてそこで東京ボーイズコレクションがにぎにぎしく開催。映画の流れとはまったく無関係にショーが延々と流される。ショーが終わったところでヨンとトオル、ようやく心が通じあう。

「日本に来て良かった……トオルと出会えてよかった……あ、電話だ。先帰ってて」

どこかに呼び出されていってしまったヨン。心通じ合ったなら呼び出しに応じるなよ！

そのまま帰ってこなかったヨンを心配するトオル。バーに刑事が来る。

「連続行方不明事件の犯人は本間……つまり赤木春子だ！」

なんでわかったんだよおおおおお！　てかこれ過去の話と現在の話、なんの関係もなくね？　ひょっとして無関係な短編二つを強引にくっつけてね？　そしてなぜ警察がわざわざ逮捕に民間人を連れていくのかとかそういう常識的な突っ込みをしているとすでに長すぎる原稿がいつまでもたっても終わらないので切り上げて。

そのころ本間葬儀社の地下室では三島も愛した『聖セバスチアンの殉教』※5の絵の前で、赤木が死体をなでさすっている。中島知子が蝋燭の薄明かりの中でここぞとばかりと大芝居。

「アツシの足……アツシの手……アツシの耳……」

どうやらアツシのことが忘れられず、美少年を殺してパーツを集めていたらしい。

「これからずっと一緒だよ、アツシー！」

暗転。

飛び込んできた警察。その前にたちふさがるのは本間の母（**田島令子**）。田島令子がここでまた大芝居！

「男が女になる。そのどこが悪いのよ！」

悪くない！　オスカルも悪くない！　でもそんなこと誰も問うてないから！

「ごめんね～　駄目なお母さんでごめんね～　女に生んでやれなくてごめんね～」

と絶叫。そういうことだったのかこの物語？　そしてここまでやったにもかかわらず、最後性転換者だった中島知子がどうなったのかわからないのである。たぶん自殺したんだと思うんだけど……じゃあトオルはどうしたかっていうと最後、素っ裸でヨンの灰がはいった骨壷を股間に押しつけおいおい泣いているのであった。踏切。東京タワー。東京……そこは硝子の街……。

※**1 テニミュ**　『ミュージカル・テニスの王子様』のこと、『週刊少年ジャンプ』連載のコミック『テニスの王子様』（集英社）を舞台化したミュージカル。2003年に開始され現在でも続く大ヒット舞台公演となっている。本作品の主役木村敦は2010年から起用されている。

※**2 オセロ**　1993年結成のお笑いグループ。ツッコミの中島知子とボケの松嶋尚美は、意外に美貌な容姿やらもあり人気を博すが、黒いほうこと中島の洗脳騒動などにより解散。現在はそれぞれのソロ活動が続いている。

※**3『ハダカの美奈子』**　2013年の日本映画。監督は森岡利行。テレビ朝日系列で放映された『痛快！ビッグダディ』の登場人物である美奈子の自叙伝を映画化。主演は中島知子。主人公の濡れ場シーンなどをカットしたバージョンが公開されたが増量したR18バージョンもあるらしい……。その内容については書籍版『皆殺し映画通信　2014』をご参照あれ。

※**4『仮面の告白』**　1949年発表の三島由紀夫の長編小説。同性愛などの倒錯的な性的嗜好をロマン主義的な文体でつづった問題作にして、三島の初期の代表作。

※**5『聖セバスチアンの殉教』**　聖セバスチアンはキリスト教の聖人にして殉教者。3世紀のディオクレティアヌス帝のキリスト教迫害で殺害されたといわれる。柱に体を縛りつけられ、いくつもの矢に射抜かれた凄惨な絵画が中世からいくつも描かれているが、この絵は被虐趣味を湛えたゲイ・アイコンとしても知られている。三島由紀夫の『仮面の告白』では、この絵を見て自慰行為をする主人公が描かれている。

空白の中心のまわりを永遠にまわりつづける無意味な運動。
それを純粋な芸術と呼ぶこともできるだろうか

『トワイライト ささらさや』

監督＝深川栄洋　脚本＝山室有紀子、深川栄洋　原作＝加納朋子
出演＝新垣結衣、大泉洋、中村蒼、小松政夫、石橋凌、富司純子

なんだかもうこのタイトルを見ただけで絶望的な気分になってくるんだが（配給サイドはこの映画を誰にアピールするつもりでこんなタイトルをつけたんだ?）、中身はもっと絶望的である。いったい誰がこんな企画を立てたのか？ **ひょっとして大手映画会社には死人が甦る原作を片っ端からチェックしては映画化企画を立てる〝ゾンビ担当〟**※1**みたいな奴がいるのかもしれない。**だって、そうとでも考えないと、この映画の前に『想いのこし』※2の予告編がかかるなんて事態が発生するわけがない。それにしてもこの映画、加納朋子にとっても逆宣伝にしかならない気がするんだが、どうなのかねえ。

さて、**大泉洋**が演じるのは「おもしろくない落語家」ユウタロウ。来た客の中でたった一人笑ってくれたサヤ（**ガッキー**）に恋をして結婚する。ちなみにガッキーが笑ったのは「一生懸命やってたから」というかなり身も蓋もないもの。だが新婚で子供ユースケも生まれ、幸せの絶頂で交通事故にあって死亡。映画はその葬式からはじまる。

おわかりだろうか？　つまり、この映画、「おもしろくない落語家」である大泉洋が始終やたらと突っ込みをいれまくるという完全なる副音声映画※3（「面白くない落語家」なので不必要なつまら

ないことしか言わない)。その大泉洋がサヤの周囲の人間に乗り移って、乗り移られた人が大泉洋の形態模写を演じるわけだが、じゃあ大泉洋の物真似ってどんなのよ? どんな名優でもそれは無理だろう……というわけで最終的にはガッキーが「あなたが見える!」とか言い出して大泉洋本人になってしまったりする台無し感。さて、葬式に突然あらわれた強面の男(**石橋凌**)、いきなり棺桶に向かって「バカもん!」と怒鳴りつけ、「一人で仕事をしながら育てるのは無理だ。赤ん坊はわたしが育てる」といきなりシングルマザー全否定の発言をぶちかます。実はユウタロウが「死んだ」と嘘をついていた父親である。このままでは息子が取られてしまう……と大泉洋は師匠(**小松政夫**)に乗り移って「いいから誰も知らないところに逃げろ」とガッキーに命じ、ガッキーは死んだ叔母が住んでいたという「ささら町」に向かう……ここまでがオープニング。

この物語で最大の問題である「幽霊」とか「乗り移る」とかいうのが三秒くらいで終わってしまって、もうガッキーは最初から大泉洋がそこにいて、いつも自分たちを見守ってくれていて、ときどき生きてる人に乗り移って会いに来てくれる、というのを信じているのである。**メルヘンだから。**それはいいんだけどこの映画二時間あるんだよ。どうすんのよ。やっぱ頼る者もないガッキーにはさまざまな問題がふりかかり、それを大泉洋がここぞというところで助けるという展開になるのだろうな(一度乗り移ると免疫ができて同じ人間には二度と乗り移れないので、自由が利かないという設定はある)。ガッキーには仕事の問題とか、近所のイジメとか、通り魔の凶行とか、そういう事件が次から次へと……。

ふりかからないのである。ガッキーがどうやって生活費を稼いでいるのかは一向に描かれないし、ささら町に住んでいるのは引っ越し荷物を盗む作業員とか、詮索好きでおせっかいな隣人とか、家の中に勝手に上がり込んで赤ん坊をいじくりまわしはじめるプライバシー概念のない老婆とか、夫を亡くしたばかりの未亡人に「早く忘れたほうがいいよ」と新しい男を紹介しようとする無神経なホステスとか、そういう問題あるけど「根はいい人」ばかり。いやいくら根はいい人だって問題行動過ぎるだろ、とは思うものの、根はいい人なんでガッキー一人で解決できない問題にはならない。じゃあ大泉洋はわざわざ乗り移って何をするのか?というと「父は病気の母とぼくを見捨てたんだ」とかグチグチ恨み言を言ってるばかり。要するにここにあるのはドラマじゃなくて、大泉洋のグタグタしたおしゃべりだけなのだ。そのうちに「人を信じすぎるおまえが頼りなくて怖かったけど、もうしっかりしたから大丈夫だね」と成仏。

いやあこの話を映画にしようと考えたのはいったい誰なのか、本当に小一時間問い詰めたい。たぶん映画を見るよりその対話のほうがずっと中身があるだろう。**監督もやることなくて困ったに違いない。**唯一やってるのはチルトシフト撮影[※4]を駆使してささら町をミニチュア模型っぽく表現するくらい。おとぎ話感を出す試みとしてはおもしろかったが、それ以外はとくに仕事をした様子はなし。深川栄洋[※5]、初期作品はなかなか好きだったんですけどねえ……。

ともかくマダラぼけの老婆（**富司純子**）とかホステスの口をきかない息子とか、順番に乗り移っていった大泉洋、ついに町で最後の憑依可能な人材＝ガッキーに惚れてる馬鹿駅員（**中村蒼**＝本当に知恵遅れにしか見えない馬鹿演技）に乗り移る。これが今生の別れ……そう聞いて、えっ！　と驚くのはガッキーではなく観客のほうである。だってここまでで50分くらいなのだ。そりゃあ確かにここまでの50分も中身はなかったけど、この映画2時間あるんだよ！　どうすんの！　と思ったら別れの愁嘆場が20分くらい続く！　もう死ぬ！　それが終わってもまだ1時間10分くらい。どうする……と思っていたら「子供は渡してもらおう」とユウタロウの父がやってきた。

ユウタロウの父、金持ちらしいのだが、なんの仕事をしてるのか全然わからない。ガッキーに「お仕事は……」と聞かれても「つまらない仕事だ」と言うだけで、強面だけにてっきり企業舎弟とかそっち系かと。それで「あんたには子育ては無理だ」って言われてもね……って普通なら思うのだがそんなことは考えるだけ無駄。**だってこれ「メルヘン」だし「根はいい人」だから。**「お孫さんを抱いてあげて」とガッキーが石橋凌に子供を抱かせると、いきなり石橋凌は赤ん坊を抱いて逃走！

だがそれは大泉洋が赤ん坊に乗り移ったせいだった。石橋凌はつい息子を抱いているような錯覚を覚え、持って逃げてしまったのだ（どんな「つい」だそれは）。石橋凌が実は妻も息子も愛していたという周知の事実があかされ、大泉洋が石橋凌の携帯を盗みだしてガッキーに電話をかけるという機転を見せたので赤ん坊は無事ガッキーの元へ戻る。映画も終わり……と思ったら！

なんとそこから20分かけて大泉洋の誕生から仕事人間だった石橋凌が妻の死に目に会えず（トンネル掘りだったらしい石橋凌だが、どこで働いていたのか知らないが、妻が危篤でも帰らないどころか息子から「おまえのことは絶対に許さない」って手紙をもらうまで会いにいかないとか、それは親子の縁を切られてもしかたあるまい）、息子とすれちがったままでのいきさつが延々と映像で語られるのである！　なんなのこれ！　こんなのひとかけらも要らないでしょ！　でもそれを言いだすと大泉洋のぼやきも憑依も愁嘆場も何ひとつなくても話はわかるわけで、この二時間の映画そのものがなんの意味も持たないただの空騒ぎということになってしまう。空白の中心のまわりを永遠にまわりつづける無意味な運動。それを純粋な芸術と呼ぶこともできるだろうか……。

※**1『想いのこし』**　2014年公開の平川雄一朗監督作品。主演は岡田将生と広末涼子。この世に未練を残した幽霊たちと主人公の男とのコミカルな出会いからはじまるヒューマンドラマ。広末はポールダンサーの幽霊役。
※**2 加納朋子**　1966年生まれ。推理小説家。代表作に『ななつのこ』（1992）、『ガラスの麒麟』（1995）、『レインレイン・ボウ』（2008）。本映画の原作『ささらさや』はシリーズ化されており、劇場映画の他、テレビドラマやコミックにもなっている。
※**3 副音声映画**　本書『ホットロード』脚注（P171）参照のこと。
※**4 チルトシフト撮影**　ピントの合う範囲を操作し、イメージに歪みをもたせると、映像をあたかもジオラマであるかのように撮影することができる。これをチルトシフト撮影という。もともとは特殊な角度からの撮影を補正するためのレンズをチルシシフトレンズといい、この撮影方法はこれを利用するいわば「裏ワザ」である。
※**5 深川栄洋**　1976年生まれ。映画監督。『狼少女』（2005）で劇場用長編映画監督デビュー。代表作に『60歳のラブレター』（2009）、『神様のカルテ』（2011）。

すべて御都合主義なので、どうでもいいんじゃないですかね

『神様の言うとおり』

監督＝三池崇史　脚本＝八津弘幸
出演＝福士蒼汰、山崎紘菜、神木隆之介、染谷将太、優希美青、大森南朋、リリー・フランキー

いやこれふざけてんのか……？って言いたくなるんだが、実際ふざけてるんだろうなあ。**三池崇史**[※1]**だもん。**ま、こんな話、これ以外に作りようがない気もするんで、その意味では三池崇史にちょっと同情しないでもない。原作は『少年マガジン』に連載していたコミック。

ある日、とある高校で授業中にいきなり先生の首が「だるまさん」に変わる（先生は首から血を吹きだして死亡）。教卓に陣取った「だるま」は「だーるーまーさーんーがーこーろーんーだー」と強引に「だるまさんが転んだ」をはじめる。困惑する生徒たちだが、だるまの前で動くと次々にビームをくらって首が吹っ飛ぶ（ただし血糊がドバドバ出るのは問題ということになったのか、赤いビー玉になって流れ落ちるのでお茶の間でも安心）。高畑シュン（**福士蒼太**）くんは呆然とするが、隣にいた冷静な友人サタケ（**染谷将太**）が冷静に指摘する。だるまの背中にはボタンが付いていて、「ボタン押したら終わり」と書いてある！（誰でもわかるわ！）というわけでシュンとサタケの共同作戦でだるまの背中のボタンを見事押すことに成功、助かった！と思ったら

「タカハタシュン　ハ　イキル」

と助かったのはボタンを押したシュンだけで、サタケはあっさり死亡。副主人公格と思われたキャラをあっさり殺すところまではよかったが、期待を裏切る展開はまあここまで。で、クラスでた

った一人生き残ったシュンは、隣のクラスで生き残った幼なじみの美少女イチカ（**山崎紘菜**）と二人で逃げ道を探す。だがたどりついたのは体育館だった。そこに待っていたのは巨大な「まねきねこ」。「ねこの首に鈴をつけたら終わり」と注意書きにあるが、ねこは素早く首を伸ばして生き残りを襲い、次々に食べていく。はたして……。

いやまあ『リアル鬼ごっこ』[※2]とかそっち系の殺人ゲームもの……という時点で、あ、はい、あとはお察し……という感じだが、まあそういう映画ですね。で、そうなるとあとは誰がゲームを仕組んでるのか、その狙いは何か……みたいな話になるんだけど、これ、あからさまに超自然的ななんでもあり設定で、タイトルが「神様の言うとおり」だからねえ……それで何か意外な真相があきらかになると思う？　今回は「だるまさんが転んだ」からはじまって、「かごめかごめ」とか「缶蹴り」とか子供の遊びが残酷ゲームになるという趣向。漫画なら荒唐無稽な設定でもいいんだけど、映画にしたら……というのは何度も言ってることである。で、その企画を例によって依頼されたら決して断らない三池崇史が引き受けて、ふざけ半分で作ってしまった。**まあ三池崇史は一切責任取らない人だから、この惨事は企画を立てた者の責任である。**一応15＋の指定程度の残酷描写はあります。首ちょんぱの死体も映るし、血も流れる。

さて「まねきねこ」に襲われる中、一人冷静だったのがバスケ部のエースである。「オレにまかせろ……オレが一日五百本のシュート練習をくりかえしてきたのは今日のためなんだ！」見事狙い澄まして巨大まねきねこの首のゴールに向けて鈴をシュート！　ゴール！　と思ったら猫が手でゴールをふせいだ！　そんなのずるい！　という間もなくバスケ部食われて死亡。

まあここら辺でわかってきますが、この物語、いちばん余裕をかましてる人間が死ぬんですね。そういうギャップで笑わせようという仕掛けなんだけど、二回目でもうわかった。で、じゃあどうやってシュンがこの試練をくぐり抜けるかというと、シュンが用意されていたネズミスーツを着るとまねきねこの喋っている内容がわかる。で「背中がかゆいにゃあ」とか言ってるんで背中をかいてやるとまねきねこが眠ってしまう……なんでこんな謎かけが解けるのかよくわかりませんが。そういうことでクイズは解けたんだけど、仲間割れして騒いでるうちにねこが目を覚ましてしまう。絶体絶命の状況で、シュンが見事なトリックプレイを使ってゴールを狙う！　がはずれる！　そのリバウンドを決めたのは不良生徒天谷（**神木隆之介**）だった！　天谷は「これは有能な奴だけが生き残れる素晴らしい世界だ！」と浮かれるヤバイ男。今回のゲームで生き残ったのはシュン、イチカ、天谷の三人だけだった。その三人はそのまま次のステージに連れ去られる。

そのころ、全世界の高校で同じようなゲームが行われ、一千万人もの死者が出る騒ぎになっていた。同時に宙に浮かぶ巨大な白い立方体があらわれ、ゲームの生き残りはみなそこへ連れていかれる。シュンたちは東京タワーの脇に浮かぶ立方体に送られる（世界中にいくつも同じような立方体があらわれたんだそうな）。シュンが目を覚ますと、隣には中学のときに転校した美少女高瀬翔子（**優希美青**）がいた。どうやらタではじまる名前が集められているらしい。部屋には「静かにしてくれないか。今ベクトル解析におけるヘルムホルツ展開[※3]でこの空間を分析してるんだから」とかなんとか言ってる嫌みな天才少年がいる。もちろん次に死ぬのはこいつに決まっている。ゲームは空中を浮かぶこけしによる「かごめ」で「後ろの正面」を当てられたら脱出できるというもの……。

……そんな感じで理不尽なとんちゲームは続いていく。淡い恋があったり、サイコパス天谷が暴れたり、いろんな人が無慈悲に死んだり、シュンが「平凡な人生なんてくだらない」と思っていた自分を反省したりまあいろいろあるんですけど、基本的にはすべて御都合主義なので、どうでもいいんじゃないですかね。いや、正直三池崇史にこういうの作らせても「はいはい暴力描写入れとけばいいんでしょ～」って感じで実に心ない人体破壊描写をくりだしてくるだけなんで、いまさら何

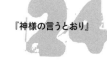

も新鮮味ないのだよ。**で、肝心のお話のほうをどうこうしようって考えはまったくないので得意の投げっぱなしジャーマン。**別に立方体の謎とか解かれるわけじゃないんだよ？　最後の「死の缶蹴りゲーム」をクリアしたあと、ついに生き残ったシュン。「神様なんかいるもんか……」というと、そこにいたのはマトリョーシカ。いやこの映画、ゲームを主催する相手が毎回動く置物なんですよ。で、それが「だるま」→「まねきねこ」→「こけし」→「しろくま」→「マトリョーシカ」。で、マトリョーシカの言うには

「神様はいるよ」

は？

いや「カ」で終わるから→「かみさま」

は？

とそこに立っていたのはかみさま（**リリー・フランキー**）。東京タワーのそばだから！※4　いやともかくこの映画すべてが退屈したリリー・フランキーのあ・そ・び。

※1　三池崇史　1960年生まれ。映画監督。時代劇からアクションやホラー、さらにはコメディまで様々なジャンルの作品を手がける。多作でも知られ、その監督作品数は80本以上。『新宿黒社会』で95年に劇場映画監督デビュー。過激な暴力描写も有名で、海外でも評価は非常に高い。代表作に『極道恐怖大劇場　牛頭』（2003）、『十三人の刺客』（2010）、『一命』（2011）等。2013年公開作の同監督作品『藁の盾』については書籍版『皆殺し映画通信　2014』にて。

※2『リアル鬼ごっこ』　2001年の山田悠介によるホラー小説とそれを原作とするコミック、テレビドラマ、ゲームおよび映画のこと。映画は柴田一成監督により2008年に公開。こちらはシリーズ化して2012年の『リアル鬼ごっこ5』まで5作が公開されている。西暦3000年の未来を統治する国王が、全国の「佐藤」姓の人間をターゲットにする、捕まれば特殊収容所に入れられ処分されるという鬼ごっこを始めた。主人公は最後まで生き延びることができるのか。

※3　ヘルムホルツ展開　空間的に均質な磁場を発生させるための、コイルの配置方法を導出するための無限回微分可能な関数f（x）から、負冪の項を持たない冪級数を得ることを言う……らしい。

※4　東京タワーのそばだから！　リリー・フランキー著の半自伝的小説『東京タワー～オカンとボクと、時々、オトン～』から。

きみはもりけんを知っているか？ 年末特番スピリチュアル映画祭り！［前篇］

『ワンネス～運命引き寄せの黄金律』

監督・脚本＝森田健
出演＝中村祐一朗、梅村結衣、IZAM、前田耕陽、城咲仁

きみはもりけん[※1]**を知っているか？** ぼくはもちろん知りませんでしたが、もりけんこと森田健は『生まれ変わりの村』で知られる現代輪廻転生テーマの第一人者。著作は『スープ～生まれ変わりの物語～』として小西真奈美主演で映画にまでなっている。そのもりけん初監督作品がなんといっぺんに三本も封切られるという恐ろしいもりけん映画祭り！

おいおいこんなの誰が見に行くんだよ……と思いながら例によってハートロッカー精神[※2]を発揮して朝一で見に行くとシネマート六本木にはすでに待っている客が！ **変なアイドル映画なんかよりよっぽど人気じゃないか！** 恐ろしいことに映画館に慣れてないらしいもりけんファンは開場前だというのにどんどん勝手に劇場に入っていく。しかも終了後のもりけんの舞台挨拶によれば今日は空いていたほうで、他の日はほぼ満席だという。驚くべきはもりけんの動員力、世の中にこんなに生まれ変わりを信じてる善男善女がいるとは……。

さて、映画はパトカーに「銀行で殺人事件発生」の急報が入るところからはじまる。現場に急行した警官、中から飛びだしてきた行員の女性とぶつかって、その銃が暴発して女性を殺してしまう（もうこの冒頭の描写だけで百ヶ所くらい突っ込みたいのだが、そんなことをやってたら百枚書い

ても終わらないので以下突っ込みどころは全部飛ばします）。「キスして……」と言って息絶える女性。

高校生の智也（**中村祐一朗**）は博物館で新撰組の展示のボランティア中。見学に来た小学生が言う。

「ねえ〜前世では新撰組だったんでしょ？　なんで土方副長は洋装なのか教えて」

「さあ、知らないなあ。実は土方さんが洋装はじめる前にぼくはもう死んでたんだ。しかも女性に刺されて」

「だっさ〜　その人どうしたの？」

「生まれ変わって、拙者と同級生でござる」

なんという会話ですか。てか智也くん前世記憶高校生としてすでに有名らしいんだけど、そんな奴に歴史教育のボランティアとかさせてたらあかんやろ！

ちなみに前世のいきさつとはこうである。新撰組の一隊士である**前田耕陽**、彼が実は智也の前世。同じく隊士の**IZAM**と飲みにいった帰り。

「おまえ、あの飲み屋の女好きなんだろ〜？」

「いやいや〜」

「え〜誰か付き合ってる女でもいるの？」

「いないいないい〜」

い、いや新撰組たって大学生くらいの若者だからそういう会話もあるよね！　ね！　そこに突然の人影、

「近藤勇、覚悟！」

と飛びだしてきた女に前田耕陽はドスで刺されてしまう。IZAMが女を切るが前田耕陽はすでに虫の息。

「おれは近藤勇ではない……」

女、今際の際で
「え？　あたしとしたことが……すいません、人違いでした」

「マジか！　人違いとか……これも運命……」

「あんた、いい男だね」

「おまえもいい女だな」

と死に際にものすごく簡単に一目惚れしあった二人、あの世での再会を誓って、生まれ変わって同級生になったというわけである。**まあ、もりけん先生がそう言うんだから仕方ない！**


「あ、遅刻だ！」

と慌てて学校に向かう智也。生まれ変わった前世GFヨーコ（**梅村結衣**）が智也を待っていると、目の前をちんどんやみたいな派手な仮装をした男女がとおりすぎる。

「これから歌をやるんだよ。世界はワンネスって曲なんだ」

と説明する子供。ちなみに楽団のシルクハットの男性としゃぼん玉吹きの女性はパウロ・コエーリョ[※3]やら『聖なる予言』[※4]やらシャーリー・マクレーン[※5]やら翻訳している**山川紘矢・亜紀子夫妻**[※6]！　**スピリチュアルエリートの登場だ！**　スピ界でのもりけん人気を見せつけられる思いである。

ヨーコと智也の通う附属高校に隣接する大学では、水嶋教授（**城咲仁**）が黄金比と次元についての講義をしている。

「二次元の平面を上からは自由に動けるように、三次元の空間も四次元的方向からは自由に操作できる……」

つまり『インターステラー』[※7]と同じようなネタだね！

「ただし回転には気をつけなければならない……四次元空間で一八〇度回転すると三次元的には左

右が逆になってしまう。つまりわたしの右の頬にある黒子が左に移ってしまう。九〇度だと平面だ」

そんなインターステラー博士は助手と一緒に次元移動を研究している。南極にヒーリング装置を設置し、地球温暖化を食い止めるのだ！　ところが実験したら、自分たちが移動するはずだったのに白熊がこっちに来てしまった！

「わあ白熊だー！」

その声を聞きつけたのが、智也に渡すはずだった世界史のノートを学校のロッカーに取りにきたヨーコ。しかし、南極に行こうとして白熊が来ちゃったら、その時点で失敗じゃないんですかね。先生の研究所にふらふらと入り込んだヨーコ、博士たちの次元転送に巻き込まれてしまう。だが転送前に白熊が暴れてキーボードを打ち、コンピュータを狂わせてしまった！　そのまま謎のトンネルのようなところを飛んでゆくヨーコ。

「回転するな！　回転に気をつけろ！」

と連呼する先生。着いたところは……銀行の金庫室だった（どう見てもただの会議室ですがそこはそれ）。ただし生きて着いたのはヨーコと助手だけ。先生はあんなに言ってたのに回転して左右反転してしまい死亡（なんかおぞましい死体を想像しましたがそういうものじゃなく残念）。白熊は九〇度まわってペラペラの薄紙になってしまったのだった。

一方、ヨーコが戻ってこないのに業を煮やした智也もふらふらと研究室へ。そこで研究室に置いてあった3D眼鏡のようなものをかぶるとあれよあれよと……異世界へ消えてしまった。

安いCGで描かれた世界に着いた智也。そこにヨーコそっくりの美少女があらわれる。

「きみは……？」

「あなたの無意識。ヨーコとそっくりなのは彼女があなたの理想像だから。それとも理想とそっくりだから好きになったのかも。アニマと呼んで」

ユングかよ！[※8]　あらゆるオカルトがごった煮になってながれこむもりけん映画、もちろん引き寄せとかポジティブシンキングとかその手のものは標準装備。

「ここはゼロ次元、情報次元よ。いつでもどこでももの世界」

……と無意識のくせにどう考えても智也が知らないことまでいろいろ教えてくれるアニマ。

「じゃあミュージカルに行くから着替えてくるわ。服は想像すればなんにでも変わるのよ」

と言ってはじまるのが、ラッパーMACHEE DEFが歌う「運命引き寄せの黄金律」。**作詞はもちろんもりけんだ！**

歌詞におりこまれているギバーとかテイカーとかっていうのはあなたのエネルギーを奪う人と与える人という意味で、ゼロ次元ではセクシーねえちゃんに『スペース・バンパイア』[※9]な感じでエネルギーを奪われた智也にグレイ（宇宙人）がエネルギーを与えたりする。で、ポジティブになったりネガティブになったりするサインを見逃さず引き寄せろ、というわけ。ゼロ次元を使いこなせるようになった智也はアニマとダンスを踊ったのち、プテラノドンにまたがって研究室のコンピュータに飛び込む。電子をあやつってコンピュータを解読、ヨーコがどこに送られたのか見つけだすのだ！　ゼロ次元の存在である智也はいつでもどこでも行けるのだった。ヨーコの転送先である銀行に向かった智也だが、ゼロ次元の存在なのでヨーコには気づいてもらえない。そこで携帯に侵入、電子を動かして（これればっかり）携帯にメッセージを表示するのだった。

一方ヨーコはというと、助手と二人のんびりヒーリング装置を検分したりしている。

「これ、電池式なの？　電池切れたらどうするの？」

「南極まで電池替えにいく」

やけにのんびりしているけれどなんせ前世の記憶をもっているヨーコ、万事において「なるようになれ」を貫いている大人物なのである。ヒーリング装置は地球温暖化だけでなく白熊に襲われたヨーコの傷も治してくれるし、見てるときれいな光も放つ。**たぶん森田健不思議研究所で売られるんじゃないかな。**そしたら地球温暖化も解決！　まあ定期的に電池交換しなきゃいけないわけだが。

そこへ圏外のはずのケータイが鳴り、智也からメッセージがあらわれる。智也は警報装置の電子と戦って警報を解除する（もうなんでもありやな）。金庫室から出たヨーコだが、白熊に襲われて服が破れているので、更衣室で行員の服を盗んで着替えてから出ていくことに。と、そこでケータイの充電が切れてしまう！

「昨日充電してなかったから……」

だが智也がヨーコに触れると、智也は帯電しているので電気ショックを与えられる。

「あ、唇がピリっとした。これがファーストキスね。百五十年かかったわ。充電しなくてよかった」

ところがのんびり着がえとかしてるもので先生の死体が発見され、殺人事件の通報が警察にいく。あわてて飛びだしたヨーコは警官と鉢合わせに……（冒頭に戻る）。

「キスして……」　がくっ

そのころ先生はあの世にいた。喫茶店で1000円のコーヒーとケーキセットを食べる先生。ちなみにスープは無料。

「スープうまいな！　おかわり！」

ウェイトレスが「あら飲むんですか？　あの映画ができて以来飲む人減ったっていうのに」

「へ、映画って何？」

「『スープ～生まれ変わりの物語』ですよ。DVD絶賛発売中！」

ステマか！　やっとここで前世の話が出てきましたが、あの世でスープを飲んでしまうと前世の記憶をなくして生まれ変わることになるんだそうです。今世の記憶を保っておきたい人はスープだけは飲まないようにしましょう！　それがもりけん映画を見たぼくからの忠告です。

で、智也はどうするのかっていうと、

「あの世は高いところ……そうか高次元だ！　五次元で反転すれば過去に戻れる！」とインターステラー先生みたいなことを言いだして、プテラノドンにまたがって五次元に向かうのであった。結果はもちろんインターステラーになるのでめでたしめでたし。で、オレも粗筋全部説明して終わりだやれやれ、と言いたいところだけど**実はもりけん映画はまだ二本あるのだ！**　そういうわけでもりけん映画祭り次週完結予定！

※1 もりけん　１９５１年生まれの著述家、森田健のこと。「不思議現象」の研究者。上智大学電気電子工学科卒業後、富士通などのサラリーマンを経てコミンューターソフト会社を経営。その後に「不思議研究所」を設立。霊能者、霊的治療師、サイババ、心霊治療、テレポーテーション、蘇生術、易学などを研究し、『不思議エネルギーの世界』シリーズや『不思議の科学』などで発表を重ね、精神世界系のカリスマとなる。２０１２年に森田健の原作をもとにした映画『スープ』が公開され、その後に本作である『ワンネス～運命引き寄せの黄金律』を自らの監督・脚本で公開した。

※2 ハートロッカー精神　書籍版『皆殺し映画通信　２０１４』で柳下毅一郎曰く「地雷ってわかって観てるからね。『ハート・ロッカー』だからさ（笑）。地雷除去の活動って言ってるんだけど、お前単に好きで行ってるんじゃないのか、と」。『ハート・ロッカー』は２００８年公開のアメリカ映画。キャスリン・ビグロー監督。バグダッド郊外で爆発物処理に従事する命知らずのジェームズ二等軍曹の苦悩を描く。

※3 パウロ・コエーリョ　１９４７年生まれ。ブラジルの小説家で作詞家。小説『アルケミスト　夢を旅した少年』（１９８７）がベストセラーとなり、その後コンスタントに小説を発表。ラテンアメリカを代表する人気小説家である。

※4 『聖なる予言』　ジェームズ　レッドフィールドによるスピリチュアル小説。南米ペルーで発見された古代文書に記述されていた「九つの知恵」を巡る物語。最初は自費出版の本であったが、その後ベストセラーとなり、日本でも１００万部以上が読まれた。

※5 シャーリー・マクレーン　１９３４年生まれ。アメリカの女優。アルフレッド・ヒッチコックの『ハリーの災難』（１９５５）で映画デビュー。おちゃめな魅力のある女性役で一世を風靡する。代表作に『恋の売込み作戦』（１９５９）、『アパートの鍵貸します』（１９６０）、『愛と追憶の日々』（１９８３）等。精神世界や仏教思想などにも傾倒し、自らの神秘体験を著した『アウト・オン・ア・リム』は世界でベストセラー。他にもスピリチュアルな著作は多数。

※6 山川紘矢・亜紀子夫妻　山川紘矢は1941年生まれ。東京大学法学部卒業後大蔵省に入省。1987年に退官して翻訳家。山川亜希子1943年生まれ。東京大学経済学部卒業後に夫の山川紘矢とともに翻訳家として活躍。前項のパウロ・コエーリョ、ジェームズ・レッドフィールド、シャーリー・マクレーンらの著作の翻訳を行うほかに、膨大なスピリチュアル本の翻訳を夫婦共同で行う。天使、精霊、精神世界等、新しい世界が見えてくるメールマガジン『紘矢・亜希子の自由気ままに』もまぐまぐ!で絶賛連載中。

※7『インターステラー』　クリストファー・ノーラン監督による2014年公開のSF映画。急激な環境の変化により食糧不足となった未来の地球で、新しい居住可能な惑星を探す任務にむかうクルーたちの物語。理論物理学者で一般相対性理論の権威キップ・ソーンの監修を受けたことでも話題となった。

※8 ユング　カール・グスタフ・ユング（1875―1961）はスイスの精神分析家。彼の研究はユング心理学といわれる。フロイトの精神分析学が性に立脚するが、ユングは彼の患者たちが持つ共通のイメージが神話や古代の物語に似ていることに着目し、人類共通の「集合的無意識」が存在すると主張した。オカルティズムや宗教などへの傾倒も見られるためスピリチュアル系の思想によくその思想が援用される。なお「アニマ」とはユングの元型論の代表的な理論のひとつ。男性の中の女性的な心理的な側面で、これが実際の女性に投影されることもあるという。もともとは古代ギリシア語で生命を意味する言葉である。

※9『スペースバンパイア』　1985年公開のイギリスのSFホラー映画。『悪魔のいけにえ』（1974）などで知られるトビー・フーパーが監督。スペースシャトルが発見した謎の宇宙船。そこから回収したカプセルの中には生命エネルギーを吸い取るバンパイアが……。

輪廻転生とまさかのアマチュア無線映画に脱力度さらに加速！
年末特番スピリチュアル映画祭り［後篇］

『生まれ変わりの村』

構成＝生まれ変わりの村製作グループ
出演＝小木重光

『和～WA～』

監督・脚本＝森田健
出演＝星野聖良、新田海統、森田健

もりけん映画祭り第二弾！　残る二本はドキュメンタリー映画『生まれ変わりの村』と東日本大震災をきっかけに製作したという『和～WA～』。と聞けば当然気になるのはもりけんの輪廻転生思想が全面的に展開するドキュメンタリーのほうだろう。だがあにはからんやこっちは全然面白くなくて、面白いのは『和～WA～』のほうなのだった。**まあ本物の人っていうのは往々にしてそういうところがある。**本気で語り出すとつまらなくなっちゃうんですね。本日も満員で空いてるのは最前列だけ（かなりの数の席が前売りで売られているので、空席もちらほら。ノルマかな）。

『生まれ変わりの村』は**森田健**が発見したという中国奥地に存在する「住人の多くが前世を記憶している村」に取材したドキュメンタリー……かと思いきや、別に取材するわけじゃなくて、そこで聞き込んだ話を再現ドラマ風に作るだけ。なんでもその村には「あの世で出されたスープを飲むと記憶が消える」という言い伝えがあるため、みなスープに対して意識的で誰も飲まず、かくして前

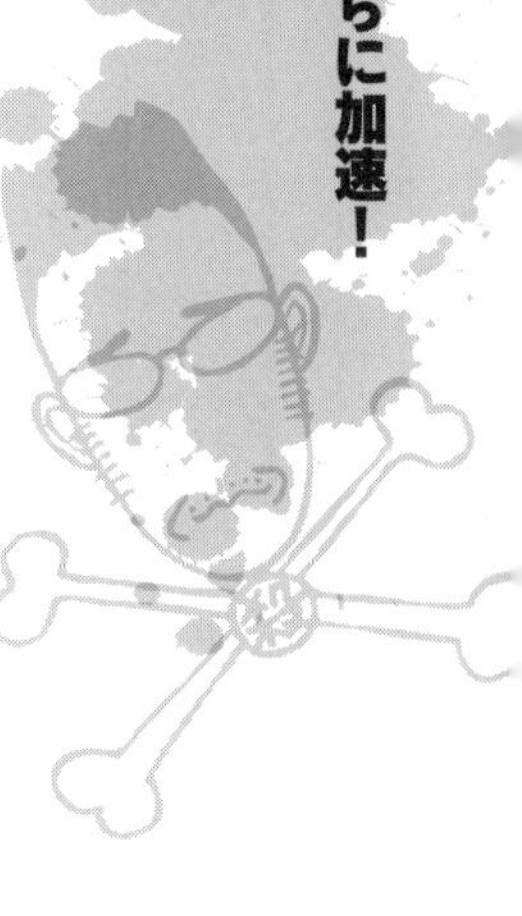

世記憶者だらけの前世の村ができたのだという。まあそれはいいとして、ならその村に取材に行けよ！　と思うのだがなぜかそういうことにはならず、**三人ほど中国人が証言するだけ。**村の名前もわからないし、そもそもその三人が本当に村の出身者なのかどうかもわからない。

小木茂光[※1]という人がナビゲーターをつとめるのだが、スタジオに立ってナレーションをしていくだけ。前には椅子が並べてあるのだが、最後まで空っぽで誰も座らない。じゃあなんで椅子が並べてあるのかわからないのだが、彼は淡々と空の椅子に向かって生まれ変わりのスープの説明を続けていく。

「スープはどんな風に出るのでしょうか？」

と自問して流されるのが『スープ～生まれ変わりの物語』とか『ワンネス～運命引き寄せの黄金律』とかもりけん映画からのクリップ。それで

「いろいろなかたちがあるようです」

って自問自答したうえによくわからないまま！　最後にはもりけんの講演の録音が流れるのだが、それは愛犬フェルルが死んだのち生まれ変わってきたというお話。なんでももりけんの妻の夢にあらわれて、「生まれ変わるから」とメッセージをよこし、翌日ブリーダーのところで生まれ変わりの犬を買ってきたのだという。**名前はリボン＝reborn。**フェルル、もりけんが『生まれ変わりの村』を準備中に散歩で連れまわしていたので内容を知っており、スープを飲まなかったのだ！

やれやれ。いやだがぼくが見たかったのはこっちではなく『和～WA～』のほうなのだった。この映画、『ワンネス』の主題歌を歌っていた声優アイドルっぽい声で声優アイドルっぽい顔をした**星野聖良**がヒロインをつとめる……というのでたいへん気になっていたのである。というわけで映画がはじまると……。

「ハローCQ、CQ、CQ[※2]……こちらJH1ICY、ジュリエット、ホテル、ワン、インディオ、

チャーリー、ヤンキー」

なんとアマチュア無線！ **ハム映画なのか！**※3 机には雑誌『CQ』※4と無線機、由緒正しいアマチュア無線の光景である。実はもりけんさんコールサイン持ちのアマチュア無線技士らしい（映画内で使われているコールサイン※5はもりけんのもの）。今ではすっかりすたれてしまったが、かつてはオタク趣味の花形のひとつだったアマチュア無線。急にもりけんに親近感が湧いてきた（ちなみに筆者も従事者免許所持者）。

コールを送っているのは一六歳の高校生流星（**新田海統**）。YL※6の星美（星野聖良）のことが気になって、彼女がCQするとすぐ応じ

「ファイヴナイン、入感」

「またあなたあ」

とか言われている。声だけで星美に恋している流星は

「地上でも会おうよ～」

としつこく迫っている。しまいに

「星美、かわいい」

「何言ってるの、顔も知らないくせに」

「検索して写真を見つけたんだ」

それはだめ！ いちばんやってはいけないことを堂々とやってるストーカー高校生流星。流れる寒い空気にも気づかず「そうだ、月面反射で通信してみない？」などと誘いかける。電波を月面に反射させて遠距離に飛ばすのが月面反射通信※7だが、この場合ほとんど意味がないっていうか……ともかくやってみて、三秒のタイムラグ（電波が月面まで往復する時間）入りの会話で

「ぼくのうさぎさん、聞こえるかい」

ストーカーやめい！ ところが気がつくとラグのないまま返信が即座に返ってくる。これはいっ

たい……？

ところでこの映画、このアマチュア無線パートの合間合間にドキュメンタリーのパートが入る。「意識」と「無意識」を乗せた天秤を描いたアニメが挿入され、「意識」が重くなるとドラマパート、「無意識」が重くなるとマイクを手にした森田健がレポーターとして登場する街角インタビューになる。原宿の女子高校生や丸の内のサラリーマンにマイクを向けて「宇宙人っていると思いますか？」と訊ね八木博士とともにアンテナを研究し、アンテナ技研につとめる恩師にアンテナの仕組みを聞く。登場するのは極真会館の師範、パン屋のフランス人、引き寄せ界のカリスマ**佐野美代子**[※8]（ロンダ・バーン『ザ・シークレット』などの翻訳者）、天下寿司[※9]、メイド喫茶めいどりーみん[※10]などなど……**ともりけんの単なる知り合い大集合！**　なおインタビューに答えている妙齢のご婦人がたもどう見てももりけんファンのサクラと思われる。ドキュメンタリーの何が無意識で、ドラマのどこが意識なのかはよくわからないのだが、つまりは無意識＝世界は意識＝人間が意識していないことも知っているから直観に耳を傾けろ、とかそういうことかな？　八木アンテナ[※11]は指向性だから意識、グランドプレーンアンテナ[※12]は無指向性だから無意識、というのはちょっと面白かったかもしれない。

どうやら電波の発信源は月ではなく、カシオペア座の中らしい。そこにあるのは……アンドロメダ星雲だ！　つまりこれはアンドロメダ星人からの返信に違いない！　いやその「アンドロメダ星人」って……ざっくりしてるにもほどがあるわ！　流星と星美にフランス人のピエール（都合良く日本語が喋れる）も加わった三人はコンタクトを試みる。

「映画の『コンタクト』[※13]では素数を送ってたわ！」

と電信で素数を送ってみると、素数が返ってくる。

「すごい、知的生命体だ！」

だがアンドロメダ星雲は250万光年の彼方にあるはず……つまり超高速通信[※14]か！　いや先方からのメッセージはFTL通信でもいいんですが、地球から送ってる無線信号はどうやって届いてるんでしょうか。地球近くにリピーター[※15]があるのかな？　でもだったらとっくに地球に来てるってことになるんですけど……てっきりアンドロメダ星人出てこないのかと思ったら、アダムスキーの金星人のような、というか『地球へ…』みたいというか、そんな感じの金髪碧眼なアニメの宇宙人が出てきて脱力度さらに加速。画像を送ったりしますが、画像形式がどうなのかとかモールス信号は解読できるのかとかそういうことは問うだけ無駄なので誰も聞いていません。

「よし、じゃあぼくは動画を送ってみるよ。著作権フリーの映画の予告編を！」

と言って送るのは『ワンネス～運命引き寄せの黄金律』！　**そんなん送ったら地球人の知性が誤解されてしまうではないか！**

だがアンドロメダ星人は

「あなたたちは高次元の回転によって時間移動したのですね。わたしたちは高次元の隙間を使って超高速通信を実現しています」

ともりけん思想を全面肯定。やっぱりインターステラー[※16]先生は正しかったのか！

「わたしたちは自分のアニマとアニムスを実体化することができます。あなたがたにもそれを送りますね」

アニマやアニムスを把握できるんなら実体化させて分離するんじゃなくて統合しなきゃ駄目でしょ。

次の瞬間はっと驚く流星。

「どうしたの？」

「だ、だって星美がここに……」

そう流星の理想の女性は（理想の女性＝アニマではないのだがそこには突っ込まないで）星美だったのだ。会ったこともないのに。そして星美のそばにはストーカー流星が。こうなると「なんか騙されてるんじゃないか？」と疑いたくなるところだけど、一六歳のカップル無事成立ということでめでたしめでたし。一人取り残されたピエールはどうしてるかというと
「うわ！　隣に裸の男があらわれたんだけど……ぼくどうしたらいいの？」

そのころ異星人の出現によって緊張が高まり、戦争に突入する国も出てくる（とナレーションで説明される）。一方流星の前には
「わたしスピカ[※17]から来たの」

「わたしは牡牛座のプレアデス星団から！」

とアニメ美少女が次々にあらわれる。いったいどうなる？

（完）

いや（完）じゃねえだろう！　そんなまさかのアマチュア無線映画、エンディング・テーマはもちろん星野星良（JT1EFB）が歌う「ハローCQ」（作詞森田健（JH1ICY））です。

※1 小木茂光　1961年生まれ。俳優。哀川翔や柳葉敏郎を擁した頃の一世風靡セピアの元リーダーでもある。『踊る大捜査線』テレビシリーズをはじめ、テレビドラマや映画の出演は端役ながらも多数。
※2 ハローCQ、CQ、CQ　アマチュア無線通信で、不特定者に対して応答者を求める呼び出し信号。「CQ CQ CQ。こちらは（コールサイン）どうぞ」は定型の呼び出し方法。
※3 ハム　アマチュアの無線家のこと。インターネット前史に、不特定多数の人たちとリアルタイムでコミュニケーションがとれることから、マニアックな趣味として一世を風靡した。「HAM」と英語表記はあるが、その語源は不明。
※4 雑誌『CQ』　1946年創刊のアマチュア無線の老舗専門誌。しぶとく生き残る無線マニアのハムライフをサポートして現在でも元気に発行中。
※5 コールサイン　無線局を識別するために割り当てられる文字列。アマチュア無線は国家資格の従事者免許が必要で、そのうえで申請しはじめてコールサインが付与される。
※6 YL　Young Lady すなわち女性の無線家のこと。ハム界では貴重なのですさまじくモテる。

※7 **月面反射通信**　月面に電波を反射させて遠距離で無線交信する方法。専用の無線機材や大がかりなアンテナシステムだけではなく、月の運動を計算する高度な天文知識と通信技術が必要となる。ただし、現代ではこの技術に実利性はほとんどない。

※8 **佐野美代子**　フリーの同時通訳、翻訳家。ロンダ・バーン著の自己啓発本『ザ・シークレット』を、山川紘矢・亜紀子夫妻とともに共同翻訳。以降、スピリチュアル系の翻訳本を多数手がける。

※9 **天下寿司**　都内に9店舗を展開する回転寿司チェーン。築地市場から直送の新鮮な魚を店舗ごとにさばいております。一皿125円から。

※10 **メイド喫茶めいどりーみん**　秋葉原本店を筆頭に国内17店舗をチェーン展開するメイド喫茶。タイにも直営店を展開している。いつも100％の笑顔でお出迎えします?

※11 **八木アンテナ**　電気工学者の八木秀次（1886-1976）と共同開発者の宇田新太郎が1925年に開発した汎用指向性アンテナ。テレビ普及とともに各家庭の屋根に設置されたあのくし型アンナテのこと。戦前から世界的な発明として普及した。デジタル時代の現在でもYAGIアンテナを代替えするものがないといわれている。

※12 **グランドプレーンアンテナ**　GPアンテナ。垂直のロッドと、下部から放射状に広がるエレメントからなる。水平方向は無指向性なのでタクシー無線などでも使われる。

※13 **『コンタクト』**　1997年公開のアメリカ映画。監督はロバート・ゼメキス。原作はカール・セーガンのSF小説。地球外生命体の存在を研究する主人公ジョディ・フォスターはある夜、ヴェガ星からの電波をキャッチするが……。

※14 **超高速通信（FTL通信）**　FTLは"Faster Than Light"（光より速い）の略。その名の通り、光速に勝る電波の送信技術のこと。SFではおなじみの架空の技術。

※15 **リピーター**　電気通信における中継基地または装置のこと。

※16 **アニマとアニムス**　本書P252「ユング」脚注を参照のこと。アニムスは、アニマとは逆に女性が持つ集合無意識的な男性イメージのこと。男性も女性もそれぞれの性とは別の異性（アニマ・アニムス）を統合して人格のバランスを保つといわれる。

※17 **スピカ**　おとめ座α星のこと。

260

一年の最後の〆にリア充エクスプロイテーション・デートムービー

『MIRACLE　デビクロくんの恋と魔法』

監督＝犬童一心　脚本＝菅野友恵　原作＝中村航
出演＝相葉雅紀、榮倉奈々、ハン・ヒョジュ、生田斗真、クリス・ペプラー、劇団ひとり

原作は『100回泣くこと』[※1]の中村航[※2]。泣ける恋愛小説の「名手」が山下達郎の「クリスマス・イブ」[※3]を元にした小説を映画化、ということで完全にクリスマス時期向けのハイコンセプト映画、リア充エクスプロイテーションのデートムービーである。犬童一心[※4]もこんなん撮るようになってしまいましたかねえ……といささか暗い気持ちで見に行ったけど、コンセプトとは別に犬童監督もやることはやってる感じ。とは言ってもこのコンセプトにこのキャストじゃ何をやってもどうしようもない感じはあるんだけど。

クリスマスこそ仕事が引きも切らないサンタクロースだが、それ以外の三百六十四日は一人孤独に北極で暮らしている。その孤独や悲しみはよどみ、やがてダークなサンタクロース、デビル・クロース＝デビクロとなる。デビクロの唾は「アンゴルモアのいかづち」と呼ばれ、触れたものをすべて焼き尽くす。だがすべてがゼロになったときには本当に大切なものだけが見えてくる……いかにも中村航さんが考えそうな「ひねったクリスマス・ストーリー」である（ひねったつもりで何もひねれていない）。

さて、物語は子供時代からはじまる。イジメられているチビで気弱な小学生男子と、そのボディガードとなっている気が強くて大柄な小学生少女。彼女がイジメッ子から取り戻した「自由帳」に少年はデビクロのコンセプトを描いている。そしてそこには「月の光を背負い、赤い衣を着て、左手には未来と科学、右手にはヒョウをしたがえた麗しき賢者がやってくる。そのとき運命が変わる」という謎の予言を記していたのだった。

それからウン年……。

気弱な少年は気弱な書店員になっていた。ヒカル（**相葉雅紀**）はほっこり系の創作漫画を描いてコミケに出品している漫画家の卵である。何かというと「ごめんなさいごめんなさい」と謝ってばかりいるので「ミスターごめんなさい」だ。だがそうやって謝ってばかりいると心にたまるのは孤独と悲しみ。そんなときはデビクロくんの出番だ！　というわけでデビクロくんの登場する「デビクロ通信」を作って、夜闇に紛れて隅田川永代橋周辺に無差別にばらまくのであった。この「デビクロ通信」

「キミが放つ光はすべてを照らす／ぼくはまだ芽が出ない」

「ぼくときみのあいだには大きな川がある／泳げない、渡れない／ヒトコブラクダはコブひとつで百リットル飲める」

てな調子の**気弱なみつをみたいなポエムばかりで、**全然デビルでもなければブラックでもない。別にデビクロくんが可愛いわけでもないので、それが町の人のあいだでひそかに話題になっている……理由は最後までわからないままである。

気の強かった少女杏奈（**榮倉奈々**）は新進気鋭の造形作家になっていた。『図書館戦争』[※5]のときにも思ったんだが、榮倉奈々って背が高いのが売りというか自虐のネタになってるようなんだけど、実際には全然フェミニンで、ちっとも男っぽさを感じさせないんだよなあ。この映画でも髪もボサボサで男っぽい服を着て巨大な鉄の造形物とか作ってるんだけど、普通に女の子っぽくてキャラ作り失敗してる感が強い。杏奈とヒカルは深川あたりの小道で向かい合った家に住んでいる幼なじみ。杏奈はヒカルのことが気になっているのだが、ヒカルは朴念仁なので何も気づいていないのだった。

だがある日、町を歩いていたヒカルは角を曲がったところで美人とぶつかる（本当に角を曲がったところでぶつかる）。パンこそくわえていないが未来学の本とヒョウの模型を抱えて赤いドレスを着た美女。これぞ「よげんのしょ」に書かれた運命の人だ！ 舞い上がってさっそく杏奈に報告するヒカルだが、杏奈はもちろん浮かない顔。だがヒカルの描いた似顔絵を見て血相を変える。それは世界的な照明アーティストソヨン（**ハン・ヒョジュ**）だったのだ。杏奈はソヨンとともにクリスマスに東京の町に灯をともす〈ユメキットカナウ〉プロジェクトに参加していたのであった。

一方、ヒカルは即売会「コミックヒート」で大学時代の漫研の仲間、キタヤマ（**生田斗真**）に再会する。キタヤマは卒業後、シティで金融マンとして活躍していたが、「漫画でも描いてみようかなあ〜」と昔取った杵柄的に漫画を描きはじめたらいきなり一千万部突破の大ベストセラーになってしまったのだという。世の妬みを一手に引き受けそうなイケメン漫画家を前にしても卑屈なヒカルである。

さて、杏奈に教えられたとおりに出待ちをして写真集をわたすヒカル。

「ありがとう！ 探してたのこれ！ じゃあね！」

名前も知らない相手からいきなり高価なプレゼント（しかも探していた稀覯本）とかされたらまずストーカーを考えると思うのだが、人を疑うことを知らないソヨンであった。自分の名前も伝えられなかった……と落ちこむヒカルなのだが、こういうこともあろうかと名刺を写真集にはさんでおいた杏奈のおかげでソヨンから電話をもらえて、無事デートの約束をとりつける。杏奈はヒカルの野暮ったい服をお洒落に整えてやり、デートの予行演習で水槽のあるレストランに出かけて……ってこれ『恋しくて』[※6]だったのか！（ご丁寧にキャロル・キングの"Some Kind of Wonderful"がかかる）どうも犬童一心が仕込んだっぽい。『恋しくて』と言えば80年代ラブコメ映画の最高峰として今も胸キュン多数な名作なのだが、あれは高校生の話である。**大の大人、32歳と26歳の恋愛で それってどうなのよ！**　ここまでくるとヒカルが鈍感すぎて頭が痛くなってくるレベルなんだけど、嵐ファンの淑女のみなさんはそういうのがお望みなんでしょうか？　ガラガラの劇場を見るかぎり、そんなことはないと思うのだけど……。

さて、下見までして望んだレストランだが、着いてみると店に自動車が突っ込む事故があって休業だった（ここは笑うとこ）。しかたないのでソヨンのいきつけの居酒屋に向かう。

「いつもの席にする？」

「今日はやめとくわ」

みたいな訳ありの会話があり、ソヨンは酔って韓国語で

「あの人を追いかけて日本に来たのに……」

と昔の恋人の愚痴をぶちまける（韓国語なのでヒカルにはまったく通じない）。はい、ではここで質問です。ソヨンの昔の恋人とは誰でしょうか!?　この物語をわかりきった結論に導くために、デビクロくんはどんな活躍をするのでしょうか？　答えは最後に記しますけど、たぶん読まなくても誰でも正解まちがいなしです。

で、酔いつぶれたソヨンを自宅に連れ込んだヒカル。もちろんそこを杏奈に目撃される。

「告白しようと思うんだ」

と杏奈に相談するヒカル。言葉も通じない、一度デートしただけの相手に「告白」とか何を考えてるのかさっぱりわからないのだが、なんせ『恋しくて』だから杏奈相手に告白の練習などしてみたりもする。そこで杏奈が感極まっても何がどうなってるのかさっぱりわからない鈍感大王ヒカルなのである。だが「編集者紹介してやるよ」と言われてのこのこ出かけて行ったキタヤマの家で、ソヨンが〈ユメキットカナウ〉点灯式の招待券をそっと置いていくのを見て、ようやく……。

で、点灯式（スカイツリーをクリスマスツリーに見立てたプロジェクションマッピング）の日、フランス政府からの留学給付金つきの賞を得て、三年間のフランス留学に旅立つ杏奈。キタヤマ（編集者に言われて自分の描きたい漫画が描けなくなり、鬱憤をヒカルにぶつけてたりしたちっぽけな男）とソヨンをくっつけたその場で杏奈が旅立つことを知り、走りはじめるヒカル。だが杏奈はもう空港行きのバスに乗っている。そのときデビクロくんの魔法が……そう空が突然曇り、雪が降ってきたのである。高まるBGMはもちろん「クリスマス・イブ」。降雪のせいで飛行機の出発が遅れ、ヒカルは奇跡的に間に合ったのだ！　問題はヒカルが杏奈への恋心を自覚する展開がないので、ソヨンがだめならこっちでもいいか……という滑り止め感がしてしまうところですかね。最後はMerry Chirstmas & Happy New Year from デビクロと出て、正月映画の伝統を守ろうとする心意気だけは買いたい。お正月映画らしい陽気さも楽しさも何もないんだけど、それもまたこうして一年過ごしてきた最後を〆るにはふさわしかろう。

※1『100回泣くこと』　2013年に公開された日本映画。監督は廣木隆一。詳しくは書籍版『皆殺し映画通信　2014』の「記憶喪失VS難病 地上最大の決戦!!『100回泣くこと』」参照のこと。

※2 中村航　1969年生まれ。小説家。デビュー作『リレキショ』（2002）で第39回文藝賞を受賞。代表作に芥川賞候補となった『夏休み』（2003）、『ぐるぐるまわるすべり台』（2004）等。ナカムラコウ名義で絵本や児童文学も手がける。

※3 山下達郎の「クリスマス・イブ」　シンガーソングライター山下達郎が1983年に発表したシングル曲。クリスマスソングの定番となり、30年にわたってクリスマス時期には延々リピートされつづけている。

※4 犬童一心　1960年生まれ。映画監督、CMディレクター。自主制作映画『気分を変えて?』（1979）でぴあフィルムフェスティバル入選。CMディレクターをつとめる傍ら監督した長編映画『二人が喋ってる。』が高い評価を得る。以降脚本家としても活躍しながら監督作品をコンスタントに発表。代表作に『ジョゼと虎と魚たち』（2003）、『メゾン・ド・ヒミコ』（2005）、『黄色い涙』（2006）、『のぼうの城』（2012）等。

※5『図書館戦争』　本書『万能鑑定士Q－モナ・リザの瞳－』脚注（P－36）参照のこと。

※6『恋しくて』　１９８７年公開のアメリカの青春映画。監督はハワード・ドゥイッチ。メアリー・スチュアート・マスターソンが主人公のボーイッシュなクラスメートを演じたのが印象的なラブコメディ。原題の"Some kind of wonderful"は、キャロル・キングがドリフターズのために書いた曲の名。後にキャロル・キングによりセルフカバーされている。

柳下毅一郎

（映画評論家）

特別企画
皆殺し映画放談
2014日本映画をメッタ斬り！

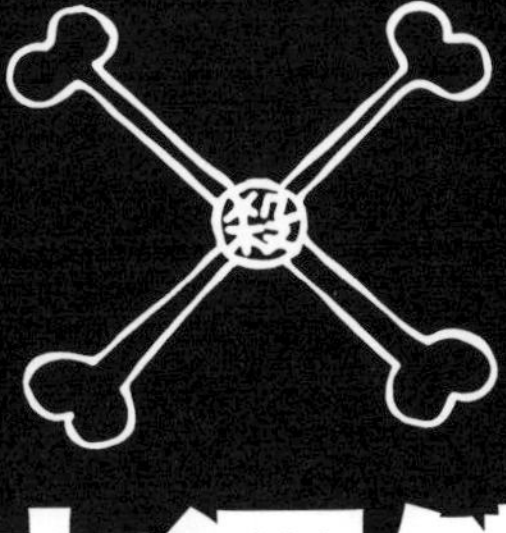

古澤健

（映画監督）

ふるさわ・たけし。1972年東京出身。映画監督、脚本家。高校時代から8ミリ映画を撮りはじめ、『home sweet movie』が97年度ぴあフィルムフェスティバルにて入選。映画美学校に進んだ98年の作品『怯える』はクレルモンフェラン短編映画祭に招待される。瀬々敬久『超極道』（2001）で脚本家としてデビュー。『ドッペルゲンガー』（2002）などの脚本も担当したのち、『ロスト☆マイウェイ』（2004）で劇場長編映画の監督へ。監督作品の代表作に本対談でも話題となった青春Hシリーズの『making of LOVE』（2010）、『今日、恋をはじめます』（2012）、『ルームメイト』（2013）、『クローバー』（2014）等。

なんでこんな映画が作られているのかっていつも思うわけですね（柳下）

柳下　今日『皆殺し映画通信』の対談に来てもらうことになったっていうのも古澤監督が今日本で一番の……まあ**堤幸彦**[※1]の次くらいに……売れっ子監督として年に2～3本撮ってるわけじゃないですか。

で、映画監督が何をしてるのかっていまいちよくわからない部分がある。往々にして。だからそこの話を聞きたいと思ってお呼びしました。なんでこんな映画が作られるんだろうっていつも思うわけですね。**『トワイライト ささらさや』**[※2]とか（笑）。誰が見ると思ってこういう映画を撮るのか。誰もわかってないまま、誰も見たいなんて思ってない映画を作っているんじゃないか。

古澤　今回改めて『皆殺し映画通信』を読み直して、日本映画はなんでこんなことをやってるんだろうって。

『**L♥DK**』[※3]っていう映画あったじゃないですか。剛力の出てる。あれとかはわからないでもないんです。難しいんですよね。企画の一番スタートは、おそらく剛力彩芽主演で何か企画しようということじゃないか。自分でいうのもなんですけど、ちょうどあの時期僕が撮った**『今日、恋をはじめます』**[※4]があって、少女漫画原作のラブコメっぽい映画がいけるんじゃないのかっていうのが業界に漂ったんですよね。そういう時期になるとみんなプロデューサーたちは慌てて本屋に駆け込んで今売れてる原作を探してきてこれで当てはめれば当たる映画作れるんじゃないかって。だから僕はあの辺は想像できる。

柳下　**『クローバー』**[※5]はいつ頃から企画としてあったんでしょう？

古澤　僕が呼ばれたのは前年の8月末くらいかな。

柳下　持ち込んだわけじゃないんだよね？

古澤　企画としてはまず（武井）咲ちゃんがあった。で、『今日、恋をはじめます』が当たっていた。当時興行収入17億8千万くらいかな。

柳下　素晴らしい。興収年間ベストテンに入る映画監督！

古澤　それで、この座組でやってとなったわけです。そのプロデューサーのＴＢＳの**平野**（**隆**）[※6]さんが言うには、昔**塩田**（**明彦**）[※7]監督の**『黄泉がえり』**[※8]というのがあって、よしこれで第2弾ということで**『この胸いっぱいの愛を』**[※9]が企画された。それと同じく、僕の場合は武井咲主演の少女漫画原作のラブコメっていう枠組みがあった。原作がいつ決まったのかは僕はわからないけど、話がきた時点ではこの原作で武井咲主演。相手役はそのあとに決まった。

柳下　プロデューサーの仕事として当然テレビ局とかからお金を集めてというのがあると思うんだけど、今回の場合はヒロインからはじまったということだよね。これが男だったらジャニーズの誰それとか。今は女優のほうからスケジュールおさえるのかな。キムタクなら別だろうけど。

古澤　スケジュール問題はありますね。だから『今日、恋をはじめます』のときで言うと、僕が呼ばれた時点で、1月のここから3月のここまで大河ドラマは出てるけど、毎週この日はおさえられるから映画をやりましょうってことです。あ、松坂桃李くんもNHKに出ててこの時期だったらおさえられるからやろうって。例えば**『ルームメイト』**[※10]にしても北川景子にこのスケジュールをもらった、だからいついつまでに脚本仕上げなきゃダメだ、とかそういう俳優のスケジュールありき。監督、脚本、主演俳優ってあったら主演俳優が決まらないと誰もお金を出さない。主演俳優が決まってて脚本が決まって最後に監督っていう順番ですね、僕が知ってる限りで言うと。僕が関わったやつで言うと**黒沢（清）**[※11]監督の**『ドッペルゲンガー』**[※12]。当時僕は制作会社の社員で、プロデューサーに役所（広司）さんでかつ黒沢監督で撮りたいから何かアイデアを考えろって言われていくつかアイデアを出した。黒沢さんに出しては蹴られ出しては蹴られ、最終的に投げやりになってペラ一枚で役所さんがドッペルゲンガーと闘うみたいなのを書いたら初めて黒沢さんがこれやりたいって。

柳下　どこが黒沢さんの琴線に触れたのかはわからない（笑）。

古澤　そのときに僕は初めてそういう企画の近いところに携わってわかった。まずは主演俳優が決まらないと大きなお金は集められない。

柳下　役所広司でお金が集まるとは思えないけど（笑）、基本は俳優ありき。その場合だと、「役所広司なら……」っていうプロデューサーがいたってことだよね。今って自分で企画を選んでる俳優さんはいるの？

古澤　うーん、主演級ではないんですけど田口トモロヲさんとかは……。

柳下　トモロヲさんならな（笑）。小栗旬とかは？　選んでそう……っていうか文句言ったりしそう。

古澤　妻夫木（聡）くんとかなら選んでますよ。**瀬々（敬久）**[※13]さんの**『感染列島』**[※14]だったかな。監督を面接する食事会があったらしいですよ。それは妻夫木くんなりに自分のフィルモグラフィーを充実させるためのことで、信用できる監督だったらやりたい……。

柳下　駄作には出たくない、と。ブッキーはそういうこと考えてそうだね。

古澤　ある程度実績を積み上げてきて名前が売れてくると、みんなあるんじゃないかな。

柳下　ブッキーやオダギリジョーとかは考えてるでしょう。うまくいってるかどうかは別問題として。

古澤　そういう自意識みたいなのはみんなあると思う。僕が今度『クローバー』に呼ばれたのも、僕が聞くところだと『今日、恋をはじめます』が当たって武井咲ちゃん側としてもあの監督だったらいいよって……。

柳下　私を魅力的に撮ってくれるに違いないと。

古澤　僕もそれは自負してますからね。**日本で一番武井笑ちゃんを可愛く撮れるのは僕だ**と思ってるんで。ここは太字で書いてください（笑）。

俳優部とかスタッフから黒沢さんが「何やってるのか、何がやりたいのか全然わからない」って詰め寄られてる現場を見たらしい（古澤）

柳下　なぜかメジャーで撮り続けている人っているよね。誰からも評価されていないのに。堤幸彦とかさ。

古澤　業界的には堤さんの会社っていうのは赤を出さずにキッチリと予算内で仕上げる。そこに対する信頼っていうのはある。

柳下　赤字を出さずにスケジュールを守るのがいちばん大事だと。

古澤　だけど現場的なことを言うと、僕が仕事してる映画のスタッフの人たちが必ず言うのは、監督が現場でどこにいるかによって監督に対する目つきが変わってくる。モニターのそばにいるタイプは、あぁテレビ出身の人ねって。カメラの脇にいてきちんとカメラマンの一番近いところにいてやり取りをしたり、俳優とやり取りするのが伝統的な映画の撮り方だし、そういうコミュニケーションの仕方が映画のコミュニケーション。堤監督とかはベースにいて、ずっとシーバー（トランシーバー）でしか役者ともコミュニケーションしない。現場に助監督がいてシーバーで全部言う。

柳下　ヘタしたらトレーラーの中から演出するみたいな。

古澤　俳優もスタッフも違和感がある。でも、かと言ってそれが映画のクオリティと正確に連動してるのかはわからないというのもあるんですが。

柳下　**福田雄一**[※15]とか堤幸彦とかなら、クオリティと比例しているって話だけど（笑）。コッポラだってトレーラーから出てこないわけで、それでいい映画を作れれば別にかまわないよね。ただ現場で一緒にやってるスタッフは、もともと映画界の人たちだからそこに違和感があるってことだよね。でも、今はそっちに慣れてる人のほうが多いんじゃないかな。こういうのは昨日今日はじまった話じゃないでしょう？

古澤　僕が仕事してるベテランのカメラマンなんかは、例えば『ルームメイト』でご一緒させてもらった**浜田（毅）**[※16]さんもスタジオ出身の人じゃないんですよ。町場の現場から出発している。だからなのか、非常に柔軟なスタンスで、「映画はこう作らなければならない」という風には捉えない方ですね。こういうのが映画の本来の作り方だよねっていうのを、特に若いスタッフなんかは囚われてる部分があると思うんですよ。そのことの良し悪しはある。映画スタッフって基本肉体労働者ですけど、でも批評とかを読むっていう知的な部分も当然ありますから。

　柳下さんにクソミソに言われた映画のスタッフとか、「あそこまで言われると爽快だよね」とか言ってたり（笑）。課金しないとこの先読めないのか、でも読みたい！って（笑）。

柳下　結構多いんだよ。明らかに新作のスタッフが読みたくて登録している（笑）。

古澤　プロデューサーは悪い評が出ると落ち込む。

落ち込むのはやっぱりいいものを出したいと思ってる部分もあるし、興業に響くかもしれないとかそういうのがあるからですけど、どっちかっていうとスタッフはそういうところ冷静に受け止めている。

柳下　スタッフは職人として関わってる部分もあるよね。プロデューサーだったり監督だったり、もちろん出演した俳優とかはそりゃ直接的に言われたら凹むでしょう。こっちもそこは伝わってる前提で書いてる。ただスタッフに関してはね、ある意味無責任に楽しめるところはあるよね。自分の責任はここまでだ、みたいな。僕がボロクソ言ってる映画は、作ってる側もたぶんみんなまずいよねって思ってるのでは。

古澤　すごい思ってますよ。

柳下　毎回馬鹿か！　って言ってるわけじゃない？　でも作ってる人たちは馬鹿ばかりじゃない。どうして馬鹿じゃない人たちが関わってるのに、こんなものができてしまうのかという……。

古澤　そこが難しいなと思うんですけどね。テレビと映画の作り方の違いの話に戻りますけど、現実問題としてテレビのスタッフとか監督が来てたりするわけですよ。そして、映画っていうのは本来こうあるべきなんだとか、スタジオ崩壊後の世界でどういう風にすべきなのかとか、危機感だったり未来をどうするかという発想が、知的な部分としてやっぱり存在する。フィルムで映画を撮ること、それこそが本当の映画作りだよねっていう発想がやっぱりあって。ただ現実問題としてプロデューサーが機材の予算とか握っているから、ビデオで撮らないといけなかったり。

柳下　それはでもアナクロニズムの幻想っていうかさ。例えば**クリストファー・ノーラン**[※17]がフィルムにこだわって**35㎜で撮って70㎜で上映**[※18]するとか無意味なアナクロニズムじゃないですか。古澤監督の場合は自主映画出身にしても8㎜じゃないでしょ。

古澤　ぎりぎり8㎜です。97年のぴあフィルムフェスティバル（PFF）で賞とったんですけど、たぶんその年がひとつの分岐点かなと思う。その年のグランプリがビデオ作品だったんですよ。確かその数年後に**Final Cut Pro**[※19]が登場するんです。僕らが大学生のとき**Hi8ビデオカメラ**[※20]はあったんですけど、8㎜のほうが圧倒的に編集しやすかったんですよ、そのときはまだ。

柳下　ビデオの編集が面倒だったわけね。

古澤　**ノンリニア編集**[※21]っていうのができなかった。途中まで編集して失敗するともう一回頭からやらないといけない。まだフィルムのほうが物理的にノンリニアにできるから、僕が大学卒業してちょっと位までは８㎜がメイン。でも逆に８㎜自体も手に入りにくい。

柳下　８㎜自主映画の黄金時代が終わってビデオに移行する直前くらいかな。

古澤　あの頃が一番自主映画の元気がなかった。僕が大学卒業して**映画美学校**[※22]に入ろうかと思ったのも16㎜でやるっていうから。16㎜だとコピー作れる。８㎜だと作れない。16㎜だったら劇場公開もできるのかっていう考えがあったからそこにすがった。その後すぐにビデオ時代が訪れて、まさか世の中にこんなにビデオの自主映画が氾濫して、劇場で簡単にかけられる時代がくると思ってなかった。

柳下　映画美学校がスタートしたときは、16㎜で映画作れますみたいな売りになってたよね。

古澤　今は映画美学校もビデオに移行してる。僕、今講師やってますけど、講師陣は、ギリギリまでフィルムにこだわって抵抗した。８㎜を経験してると撮影現場で撮ったものがどう仕上がるのかわからないところがある。そのある種の神秘性っていうか（笑）、そこにこそ映画を充実させる何かがあるんじゃないか。だからこそ準備をきちんとしないといけないし、１カット１カット丁寧に撮らないといけない。ビデオだと回しっぱなしになってしまうから、芝居とかをキチッと見なくなって結局何テイクかダダ回しにしたのをあとで編集で選ぶ素材主義になってしまう。それは演出の放棄になる。そういう発想があった。アナクロニズムなのかもしれないですが。

柳下　教育としてはそこにこだわるのはわかる。けど、現実問題として今ビデオで撮ってるわけじゃない。学生が作る自主映画も東宝で撮るものもデジタル撮影。そうなるとそこで培ったモノっていうのはどうなの？　実際デジタルで撮る映画監督になった今、かつてのこだわりについてはどう思います？

古澤　僕はずっと映画っていうのはテクニックの集積だと思ってたんですよ、学生の頃から。でも実際にプロの現場でやってみると、想像していた以上に精神性とか儀式性というようなものが重んじられる。カメラの横に監督がいて直接対面でやりとりをするっていうところの重要性というのがある。この監督は信頼できるなと思わせるものがある。別にポーズじゃなく、自分もやりやすいからカメラの脇にいるんですけど、そうすると例えばスタッフとか俳優部とかとも密にコミュニケーションできて相乗効果として良くなることってというのはあると思います。

柳下　それこそが現場を作る、みたいな……。

古澤　自主映画をやってるときはあんまりそういう発想はなくて、単に映ったものがすべてだしそれこそ自分が設計した画が撮れればそれでいいからと思ってました。

柳下　逆な感じがしちゃうけどね。自主映画作るほうが精神性に走りそうな気がしてしまう。

古澤　でも実際そうしたほうが現場がスムーズに進む。自主映画のほうが監督が監督の立場にいることに安穏としていられる。揉めないワケですよ。自主映画っていうのは大体監督が金集めて自費でやってたりするから。スタッフもキャストも自分で声かけしてて金なくてもやるよっていうのがあったりするから。誰もその人が監督であることに疑いを持ってない。でもプロの現場だと、お前に「監督」という肩書きはついてるけど本当に演出できる監督かどうかは俺らは見極めるぞっていうのがある。

柳下　そういうことが気になるわけね。他の監督はどういう風に演出しているとか、どうやって権威を示しているとか。

古澤　僕は運良くパッと監督になれちゃったんで。あのとき黒沢さんはなんて言ってやってたのかなと思うことがある。黒沢さんとか瀬々さんの助監督に一瞬ついたけど、自分に現場経験がなかった分よく見えなかったんですよ。映画ファンが現場をちょっと体験して、あぁ黒沢さんさすが！　というのがあの当時の僕の見え方。プロの人心掌握術とか演出技術が見えてなかった。ものすごく後悔してますよ。だから今でもついついスタッフに「あの監督はどうやってるの、現場で?」とか聞いてしまう（笑）。監督ってどうやってやるんだろう……っていう。

柳下　そういうこと気にするのが古澤くんらしいね。それで得られた知見はありました?

古澤　ないです（笑）。

柳下　堤幸彦はモニターを見てるということはわかった、と。

古澤　**原田眞人**[※23]監督はものすごい独裁者であることとか。

柳下　そうなんだ。まあたしかに自分がいちばん映画わかってるって思い込んでそう。

古澤　**『突入せよ！ あさま山荘事件』**[※24]では途中で助監督が逃げ出した事件があったんですよ。業界内では面白おかしく語られるけど、当時のスタッフたちは本当に酷い目にあったらしい。

　そういうのを色々積み重ねた結果、なんだかんだ言いながら自分の人間性で勝負するしかないなっていう（笑）、当然の結論になるんですけど。

柳下　黒沢さんだったらそれこそ〝カリスマ〟で従わせそうな感じがある。

古澤　だからマジックなんですよ。黒沢さんのあの声のトーンと佇まいと語るスピード全部トータルでみんななぜか魅了されて、黒沢さんのためならなんとかするってなる（笑）。

柳下　でもそれは今の黒沢さんだからできるのであって**『ドレミファ娘の血は騒ぐ』**[※25]とか作ってた頃の黒沢さんならどうやってたんだろう？　ってことだよね。

古澤　僕がＰＦＦで入選したときは一次審査員の一人が**鈴木卓爾**[※26]監督で、僕のことをすごく推してくれて僕は二次審査に進めた。今でも仲良くさせてもらってます。で、当時卓爾さんに聞いたので印象的だったのが、オムニバスの**『危ない話　夢幻物語』**[※27]で黒沢さんの現場の美術助手で卓爾さんと**矢口史靖**[※28]監督がいたらしいんですよね。そのときに、俳優部とかスタッフから黒沢さんが「何やってるのか、何がやりたいのか全然わからない」って詰め寄られてる現場を見たらしい。それでやっぱりプロの現場って大変なんだなって（笑）、卓爾さんは思ったらしいですよ。

柳下　黒沢さんはそのときはどうだったんだろう。

古澤　黒沢さんは苦労した話とか直接的な話はしませんね。僕らは黒沢ファンとして**『神田川淫乱戦争』**[※29]や『ドレミファ娘の血は騒ぐ』から**『ＣＵＲＥ』**[※30]まで全部好きですって言うと、「いや自分も変わったんだけどね」ってボソッて言うんですよ。その変わったっていうのがファンだったときは単に作風の変化かなって思ってたんですけど、おそらくプロデューサーに対する提案の仕方だったり俳優とかスタッフに対してどう巻き込んでいくかというやり方が変わっていったんじゃないか。

柳下　黒沢さんの場合は**『スウィートホーム』**[※31]でプロデューサーと大喧嘩した件があったわけだから、そこら辺でなんとかしないといけないっていうのはあったんでしょうね。スウィートホーム事件について黒沢さんが語ってくれればいいんだけどね。

古澤　それは絶対ありえないと思いますね。

柳下　そうなんだけどさ。

古澤　**佐々木（浩久）**[※32]監督とか周辺情報を集めれば（笑）。

柳下　あれに関しては**伊丹十三**[※33]も亡くなっちゃったし、語れる人がいないのがなんとも。

古澤　僕が監督になって何年かして、何かのときに黒沢さんにぼそっと言われたことがあります。「古澤、プロデューサーの言いなりになってるんじゃないのか。そういう価値観に染まってるんじゃないか」って言われて（笑）。すごいドキドキした。自分が最近やってることは自分の進化なのか、それとも体制への順応というか迎合なんじゃないか。

だから今日は柳下さんにも「そこ、ちょっと堕落してるんじゃない」とかジャッジしてもらおうかと（笑）。

「あー、やっぱりあの人逮捕されたか。きっと怒らせちゃいけない人を怒らせたんだね」って（古澤）

古澤　僕も謎に思ってるのは、日本で柳下さんくらいしか観ないんじゃないかという地方発のご当地映画。あれは謎っていうか、詐欺師が暗躍してるなって感じが。

柳下　あれはねー、本当に色々知りたいことが多くて、取材したい先が色々あるんだよ。

古澤　この間詐欺容疑か何かで逮捕されたプロデューサーいたじゃないですか。

柳下　**『鉄人28号』**[※34]のプロデューサー？

古澤　じゃなくて、その前にこの女優脱ぐからとか言って……。

柳下　ああ。**ビーワイルドのW氏**[※36]。

古澤　そのプロデューサーのことを自分が知ってるプロデューサーに話すと、驚いた感じもなくて、「あー、やっぱりあの人逮捕されたか。きっと怒らせちゃいけない人を怒らせたんだね」って（笑）。そういう話を笑いながらして飲み屋行ったらたまたま別のプロデューサーがいて握手したりしてるんですけど、その人が帰ったあと、「あの人まだプロデューサーやってるんだ、あの人こそ逮捕されないとまずいよね」とか（笑）。プロデューサーとか監督っていう人は技術スタッフと違って人当たりがいいかどうかだけで勝負してるところがあったり、人たらしが多い。

柳下　焼畑農業みたいなもんで、こっちに話を持ってってそこでお金を引っ張って作って、それがうまくいかなくなると、また別の所に行く。そのくりかえしでお金を引っ張ってこれる畑を新たに探してくるみたいなことだけをやってるんだよね。

古澤　映画によくお金出してる建設会社あるじゃないですか。あそこの社長だか会長が映画好きで大阪のほうの会社らしいんですけど、自分のところで俳優事務所やったりとかしてて……。

柳下　木下工務店でしょ。あそこは一度倒産して買収されたんで、今の経営者は全然建築畑の人じゃないんだよ。だから全然本業とか気にしないで勝手に投資してるの。電通のいい金づるになってる。

古澤　『ルームメイト』のときにプロデューサーがあそこだったらお金出してくれるかも知れないからってヒーヒー言いながら走ってるのを見ててお金集めも大変だなって思いました（笑）。どういう風にして引っ張ってくるのかな、と。やっぱりそういうときには、主演俳優が聞いたことある名前だと、この人チカラあるんだなっていう誇示ができるんでしょうね。

柳下　自分が顔を知ってる人が出るとなれば責任者もお金を出しやすいよね。

古澤　で、詐欺師まがいになってくると、あの人脱ぎますよとか。

柳下　どこそこで公開が決まってますからとか。

古澤　だから出来上がったけど公開が決まらない映画が多い。トラブルになるのは最初の段階で口約束したけどそうならなかったっていうこと。

柳下　そういう話ってこないの？

古澤　僕はオセロを題材にした映画をタイと合作でやりたいって話がきて（笑）、僕は基本的にきた仕事は断らないスタンスですけど、さすがにオセロでは映画にならないと思ったんで断りました。

柳下　オセロってお笑い芸人じゃなくて？

古澤　じゃなくて本当にあの白黒のオセロ（笑）。

柳下　オセロの場合だとバンダイかどこかわからないけど、ゲームを出してるところがちょっとお金を出すとかそういうのがあったのかな。

古澤　わかんない。結局その後何も聞かないんで、どうにもならなかったんじゃないかと思いますけど。『今日、恋をはじめます』のあとになると、ようやく業界内で僕の名前が認知されたのか、怪しげな韓国と合作の話とかきました。けどプロット読んで、僕のやってる映画も大概ズブズブの予定調和の話ですけど、あまりにもあんまりな話で「お腹痛いので」みたいな理由で断りましたけど（笑）。

柳下　タダでも監督やりたいって人もいるからさ、そういう人だったらやるんだろうけどね。でもプロデューサーなんか正直お金儲かってるとは思えないんだよね。やっぱいくらか抜いてるんだろうか。

古澤　すごい抜いてると思います。僕が経験した作品で言うと**『アベックパンチ』**※36では**エンターブレイン**※37っていう出版社が自社で映画を作ろうとなって、とある制作会社に相談して、結局実際に制作したのはその下だったんですよ。孫請け。この真ん中はスポッと抜いてるだけで何もしないんです。それこそエンターブレインが映画作りのノウハウも人脈もないから。エンターブレインが監督やスタッフとか全部集められたらよかったんですけどね。現場は金がなくて、しょうがないからラインプロデューサーが自分の実家とかを撮影場所で提供したり。誰が幸せになってるのかなって思うんです。中抜きしてる会社の人たちは幸せなんでしょうけど。

柳下　そういうことをちょこちょこやって小銭を稼いでる。

古澤　僕は一瞬しか接点なかったですけど、**大橋（孝史**※38**）**っていう悪名高いプロデューサーがいて昔ブロードウェイっていうビデオ会社の……。

柳下　ありましたね。

古澤　松江（哲明）くんとか関わってると思うんですけど、とにかく未払。「未払　大橋」で検索すると多分出てくると思う（笑）。で、自転車操業。スタッフとかに未払いにすれば自分にお金が集まる。いまだにどっかの制作会社の社長かなんかしてて、たしか最近どっかの映画の学校みたいなところでプロデューサーとして講師をしている。

柳下　抜き方を教えてるの？（笑）

古澤　たぶんそうだと。僕とか**白石（晃士）**[※39]監督とかは激怒っていうか、あのヤローまだ生きてるのかって。

柳下　よく言うんだけどプロデューサーは頭を潰さないと死なない。みんな勘違いしてるんだけど、プロデューサーは自分の金で博打うってるわけじゃないんだよね。他人の金使って博打うってるだけだから。

古澤　よくわかんないのは、世の中にはいっぱい金儲けの方法とか、もっと効率よく恨まれず人をだます仕事ってあるはずなのに、なんでこの人たちはものすごくリスキーな映画っていうところに取り憑かれてるのか。それは謎。僕も面白おかしく噂話するときはゲラゲラ笑ってますけど、本人に接するところの人なりに映画が好きなんだな、と……。そこがズルいっていうか不思議だなってところはありますね。

柳下　**一瀬（隆重）**[※40]さんとか**李鳳宇**[※41]さんとか何度も倒産しても甦ってくる人たちね。

古澤　プロデューサーも分類しないといけない。いわゆる町場の独立系プロデューサーと、東宝とか松竹とかテレビ局にいるプロデューサーとは立場もやることも違う。町場のプロデューサーは成り上がってやろうというところがあると思うんですよね。

柳下　一瀬さんみたいにハリウッド映画作りたいという夢があったりする。テレビ局とか東宝なり東映なりの社員でやってるプロデューサーとは当然違ってくるわけだよね。

2ちゃんねる的な神話で全部電通が仕切ってるみたいなのがあるじゃない。現実問題電通の魔の手を感じることってある？（柳下）

柳下　現実問題として仕事するうえでどうなんだろう？『クローバー』でも『今日、恋をはじめます』でもいいんだけど、直接的なプロデューサー以外にプロデューサーと名のつく人が10人とか20人とかいるわけじゃない。作っているうえでの面倒くささっていうのはどのくらいあるの？

古澤　『今日、恋をはじめます』のときにあった尺の問題でいえば、最初に編集したらプロデューサーたちの想定を超えて長くなったんですよ。2時間を切る切らないの攻防で何回も編集があって。エモーションのことを考えるんだったら2時間1分でもしょうがないっていうプロデューサーと、興行的には1時間50分じゃないとまわす回数とか含めてダメだ、エモーションとかどうでもいいんだっていうプロデューサーと対立してたんですよ。その会議で僕も散々振り回されたので投げやりにどっちでもいいですよって言ったら、「監督はどっちでやりたいんだよー！」ってものすごい怒鳴られたことがあった（笑）。それは面倒くさいって思いましたけど。

柳下　武井咲の事務所ってどこだっけ？

古澤　オスカー。

柳下　例えばオスカーから何か言ってくるとかないの？

古澤　ないです。

柳下　俳優事務所とかが映画の中身についてクレームつけてくるって実際のところあるのかな？

古澤　僕が経験してないだけでもしかしたらあるのかもしれない。あったとしてもそれを水際で監督の耳にいれないようにするのがプロデューサーの仕事だから。そういう意味では僕が一緒に仕事したプロデューサーたちは優秀というか、僕に不愉快な話はもってこない。あとから、実はあのとき仕事の兼ね合いでこういうスケジュールになっちゃって申し訳なかったですみたいなことは言われたりしますけど。特に内容に関してはない。

『クローバー』では、淡い感じですけどベッドシーンがあった。僕が直接武井咲と話をして、今回は前回と違って大人のOLの話だしベッドシーンをやりたいって言ったら、本人は脱いでもいいくらいの覚悟で監督が撮りたいイメージに協力してやりたい、と。家に帰ってからカミさんに「俺、武井咲に信頼されてるんだよね」って自慢しました（笑）。そのときは本人はそう言ってるけど事務所とは攻防があったみたい。一番プロデューサーに感謝してるのは、現場にはその日マネージャーが近づけないようにしてくれた。あらかじめコンテとかも全部出して、ここまでやります、下着はここまで見せます、だから監督とスタッフを信じて口出ししないでくれ、現場を止めないでくれってプロデューサーが言ってくれていた。そういう意味では俳優事務所からの横槍はなかったですね。

製作委員会方式に感じるのは、僕が直接10人のプロデューサーに言われて処理をしなきゃいけないっていうんじゃなくて、「俺はいいんだけど誰々さんはこうやって言うんじゃないかな」っていう言い方のほうが……。

柳下 自分がどう思ってるかは言わないで世間の空気を代弁するかのようにプレッシャーをかけてくる。

古澤 責任を負わないっていうか、「個人的には監督のアイデアOK。だけどさー、多分あの人はこう言うんじゃないかな」っていう空気を醸造していく。

柳下 現場に入って撮影が進んじゃってから、ここはやっぱりこうなんじゃないのっていうのは？

古澤 あります、あります。『クローバー』のときは撮影の途中でプロデューサーが撮影ストップして、この場所はイメージと違うからもう一回ロケハンしろって言ってきた。プロデューサーがそう言ってストップしたにもかかわらず俳優部には監督が謝りにいく（笑）。

柳下 そういうのがあるということは、撮影に入る前の段階で脚本とかコンテとかを見てあーだこーだ注文をつける会議が行われてるってこと？

古澤 あります。ロケハン行ったときの写真とかも全部。

柳下 製作委員会に提出して？

古澤 そこまではいかないです。製作委員会っていうのが僕は何をやってるのかよくわからないですけど。

柳下 プロデューサー側からこういうことになりましたって伝えられるってこと？

古澤 製作委員会はお金の話をするところです。クレジットにはプロデューサーの名前が何人もありますけど、クリエイティブな話をするのは制作会社のプロデューサーと『クローバー』でいうと大元のTBSのプロデューサー。ここの2つが僕が主にやり取りをするプロデューサー。TBSのほうに3人プロデューサーがいて制作会社に2人プロデューサーがいて常にその5人くらいプラス僕と脚本家とかで色々やり取りをするんですけど、そこで製作委員会にどうこうってことは言われないですね。

柳下　「衣」がつかない「制作会社」っていうのがいわゆる現場の制作会社。

古澤　「衣」がつくほうの「製作会社」は幹事会社ですね。

柳下　そういう使い分けなんだ。いつもどういうことなんだろうって思ってたんだよ。**ラインプロデューサー**[※42]がいるのが「衣」がつかない制作会社。

古澤　そうです。大昔の**スタジオシステム**[※43]のときはそういう区別がなかった。今は大元の映画会社が外注してたり買い取ってたりっていう形じゃないですか。そうすると一番大元の映画会社が製作で、実際に作ってるのが制作っていうのが便宜上の分け方ですね。

柳下　2ちゃんねる的な神話で全部電通が仕切ってるみたいなのがあるじゃない。例えば剛力ちゃんの映画だとどこまで剛力ちゃんを推してるのかみたいなのって、まぁみんなわかんない。それで「電通がー」みたいな話になるんだけど、現実問題電通の魔の手を感じることってある？

古澤　瀬々さんはありましたよ。**『フライング☆ラビッツ』**[※44]という航空会社の映画あったじゃないですか。あれは本当に電通がお金を集めてる映画だったんでタイアップ企業のものを使わなければいけないとかで撮り直しをしたりっていうのはあったと聞きました。僕の場合は電通がどうのじゃなくて制作部がロケ場所と交渉したりしたときに、ロケ場所もボランティアでやってるわけじゃないからうちの商品やお店が宣伝になればっていうのがあるじゃないですか。例えばこの看板を必ず1カット入れなきゃいけないとか。

柳下　でもそれは昔からあることであって、タイアップっていうか、今は**プロダクトプレイスメント**[※45]とか言うんでしょ？

古澤　現場ではそういう言葉は出ないですけど。

柳下　要はタイアップだからここを使ってよとかっていうのは昔からあることであってさ、でも1カット入れたぐらいで映画そのものが変わるわけではない。圧力っていうかこれは困るとかってことは？

古澤　監督としてあるのは、キャスティングのときに個人的に**川瀬（陽太**[※46]**）**さんをここに持ってきたいと思っても、主演の人の事務所の人を入れてくれというようなのはあります。

柳下　**余貴美子**[※47]問題か。余貴美子って使ったことない？

古澤　ないです。

柳下　余貴美子ってなんであんなに映画出てるんだろうって前から思ってたんだよ。すごい謎でさ。人気なわけでもないし、別に演技がいいわけでもないでしょ？　あれは多分パッケージで、ちょっと年増の女性の役なんかに押し込みやすい感じの人なんだと思うんだよな。剛力ちゃんよりもそっちのほうにゴリ押し感を感じるんだよ。事務所の関係でこの年代でこの役だったらこの人を使ってくれっていうことは言われる？

古澤　どの映画みてもキャスティングって似てるじゃないですか。あれって2ちゃんねる的な「圧力」うんぬんじゃなくて、同調圧力ですね。そうやっとけば誰も文句言わないだろう、と。

柳下　あえて逆らって、どうしてもと川瀬陽太を出したからって、川瀬くんには悪いけど別に何も得られるわけじゃないしね（笑）。

古澤　プロデューサーはプロデューサーで普段の付き合いがある。監督とかスタッフは1本1本で作品として考えるけど、プロデューサーは他の映画や番組の流れで「前回は無理しちゃったんで今回は」というふうにやっている。例えば現像所、イマジカとかもある。年間これだけやるからバーターで現像費安くしてくれみたいな交渉をするのがプロデューサー。そうするとこの作品で僕がこう思っても、プロデューサーの付き合いで監督には悪いけどこの人にお願いすることに決まってるからみたいなことはあったりします。

柳下　前作で断っちゃった人を、事務所から今回はって言われて、じゃーしょうがないから出すかとなる。現場とは無関係に決められてしまうことがあるわけだ。業界的な論理だよね。

古澤　そうですね。だからメジャーな仕事していると、ある程度お膳立てしたところに僕がひょいっと行ってやらざるを得ない。

堤幸彦とか福田雄一というのはプロデューサーの覚えがめでたいんじゃないかと思うよね（柳下）

柳下　じゃあ尖った映画がメジャーで作られないのはどこに原因があるんだろう。監督として好き放題やればいいじゃんとか思うんだけど、あえてやらなかったりするわけでしょ？

古澤　塩田さんはそういうところで大喧嘩してますね。『**抱きしめたい**』[※48]ではプロデューサーと大喧嘩して、関わったスタッフがみんなあれはすごかったって言うくらい。とにかくプロデューサーは感動話にもっていこうとしたらしいんですけど、塩田さんは一貫して「これはコメディにしかならない」ってずっと言い張って、そのことで遺族とも大喧嘩して。

柳下　そうなんだ。素晴らしいなそれは。

古澤　塩田さんすげーなって。

柳下　あの映画は素晴らしかったですね。あれは塩田さん戦ってるなあ、と思いましたよ。お膳立てされたところで「いい話」を撮ってる若手監督よりよっぽど戦ってると思った。

古澤　そこまでの自信が僕にはないっていう。

柳下　でも逆に言えば頑張ればそこまでできるってことでもある。

古澤　できますできます。

柳下　電通の陰謀でできないわけじゃないのね。じゃあ、みんな頑張ろうよって話じゃないの？

古澤　それはそうだと思います。監督たちが奴隷のように唯々諾々としてっていうわけじゃなく。

柳下　監督なり脚本家の場合も妥協しちゃってる部分はあるんじゃないの？

古澤　妥協……僕はありますね（笑）。

柳下　駄目じゃないか（笑）。そこで妥協を突破するのはなんだろう。

古澤　それは信頼関係です。TBSのプロデューサーの平野さんと塩田さんは、一番最初『**害虫**』[※49]という映画からスタートしてるんですよ。世間のわかりやすい評判で言うとテレビ局のプロデューサーっていうのは金儲けのことしか考えてないっていうイメージで語られますけど、テレビ局のプロデューサーたちもできれば面白い映画、自分たちが感動したような面白い映画を世に出してそれで当たるのが一番いいと思ってます。
例えば『GANTZ』[※50]って映画はもともと黒沢さんが撮るっていうプランがあったんですよ。そのときは僕が脚本で指名されたんですよ。でも結局それはポシャって。そのときもプロデューサーたちは黒沢さんの映画は面白い。だからこれをでっかい規模で世に出したい。でも黒沢さんはノー。

柳下 どうしてそこで断っちゃったかなぁ。黒沢さん、色々断ってる伝説がありますからねえ。黒沢清の『GANTZ』は面白かったろうね。
なんでこいつが映画撮れてるんだろう……というときに、堤幸彦とか福田雄一というのはプロデューサーの覚えがめでたいんじゃないかと思うよね。

古澤 それはあるんじゃないですか。僕が知ってるプロデューサーで、彼らの映画が面白いって言ったプロデューサー誰にも会ったことないんで。

柳下 でも古澤くんの会ったことのないどこかのプロデューサーは好きなんだ、連中のことが（笑）。
で、とりあえず話がきたら撮るってわけじゃない？ 映画を撮ってるうえでさ、NGなことってある？ プロデューサーの機嫌を損ねないっていうのはあると思うけど（笑）、それ以外に。これやったらマズイな、周りの雰囲気が変わるなとかいうの。たぶん映画監督になりたい人が一番知りたいのはそこだと思うな。一番大事なのは予算を守ることだよね。堤幸彦が映画撮れてるのはそのせいじゃないか。あの人は今はプロデューサーもやっているけどね。

古澤 その部分に関して言うと、例えば黒沢さんも**三池（崇史）**[※51]さんもそこは自分で誇るじゃないですか。予算を守るって。そこを守らないのは原田眞人監督とかで、だから何年かに1回しか仕事こないのかなと思いますけど。

柳下 三池さんは予算は守るもんね。三池さんの映画、良し悪しはあるんだけど、基本的に観客のことを気にしてないっていうか無視してるよね、あの人（笑）。本当にプロデューサーに求められたことをきっちりやって、はいおしまい！ みたいな。

古澤 最近の三池さんはある種の「裏」堤さんっていうか……。

柳下 正直あんまり面白いと思わなくてさ。ある意味名前で撮っちゃってるみたいなところがある。みんなちゃんと観てるのかな？

古澤　難しいのは大手の会社は今新人を育てようっていう気が全くないこと。東宝のプロデューサーとかに聞いたんですよ。今Vシネとかなくて若手の監督が修行する場がないけど、低予算の映画とかで若手の監督に修行させて自分のとこで育ててっていう発想はないのか？　って。すると、Vシネだと5000万とかそのくらいで昔は撮っていたけど、今5000万レベルは回収ができない。それ以下になってくると、もううちでやれるような仕事じゃなくなってくる。勝手に売れて名前が知られてきた監督だったらうちは声かけるけど、うちはそういうことはできない……とか言われるんですよね。

後輩の助監督たちに言ってるのは、誰にデビューさせてもらうかが大事（笑）。ろくでもないプロデューサーでデビューするとずーっとその人に付きまとわれて……。

柳下　延々と50万円の映画を撮らされることになると。

古澤　そうですよ、僕だってなぜか『**青春H**[※52]』の戦犯の一人にされてるんで。

柳下　戦犯だよ。初期のひとりだからね。

古澤　まさか朝日新聞のレビューで取り上げられるなんて誰も思ってなかったのに。あれで調子づいちゃって。

その後映画界の先輩たちにお前のせいで何人もの若者たちが潰されたからって言われて。当時は僕も仕事がなかったんで。

柳下　『青春H』的なものってさ、言ってみればやりがい詐欺みたいなもんじゃない？　自腹を切ってでも映画を撮りたいって若者がいて、そいつにタダみたいな映画を撮らせて商売するっていう。あれ、プロデューサーはそういうの狙って順繰りに声をかけていくわけなんだろうか？

古澤　最初はそういうのじゃなくて、結果としてそうなったんだと思いますね。

もともと最初は僕の『**オトシモノ**[※53]』っていう映画のときにサード助監督に付いてた子が、いつの間にかプロデューサー志望になって、**アートポート**[※54]ってところにいて、こういう企画があるんですけどって持ってきたんです。裸さえ出れば古澤さんやりたいことなんでもやっていいですからって。ただし予算は50万ですけどって。で、メジャー映画やってる古澤がやってる企画だから若い連中もやれば？　みたいな感じで声かけがあった。

柳下　そういう意味で戦犯でしょ。

古澤　佐々木（浩久）監督とかにすごいディスられて（笑）。

柳下　古澤があんなことやるから、みたいに。

古澤　それは甘んじてうけます。

柳下　実際には50万で撮るからって現場でやることが変わるわけじゃないんだよね。古澤監督はその意味で最底辺から大メジャーまで知ってるわけだけど。『クローバー』の現場はいくら？

古澤　現場は2・5億ぐらいですかね。

柳下　ってことは何倍？

古澤　何倍だかわからないくらい。さすがに50万だとプロデューサーも開き直って申し訳ないと思ってるから、やりやすい。僕がこうやりたいって言ったら基本現場任せっていうかそういう感じになるから、どっちが精神的に楽かって言ったらのそっちのほうが楽ですね。

柳下　そりゃそうでしょう。だって責任持たなくていいんだもん。下手したら武井咲の将来まで責任持たなきゃいけないわけでしょ。ここで俺がヘマしたら彼女のCMが何本消えるかとかそういう。

古澤　ああ、そういうのはないですよ。もしコケても僕が消されるだけですもん（笑）。

柳下　古澤監督一人業界から消えて終わる。

古澤　僕の場合は他の仕事とかあって、『青春H』にすべてをかけてるわけじゃないから気楽にできるんですよ。でも逆にこれからデビューしようと思ってる、自主映画から商業映画に来たいなと思ってる子たちにはすごいシビアな状況でしょうね。自分の色んなものを犠牲にしてやって、かと言ってその後に続くかっていうとそのあとのフォローがないわけだから残酷だなと思う。僕がたまたま知り合ったプロデューサーたちは、僕が最初に助監督で付いて、プロット書けるようになったら**プロットライター**※55で雇ってやるからって月給をくれて、その中で僕は脚本家デビューさせてもらったり監督デビューさせてもらったりっていうのがあった。1本の仕事の中で消費するんじゃなくて将来の中で例えばそれが失敗したとしても、こいつはこういういいところもあるからって次に繋げてくれるっていうのがある。

柳下　でも継続的に面倒見てくれるって言っても、

それが延々と『青春H』作らされることだって可能性はあるわけで……。

古澤　だからそれはさっき言った……。

柳下　どのプロデューサーに付くかって問題。

古澤　ヤバイプロデューサーに付くと永遠に馬車馬のごとく低予算の「本当にあった怖い何とか」みたいなのを撮らされ続けて結局絶望して辞めちゃう。実際そういう友達もいます。

柳下　今の日本映画って、別に才能が枯渇してるわけじゃないいんだよね。ちゃんと低予算で面白い映画撮ってる監督もいる。ただ昔だったら低予算映画を作って、そこで名を挙げてVシネを作って、そのVシネが面白いってなって、じゃぁ本編を撮らしてもらうという、まさに三池崇史みたいな出世ストーリーがあった。そこで佳作を作ってメジャー監督だ！みたいな。黒沢さんもそう。塩田さんや瀬々さんも。そういうストーリーがあったと思うんだけど、それが今だと馬車馬のように低予算映画を作っても、そこと堤幸彦の世界って平行線で永遠に交わらない。だからそういうところで実際にのし上がってきた古澤監督の話を聞けば解決策が見つかるかもと思ってたんだけど、そこは実は運だった、と。

古澤　運ですよね（笑）。白石晃士くんの映画を、一部で若いお客さんたちが自分たちで発見したすげー監督がいるみたいに騒いでる感じがあったりすると、映画の面白さに対するセンスはなくなってるわけじゃないんだなとは思うんですけど。

柳下　白石くんとか**城定（秀夫）**[※56]さんが、いかにすればメジャーの映画を撮れるのか。それが今の映画界の最大の問題な気がするんだよね。

古澤　今日こうして柳下さんと話してるのも思い返すと10年前、僕仕事なくてブログとかばっかしやってて、さるブログのオフ会に行ったんだけど、知り合いが誰もいなくて壁の花になってたんですよ。そしたらそこでたまたま偶然高橋ヨシキっていう人に出会った。その高橋さんがこのパーティーつまんないから抜け出して新宿行こうぜって。パーティー抜け出して新宿に行ったら、柳下さんがいてその場で話したら、「古澤くんｍｉｘｉやってないの？　招待するよ」って言われてそれが柳下さんとの最初のやり取りだったんですよ。

柳下　ｍｉｘｉかよ（笑）。

古澤　僕はもともと学生の頃から黒沢さんのファンでした。それでアテネ・フランセに映画見に行ったら映画美学校のチラシがあって、黒沢さんが主任講師でやると。これしかない！　と思って行って、卒業したらたまたま黒沢さんに**『回路』**[※57]の現場に呼ばれてカチンコ叩くことになった。そして、そのときのプロデューサーがプロットライターで拾ってくれた。若い衆と飲んでて酔っ払って言うのが「棚の下に3年だな。石の上に3年いても何にもならないけど、棚の下にいればたまにポトっとぼた餅が落ちてくる」（笑）。

柳下　この対談を城定さんが読んでいかに絶望するか（笑）。

古澤　そういう話を後輩にしてると、「古澤さんの話は何の役にも立たないです」って（笑）。

柳下　しかも夢も希望もないね。

古澤　すいません。夢を与えたいとは思うんですけど、中途半端に夢を与えても無理。そういう意味で言うと、**山下（敦弘）**[※58]くんとか**熊切（和嘉）**[※59]くんの道を探すべきだと思うんですよ。あの2人が作家でいられるのってやっぱりあの2人の才能を信じるプロデューサーがいるからです。世間的に言うと監督がプロデューサーの敵っていうか金儲けのことだけっていうイメージがあると思うんですけど、プロデューサーこそが映画を作ってるしプロデューサーこそ監督も俳優もスタッフも活かしてると思う。そういう人といかに出会うかなんですよね。

柳下　そういう話を聞くとさ、逆に堤幸彦のプロデューサーに会ってみたくなるね。古澤監督にはぜひ今度一緒に肝心のプロデューサーと仕事していただいて、どんな風に映画を作ってるのか確かめてほしい。

古澤　映画作りっていうか企画を通す段階は知りたいですよ。出来上がった映画見ても、金をこんなに無駄遣いするやり方ってスゲーなって。タイトルは忘れたんですけど、堤監督の映画を見たときに1カットでクレーンを使ってものすごく長い移動をする部分があって、でも途中ビューンって早送りで移動するんですよ。だったら現場でカット割ってやればよかったのになんでこれやってるんだろうって全然意味がわかんなかったですね。無駄遣いにも程があるなぁって。途中ずっとアスファルトが映ってるだけなんですよ。1カットでやる意味がどこにあるんだろうと謎めいて。

柳下　じゃあ次は堤幸彦にインタビューかな。何考えてるんですか？って。

古澤　たぶん会うと会ったでいい人だったなって。

柳下　意外といい人なんだよね、ああいう人って、たいてい。で、映画の芸術性を訴えたりするんだよね。

古澤　僕もたぶんそう。10年後に今日の対談を読み返すと、あぁあいつがそうなるのは……。

柳下　この頃からわかっていた（笑）。

「最初からダメとわかって観に行っているだけじゃねえか」とか言われるけど、でもみんな観てないからね。『しもつかれガール』とか（柳下）

柳下　自分の映画以外では、今年観て気になった映画あります？

古澤　今年はすごいサボってたんですよ。世界的なことで言うと僕はクリストファー・ノーラン。嫌いなんですけど応援してるっていうか。観客として見るとダメだなっていつも思うんですけど、自分が監督になってみると努力すればここまでたどり着けるんだって。

柳下　才能がない人間でも頑張れば……。

古澤　ガンバリズム大事だなって（笑）。

柳下　ノーラン面白いと思っている人が多くて、本当に困るよね。

古澤　こないだ**鶴田（法男）**[※60]監督もfacebookで書いてましたけど、ある程度の年齢以上の人たちはダメだって。

柳下　普通に考えてダメでしょ。それは世代の問題じゃないと思うんだけどな。若い人は面白いと思ってるわけ、あれ？

古澤　**『インターステラー』**[※61]観ました？　**ハンス・ジマー**[※62]が演出の半分以上を担ってるっていうか（笑）。何か大変なことが起きてると音楽が鳴ってるんだけど画面を見てるうえでは何が大変なのかよくわかんないんだけど、大変だ大変だって思わされて……音楽ではなく、まるで副音声で「たいへんだ！　たいへんだ！」って言われているようで（笑）。

柳下　あれがいかにヒドイかって話はいくらでもで

きるんだけど。しかし世代の問題になっちゃうと面倒だね。俺なんかただの老害になってしまう。

古澤　個人的に言うと『**渇き。**』[※63]はみんな叩きにまわって僕もダメだなって思ったんですけど、ちょっとこれには思いがあって。**中島（哲也）**[※64]監督が企画通らないから何社もまわって最終的にGAGAで撮った。そして業界の人間として最悪だなと思ったのが、制作費も宣伝費も含めてすごくかけた割には当たらなかったんですよね。そのことに対してみんな「ほらね」ってリアクションがプロデューサーたちの中にある。観た人の評価とか評論家の意見とかもこれダメだよねってなったときに、これであと数年は**深町秋生**[※65]のやつは撮りづらくなるなって（笑）。出来上がった映画に関しては僕もダメだなって思ったんですよ。ただ思いっていうか、今の日本映画でこういう映画をやるんだっていう中島監督の思いは感じ取ることはできて、おそらく僕の予想だとあと数年はこういう傾向のものが企画として通りにくくなるんじゃないのかなって感じはする。

柳下　それはわかる。わかるけどね。しかし評論家としてそういう部分を汲めと言われてもね。

古澤　それはわかりますよ。

柳下　まぁ俺はこういう人間だけど、世の中にはどんな映画も褒めるみたいな人がいてもいいと思うんだよね。すべてのことを汲んでね。

古澤　辛口の柳下さんとかいるけど、一方であの人すごく褒めてていいよねっていうそういう評論家っていないじゃないですか。

柳下　山根（貞男）さんがそんな立場かもしれないけど、ちょっと違うよね。

古澤　淀長さん（淀川長治）みたいな人いないじゃないですか。

柳下　褒め方が素晴らしいみたいな。

古澤　**宇多丸**[※66]さんとかどうなんですかね。

柳下　今の若い人にとってはあれが「正しい評論家」みたいな感じなんじゃないの？　結構彼も褒めるしね。宇多丸くんは**清水崇**[※67]の『**魔女の宅急便**』[※68]を褒められるなら、それは芸として認める（笑）。

古澤　こうやって柳下さんが『皆殺し映画通信』で取り上げた映画を見ると、来年は憶えてないだろうなって感じで（笑）。

柳下　俺だってもう結構忘れてる映画があるもんね。

12月上旬現在で今45本ありますけどこの中で予想を覆されて面白かったのって『抱きしめたい』と『**拳銃と目玉焼き**』[※69]くらいかな。これは思いがけずにちゃんとして面白かった。『**マザー**』[※70]は予想通りにヒドかったけどヒドイなりに面白かったっていうね。あとは大体ヒドイんだろうなぁと思って観たら予想以上にヒドかったたっていう（笑）。

ただヒドイのは『**キカイダー REBOOT**』[※71]とかあるんだけど、ヒドイんだけどびっくりしたっていうほうがやっぱり『**HO～欲望の爪痕～**』[※72]かな。これは本当に意味不明。かなり極まっていた。

古澤　**ナカショウさん**（**中原翔子**）[※73]が出てますよね？だから観たんですか？

柳下　いや、たまたま。本当に謎だったのよ。チラシとか見てなんじゃこれはと思って観に行った。ナカショウさん（中原翔子）舞台挨拶に来てたけど、この映画については話してないよ。

こういう映画について書くと、「最初からダメとわかって観に行っているだけじゃねえか」とか言われるけど、でもみんな観てないからね。『**しもつかれガール**』[※74]とか（笑）。俺だけだろ世の中で。観てるの。

古澤　なんでこの映画が出来上がるかに関しては謎としか言いようがない。

柳下　うん、誰にもわからない。一方で、『**黒執事**』[※75]とかについて考えると、いつも思うのは、『**アメリカの夜**』[※76]のトリュフォーの台詞だよね。映画をはじめる前にはすごい希望に満ちて、あんなこともやろう、こんなこともやろうと思ってる。でもいざ撮影がはじまると、なんとかして最後までこぎつけることしか考えないんだっていうやつ。みんなどこか途中でそういう心理状態になっちゃうのかな、とも思うんだよ。『黒執事』とか『キカイダー REBOOT』みたいなものに関してう言うと。

古澤　『黒執事』とかもね、僕に仕事くれれば（笑）。

柳下　剛力ちゃんも可愛く撮れる？　剛力ちゃん叩かれてばっかだけど充分美人だと思うんだけどな～

古澤　僕は大好きなんですよ。もっとちゃんとやればいいのに。みんな仕事引き受けるときになんかイヤイヤ仕事やってんのかなっていう感じがすごいして。キカイダーとかも僕はいくらでもやりますよ。僕がもしやったら結果としては全部殴り合いだけかもしれないけど。今日名前出なかったですけど**井口（昇）**[※77]さんの『**電人ザボーガー**』[※78]あったじゃないですか。僕はあれ本当に大好きなんですよ。

柳下　『電人ザボーガー』は良かったよ。だったらなんで井口くんにキカイダーを撮らせないのかって話だよね。

古澤　それは本当謎ですよ。だって『**ライヴ**』[※79]って確か角川ですよね？　角川は井口さんの映画やっているし、百倍井口さんのほうが才能あるし、お金がない中での見せ方っていうかそこに関しても全然上だし。日本映画で金がないのにあるふりをするっていうダメなのがあるじゃないですか。

柳下　金があるふりをして逆に貧乏くさくなってしまうというアレね。

古澤　城定さんも含めて、現場の監督とか評論家とかがあの人すごい面白いよねって言っても、それにプロデューサーたちが反応しないってことは……。

柳下　保守的になってるってことなのかな。

古澤　単に顔見知りじゃないと仕事振らないっていうのがあるんですけど、そこが大きいんですよ。

今日本で一番ブラックな企業って映画だと思います（古澤）

柳下　今年は『皆殺し映画通信』やってるうちにメジャーのダメ問題よりも変な映画にだいぶ興味が移行してきましたね。こんな映画あったんだみたいな映画（笑）。たぶん映画業界人も誰も知らないみたいな映画ね。

古澤　誰も全体図っていうか見取り図がわかってない。

柳下　なんでこんなに次から次へと誰も観ない映画が公開されているんだろうね（笑）。

編集部　映画の制作費っていうのはこの30年くらいで下がっているわけですか？

柳下　実質として考えると下がっている。

古澤　フィルム時代は知らないんですけど、たぶん安くなった分スタッフを買い叩いてる感じがする。

柳下　人件費が安くなってるの？

古澤　フィルムのときよりも色んなことが安くなったけど、その分をスタッフに還元するかっていったらそれはなくて昔のまま。より安くなっちゃったりしてる。例えば、昔はチーフレベルの助監督は仕上げに付いたんですよ。そうすると仕上げに付くことで将来監督になるときに**ポスプロ**[※80]を学ぶ機会があった。けど、今は現場だけで、編集とかダビングに付けない。その分人件費削ったりしている。昔よりも映画1本の制作費が安くなってるんですけど、それが本当に技術的な進歩で安くなってるわけじゃない。『青春H』とかの低予算映画だと、パソコンで編集できるから編集マンを雇わずに監督が編集すればいいじゃんとか。そういうコストカットをしてる部分があるから劣悪になってる感じはします。

柳下　それで自主映画と商業映画の境目がさらになくなって、自主映画に毛の生えたとしか思えないような映画が堂々と劇場公開されるような状況になっちゃってるのかな。

古澤　あるプロデューサーから**ATG**[※81]のせいでダメになったって言われたことがある。「1000万映画」ってあったじゃないですか。あれがボランティアスタッフも映画好きだからやらしてくださいっていうやる気搾取のスタートだった。実際には1000万じゃ絶対に映画はできない。できるわけないのができるってなっちゃったのがすべてアリバイになって、そのことは今でも伝統的に続いてる。

柳下　映画が仕事じゃなくて、芸術的達成を目指すようになってしまった、と。

古澤　その極北にワークショップで金を集めて映画を撮るというのが出てきた。ああ極まれりだな、と今日本で一番ブラックな企業って映画だと思います。

柳下　ブラックだっていう認識がないからね。やられてる側がね。

古澤　こういう風にしたらメジャー監督になれますよとか希望ありますよって言い方をしたくないのはここには絶望しかなくて（笑）。

柳下　そうは言ってもみんな映画好きだからしょうがないんだよ、こればっかりは。

古澤　映画ってなんなのかなってわかんないですね。映画館に観に行くってことも含めて僕らがギリギリ映画ってこういう感じだって漠然と感じてることってもはや崩壊してる感じがしてる。映画って100年で寿命なくなっちゃったのかなって。

柳下　20世紀の芸術だったのかなぁ。今年は映画館もどんどん閉館して、本当に映画が終わってる感じがしましたね。

古澤　僕はその一端に加担してるから大きな声では言えないですけど、映画業界を延命させるために今のメジャー映画があるのかなって感じがする。映画を興行っていう形で延命させるためにやってて、でもそういう意味で言うともう本当に映像表現として面白いものは別に映画として公開されてなくてもビデオスルーだろうがなんだろうが実はあったりもするし、劇場で公開する映画って形にこだわらずにどっか進化していかないと本当に面白いものができなくなっちゃうんじゃないかなって気もします。

※**１ 堤幸彦**　本書『Ａ.Ｆ.Ｏ.～Ａｌｌ ｆｏｒ Ｏｎｅ』脚注（Ｐ９５）参照のこと。

※**２『トワイライト ささらさや』**　本書Ｐ２３７参照のこと。

※**３『Ｌ♥ＤＫ』**　本書Ｐ８１参照のこと。

※**４『今日、恋をはじめます』**　古澤健監督の２０１２年公開の青春恋愛映画。水波風南の同名コミックが原作。主演は武井咲で、この作品により日本アカデミー賞新人俳優賞などを受賞する。

※**５『クローバー』**　古澤健監督の２０１４年公開の青春恋愛映画。稚野鳥子の同名コミックが原作。主演は武井咲。新人ＯＬとドＳ彼氏のラブコメディ映画。

※**６ 平野隆**　ＴＢＳテレビ事業本部コンテンツ事業局映像事業部所属の映画プロデューサー。ＴＢＳでの肩書は映画事業部担当部長。一橋大学卒業後ＴＢＳに入社し、１９９７年より映画製作に携わる。代表作に『陰陽師』（滝田洋二郎監督２００１）、『黄泉がえり』（塩田明彦監督２００３）、『下妻物語』（中島哲也監督２００４）、『どろろ』（塩田明彦監督２００７）、『余命１ヶ月の花嫁』（廣木隆一監督２００９）等。

※7 **塩田明彦**　本書『抱きしめたい　─真実の物語─』脚注（P42）参照のこと。

※8 **『黄泉がえり』**　2003年公開の塩田明彦監督作品。原作は梶尾真治の同名小説。死んだ人が蘇る超常現象の謎を、厚生省の役人である主人公（草彅剛）が探るのだが……。

※9 **『この胸いっぱいの愛を』**　2005年公開の塩田明彦監督作品。同監督の『黄泉がえり』とほぼ同じスタッフで製作された。梶尾真治の同名小説が原作。百貨店勤務の男（伊藤英明）が久々に訪れた門司の街でタイムスリップし、幼いころの自分自身と再会する。

※10 **『ルームメイト』**　2013年公開の古澤健監督のサスペンス映画。原作は今邑彩の推理小説。主演は北川景子と深田恭子。ルームシェアをする美貌の二人の生活があるきっかけで壊れていく。

※11 **黒沢清**　1955年生まれ。映画監督。東京藝術大学大学院映像研究科教授。成人映画『神田川淫乱戦争』（1983）で監督デビュー。『CURE』（1997）で国際的にも注目され、『回路』（2000）、『トウキョウソナタ』（2008）などで「最近はクロサワと言えばこっち」と世界的に認められる存在。その他の代表作に『アカルイミライ』（2003）、『ドッペルゲンガー』（2003）等。

※12 **『ドッペルゲンガー』**　2003年公開の黒沢清監督のサスペンス映画。主演は役所広司。脚本は黒沢清と古澤健。自分の分身のドッペルゲルガーが現れたエリート研究員が、私利私欲のためにそれと行動をともにしていく。

※13 **瀬々敬久**　1960年生まれ。映画監督。ピンク映画で助監督をつとめたあと、『課外授業 暴行』（1989）で商業映画の監督デビュー。同作品からピンク映画の監督として知られることになり、現在ではメジャー作品で活躍中。代表作に『HYSTERIC』（2000）、『感染列島』（2008）、『ヘヴンズ ストーリー』（2010）、『アントキノイノチ』（2011）等。

※14 **『感染列島』**　2009年公開のパニック映画。主演は妻夫木聡。新型インフルエンザを巡るパンデミックを描く。

※15 **福田雄一**　本書『薔薇色のブー子』脚注（P117）参照のこと。

※**16 浜田毅**　1951年生まれ。撮影監督。大蔵映画を皮切りに数多くの撮影に参加。現在はフリーとして活躍中。『利休にたずねよ』（田中光敏監督2013）で日本アカデミー賞優秀撮影賞を受賞。代表作は『生きてるうちが花なのよ死んだらそれまでよ党宣言』（森崎東監督1983）、『血と骨』（崔洋一監督2004）、『おくりびと』（滝田洋二郎監督2008）等。

※**17 クリストファー・ノーラン**　1970年生まれ。イギリス出身の映画監督・プロデューサー。監督二作目である『メメント』（2000）で注目を集め、アルパチーノ主演の『インソムニア』（2002）でメジャーに進出。バットマンシリーズのリブートである『バットマン ビギンズ』（2005）、『ダークナイト』（2008）で、人気監督としての地位を得る。

※**18 35㎜で撮って70㎜で上映**　クリストファー・ノーランはその作品を現在でもフィルムで撮影する。監督作品である『インターステラー』でも35㎜版とIMAX用70㎜の二種類で撮影し、上映も両方で行っている。なお、2014年にはJ・J・エイブラムス監督やクエンティン・タランティーノ監督とともに、工場閉鎖寸前のコダックにフィルム製造を継続させるための購入契約を結んだことでも知られている。

※**19 Final Cut Pro**　アップルのMac OS向けのノンリニアビデオ編集（後述）を目的としたソフトウェア。

※**20 Hi8ビデオカメラ**　1998年に発表されたソニーによる家庭用ビデオの規格をもとにしたビデオカメラ。コンパクトなカセットと比較的長時間撮れるポータブルムービー用のビデオカメラとして幅広く活躍した。

※**21 ノンリニア編集**　1990年代からはフィルムを使った物理的編集からハードディスクやメモリを介したデジタルデータの編集システムが使われはじめ、やがてPCの普及とともに現在のこのシステム、すなわちノンリニア編集が通常となった。

※**22 映画美学校**　1997年にアテネ・フランセ文化センターとユーロスペースの共同プロジェクトとして開始された映画教育専門学校。主な修了生として『呪怨』の清水崇、『サウダーヂ』の富田克也、『ウルトラミラクルラブストーリー』の横浜聡子ら。

※**23 原田眞人**　1949年生まれ。映画監督、映画評論家。『キネマ旬報』や『宝島』などで映画評論で活躍した後に『さらば映画の友よ インディアンサマー』（1979）にて映画監督としてデビュー。『KAMIKAZE TAXI』（1995）は海外でも高い評価を受ける。代表作に『突入せよ！ あさま山荘事件』（2002）、『クライマーズ・ハイ』（2008）、『わが母の記』（2012）等。

※**24『突入せよ！ あさま山荘事件』**　2005年公開の原田眞人監督のあさま山荘事件の実録ドラマ。当時の幕僚長であった佐々淳行の『連合赤軍「あさま山荘」事件』が原作。

※**25『ドレミファ娘の血は騒ぐ』**　1985年公開のディレクターズ・カンパニー製作、黒沢清監督のコメディ映画。もともとは『女子大生 恥ずかしゼミナール』として日活から配給される予定だったが一般映画として公開された。心理学の教授（伊丹十三）と女子大生（洞口依子）の奇妙な学園生活のひとコマを描く。

※**26 鈴木卓爾**　1967年生まれ。映画監督。高校時代から8ミリ映画を撮りはじめ、ぴあフィルムフェスティバルでその作品が審査員特別賞を受賞。その後に脚本や助監督から商業映画の世界へ。代表作に『私は猫ストーカー』（2009）、『ゲゲゲの女房』（2010）、『ポッポー町の人々』（2012）等。

※**27『危ない話　夢幻物語』**　1989年公開の井筒和幸、黒沢清、高橋伴明の3監督によるオムニバス映画。テーマは「危うさ」。黒沢清監督は「奴らは今夜もやってきた」のタイトルの一本を監督した。

※**28 矢口史靖**　1967年生まれ。映画監督。東京造形大学在学中に鈴木卓爾の影響を受け8ミリ作品を撮りだし、作品『雨女』がぴあフィルムフェスティバルでグランプリを獲得。『裸足のピクニック』（1993）で劇場長編映画デビュー。代表作に『ウォーターボーイズ』（2001）、『ハッピーフライト』（2008）、『ロボジー』（2012）等。監督作品のほとんどが脚本も担当する。

※**29『神田川淫乱戦争』**　1983年公開の黒沢清監督のコメディ映画。ディレクターズ・カンパニー製作のピンク映画。黒沢清の監督デビュー作。

※**30『CURE』**　1997年公開の黒沢清監督のサイコスリラー映画。国際的に高い評価を呼び、黒沢清の世界的な名声のきっかけとなった。監督本人による同名の小説もあり。

※31『スウィートホーム』 1989年公開の黒沢清監督のホラー映画。製作総指揮は伊丹十三。黒沢清側と伊丹十三側とでビデオ化の権利を巡って係争となったことがあり、そのため現在でもDVDの発売がされていない。

※32 佐々木浩久 1961年生まれ。映画監督。黒沢清監督の『ドレミファ娘の血は騒ぐ』の監督助手をはじめ黒沢作品に携わりキャリアをスタートさせたのち、Vシネマで活躍。劇場映画では『学校の怪談』（2007）等。テレビドラマ『ケータイ刑事 銭形シリーズ』の監督としても知られる。『スウィートホーム』（1989）では助監督をつとめた。

※33 伊丹十三 1933年生まれ。映画監督。俳優や作家としても知られるマルチタレント。映画監督の伊丹万作を父にもち、妻は女優の宮本信子。商業デザイナーを経て大映に入社。映画の仕事にかかわり俳優として活躍。俳優としての代表作は『家族ゲーム』（森田芳光監督1983）、『細雪』（市川崑監督1983）など。黒沢清監督の『ドレミファ娘の血は騒ぐ』にも出演している。1984年に『お葬式』でメジャー映画の監督デビュー。その後『タンポポ』（1985）、『マルサの女』（1987）など立て続けにヒット作を生み出す。1997年に死去。

※34『鉄人28号』 2009年に押井守による舞台作品として公演された『鉄人28号』のこと。2010年にはこの公演をドキュメンタリーとした『28 ½ 妄想の巨人』が劇場映画として公開されている。この劇場映画のプロデューサー久保淳は、グリコ森永事件の模倣犯として脅迫容疑で2014年に逮捕されている。

※35 ビーワイルドのW氏 日本映画テレビプロデューサー協会の賞を受賞するなど数々のヒット作を生みだしたプロデューサーだが、2014年に架空の映画話や元アイドルの有名女優を脱がせるなどの話で出資を持ちかける詐欺をしたとの容疑で逮捕。

※36『アベックパンチ』 2011年公開の古澤健監督のスポーツ青春映画。原作はエンターブレインの『ビームコミック』連載のタイム涼介の同名作品。アベックで戦う架空の格闘技を巡る高校生の物語。

※37 エンターブレイン KADOKAWAグループの雑誌や書籍のブランドカンパニー。西和彦の株式会社アスキーのエンターテインメントメディアとしてスタートし、その後2009年に角川グループに統合される。『ファミ通』をはじめとするエンタメ系の雑誌や書籍を発行する。

※**38 大橋孝史**　１９７４年生まれ。プロデューサー。日本映画の企画・製作・配給・宣伝を行う株式会社ジョリーロジャー代表取締役。トルネード・フィルム取締役を兼務。ただしトルネード・フィルムは２０１０年に破産。大橋プロデュースの主な作品に『父と暮せば』（黒木和雄監督２００３）、『湾岸ミッドナイト　THE　MOVIE』（室賀厚監督２００９）等。

※**39 白石晃士**　１９７３年生まれ。映画監督。自主映画『風は吹くだろう』（１９９８）がぴあフィルムフェスティバルで準グランプリ。『呪霊　THE　MOVIE　黒呪霊』（２００４）で劇場映画デビュー。その後もホラー映画を撮り続け、テレビやオリジナルビデオもあわせて多数のホラー作品がある。

※**40 一瀬隆重**　１９６１年生まれ。映画プロデューサー。『星くず兄弟の伝説』（手塚眞監督１９８４）に弱冠24歳でプロデューサーデビュー。その後も多数の日本映画の製作にかかわる。ハリウッドリメイクのホラー『THE　JUON／呪怨』（２００４）ではアメリカでも名が知られる存在となる。しかし、２０１２年に自身が代表をつとめる株式会社オズが経営不振により倒産。

※**41 李鳳宇**　本書『イン・ザ・ヒーロー』脚注（P１８３）参照のこと。

※**42 ラインプロデューサー**　映画制作において、予算やスケジュールなどを管理し作業工程を統括するスーパーバイザーのこと。

※**43 スタジオシステム**　映画の大量生産のためにアメリカで戦前に確立した製作方式。さらにはそのビジネスモデルをも含む。映画会社が「スタジオ」として監督や俳優、技術スタッフを雇用して、そこで映画を製作する。

※**44『フライング☆ラビッツ』**　２００８年公開の瀬々敬久監督の青春スポーツ映画。日本航空のキャビンアテンダントが同社のバスケットボール部に入部し、仕事とバスケに活躍する。主演は石原さとみ。

※**45 プロダクトプレイスメント**　映画で、企業の製品を使用している場面をあえて入れることによって、広告を行う手法。テレビやゲームなどでも使われている。

※**46** **川瀬陽太** 1969年生まれ。俳優。自主制作映画を手がけていたが俳優に転身。ピンク映画に数多く出演している。代表作に『光の雨』（高橋伴明監督2001）、『ヘヴンズ ストーリー』（瀬々敬久監督2010）、『サウダーヂ』（富田克也監督2011）等。瀬々敬久監督作品の常連である。古澤健監督作品には『今日、恋をはじめます』に出演。

※**47** **余貴美子** 1956年生まれ。女優。舞台出身で1988年の『噛む女』（神代辰巳監督）で劇場映画にデビュー。『うみ・そら・さんごのいいつたえ』（椎名誠監督1991）で初主演をはたす。代表作に『学校Ⅲ』（山田洋次監督1998）、『おくりびと』（滝田洋二郎監督2008）、『ディア・ドクター』（西川美和監督2009）などがある。テレビも含めて出演作品は多数。

※**48** **『抱きしめたい』** 本書P38参照のこと。

※**49** **『害虫』** 2002年公開の塩田明彦監督作品。主演は宮崎あおい。複雑な私生活から学校をドロップアウトする中学生の思春期の生活が描かれる。ナント三大陸映画祭で主演女優賞と審査員特別賞を受賞。

※**50** **『GANTZ』** 2011年公開の佐藤信介監督のSF映画。原作は奥浩哉の『週刊ヤングジャンプ』連載の大ヒットコミック。不慮の事故死をした二人の若者が謎の球体GANTZに召喚され、戦いに巻き込まれる。『GANTZ PERFECT ANSWER』とともに二部作として公開された。

※**51** **三池崇史** 本書『神様の言うとおり』脚注（P244）参照のこと。

※**52** **『青春H』** アートポート製作による低予算セックス映画シリーズ。製作費はなんと50万円だが、主演女優のヌードさえあれば中身は自由というある意味破格のシリーズ。ただし50万円で映画が作れるはずはなく、通常は監督やスタッフの持ち出しを前提としている。シリーズ第1弾の古澤健監督の『making of love』は評判をとった。総作品数も42本を数えるが、五藤利弘監督『愛こそはすべて～All you need is Love～』（2014）の公開を最後にいったんお休みとのこと。

※**53** **『オトシモノ』** 2006年公開の古澤健監督のホラー映画。主演は沢尻エリカ。定期券を拾った女子高生の妹が謎の失踪をとげ、その他にも次々と人々が行方不明になっていく。疎遠だった同級生がこれをきっかけに近づいてくるなかで、やがてこの謎が解き明かされる。

※**54 アートポート**　映画製作・配給会社。１９９０年に松下プロモーションとして設立。俳優養成講座なども経営するが、２００４年には円谷映像から事業を買収し、円谷エンターテインメントを設立している。代表作に『富江』（及川中監督１９９９）、『龍が如く 劇場版』（三池崇史監督２００７）等。２０１０年からは青春Ｈシリーズも手がける。

※**55 プロットライター**　脚本の前段階となるあらすじをまとめる作家のこと。映画製作者はこのプロット（あらすじ）とともに企画書をまとめる。

※**56 城定秀夫**　１９７５年生まれ。映画監督。武蔵野美術大学在学中から映画制作に携わり、そこから数多くの低予算映画やピンク映画の助監督などを経て『味見したい人妻たち（押入れ）』（２００３）で監督デビュー。その作品は「すべてのハンデを利点に変え、すべてのマイナス札をプラスに変えてしまう城定マジック」（柳下毅一郎）とも評される。低予算Ｖシネやピンク映画の作品は多数。

※**57『回路』**　２００１年公開の黒沢清監督のホラー映画。カンヌ国際映画祭で国際批評家連盟賞を受賞。古澤健は監督助手を担当している。

※**58 山下敦弘**　１９７６年生まれ。映画監督。大学の卒業制作の長編作品『どんてん生活』（１９９９）で、ゆうばり国際ファンタスティック映画祭オフシアター部門グランプリを受賞し、劇場映画監督デビュー。代表作に『リンダ リンダ リンダ』（２００５）、『天然コケッコー』（２００７）、『マイ・バック・ページ』（２０１１）等。

※**59 熊切和嘉**　１９７４生まれ。映画監督。大阪芸術大学芸術学部映像学科の卒業制作『鬼畜大宴会』がぴあフィルムフェスティバルで準グランプリを受賞。その後もコンスタントに作品を発表し続ける。代表作に『ノン子36歳（家事手伝い）』（２００８）、『海炭市叙景』（２０１０）等。

※**60 鶴田法男**　１９６０年生まれ。映画監督。『ほんとにあった怖い話』（１９９１）でプロ監督デビューし、これ以降90年代のオリジナルビデオのホラー作品で注目を集める。テレビシリーズのロングラン『ほんとにあった怖い話』の監督や脚本でも活躍。

※61『インターステラー』 本書『ワンネス〜運命引き寄せの黄金律』脚注（P252）参照のこと。

※62 ハンス・ジマー ドイツ出身の作曲家。映画音楽の作曲で特に知られる。メロディアスな曲調ながら壮大なオーケストレーションと電子音楽を効果的に使ったサウンドが特徴。『グラディエーター』（リドリー・スコット監督2000）、『ラストサムライ』（エドワード・ズウィック監督2003）、『パイレーツ・オブ・カリビアン／呪われた海賊たち』（ゴア・ヴァービンスキー監督2003）など、ありとあらゆるハリウッド映画の音楽を担当している。

※63『渇き。』 本書P137参照のこと。

※64 中島哲也 本書『渇き。』脚注（P140）参照のこと。

※65 深町秋生 1975年生まれ。小説家。『果てしなき渇き』で第3回『このミステリーがすごい！』大賞を受賞。本作は2014年に中島哲也監督により『渇き。』として映画化された。代表作に『ダブル』（2010）、『組織犯罪対策課八神瑛子シリーズ』等。

※66 宇多丸 日本のラッパー。RHYMESTARのMCとして活躍中だが、映画評論でも知られる。TBSラジオ「ライムスター宇多丸のウィークエンド・シャッフル」の映画評論コーナーは『ザ・シネマハスラー』（白夜書房）としてまとめられている。

※67 清水崇 本書『魔女の宅急便』脚注（P62）参照のこと。

※68『魔女の宅急便』 本書P58参照のこと。

※69『拳銃と目玉焼き』 本書P209参照のこと。

※70『マザー』 本書P197参照のこと。

※71『キカイダー REBOOT』 本書P107参照のこと。

※**72『HO～欲望の爪痕～』** 本書P１５参照のこと。

※**73 ナカショウさん（中原翔子）** １９７０年生まれ。女優。明治大学在学中よりモデルとして活動後、女優デビュー。Vシネマ出演多数のほか、高橋洋監督作品などで主演。ニックネームは「地獄のしょこたん」。

※**74『しもつかれガール』** 本書P１５３参照のこと。

※**75『黒執事』** 本書P２６参照のこと。

※**76『アメリカの夜』** フランソワ・トリュフォー監督。１９７３年公開のフランスの長編映画。映画制作を巡るドタバタを描いた映画のための映画。初公開時の邦題は『映画に愛をこめて アメリカの夜』だった。トリュフォー自身が自分をモデルにした映画監督役をつとめた。

※**77 井口（昇）** １９６９年生まれ。映画監督。アダルトビデオの監督から映画監督となり、キッチュで荒唐無稽なアクション映画で活躍中。『片腕マシンガール』（２００７）が国内外のカルトな人気となった。その他の代表作に『ロボゲイシャ』（２００８）、『デッド寿司』（２０１２）等。

※**78『電人ザボーガー』** ２０１１年公開の特撮映画。監督は井口昇。１９７４年にフジテレビで放送されたテレビのロボットアクションもののリブート作品。犯罪組織シグマ団と主人公の秘密刑事とザボーガーとの戦いを描く。二部構成になっており、前半はシグマ団とのこれまでの戦いを中心で、後半はそれから25年経った秘密刑事を引退した年老いた主人公を中心にストーリーが展開される。

※**79『ライヴ』** ２０１４年公開の井口昇監督によるサスペンス映画。原作は山田悠介の同名小説だが、その原作本が劇中で謎を解くための鍵となるという設定となっている。主人公のもとに山田悠介の小説『ライヴ』が届き、さらに彼の携帯に母親が監禁されていることを告げる映像が届く。そして母親を助けたければレースに参加しろとの指令が……。

※**80 ポスプロ** ポストプロダクションの略。映画撮影後の編集や音楽、ナレーションや効果音の挿入から、CGなどのビジュアルエフェクツ、さらにはDVDなどのメディアへのオーサリングにいたるまでの撮影後の一

連の作業を指す。

※**81 ATG** 1961年に設立された映画製作会社日本アート・シアター・ギルドのこと。芸術性の高い映画の配給を専属劇場にて独自の供給をする仕組みで行っていたが、後に映画製作を手がける。スタジオシステムから離れた独立プロとの協業により、オリジナリティのある独創的な作品の製作を目指し、低迷期の70年代映画界に多大な貢献を果たした。しかし低予算でも知られ、一般に一千万円映画という、当時としても破格の低予算での映画製作を試みていた。1992年に解散。代表作に『書を捨てよ町へ出よう』(寺山修司監督1971)、『儀式』(大島渚監督1971)、『戒厳令』(吉田喜重監督1973)、『竜馬暗殺』(黒木和雄監督1974)、『青春の殺人者』(長谷川和彦監督1976)など多数。

大賞2014

不愉快だった映画部門

『薔薇色のブー子』

いちばん酷かった映画部門

『Stand By Me ドラえもん』

いちばん意味不明だった映画部門

『ワンネス〜運命引き寄せの黄金律』

大賞

『薔薇色のブー子』

皆殺し映画

皆殺し監督賞

福田雄一

(『薔薇色のブー子』、『女子ーズ』)

こんな最悪な映画作っただけで飽きたらず
『スパマロット』日本版の演出もするという台無しぶり。

皆殺し男優賞

亀田大毅

(『ヒットマン　明日への銃声』)

ボクシング映画よりもヤクザVシネが似合う男。

皆殺し女優賞

剛力彩芽

(『黒執事』、『L♥DK』)

剛力ちゃんの問題は、つまり似合わない役をやらされている、この一事に尽きる。
基本的に不幸顔なので、キャピキャピした女子高生みたいな役は
どうしようもなく似合わないのだ。
事務所の都合だかマネージャーが頭が悪いのか知らないが、
似合いもしない役を無理矢理演じさせられては叩かれる彼女を見ていると、
猿回しの猿を見ているかのような悲哀を感じずにいられない。

INDEX

皆殺し映画リスト 50音順

柳下毅一郎（やなした・きいちろう）

1963年大阪生まれ。映画評論家・翻訳家。多摩美術大学造形表現学部映像演劇学科非常勤講師。雑誌『宝島』の編集者を経てフリー。ガース柳下の筆名で『ファビュラス・バーカー・ボーイズの映画欠席裁判』（洋泉社／文春文庫）を町山智浩と共著していることでも知られる。著書『興行師たちの映画史 エクスプロイテーション・フィルム全史』（青土社）、『新世紀読書大全 書評1990-2010』（洋泉社）など多数。東京国際フットボール映画祭の審査委員長でも活躍中。

柳下毅一郎の皆殺し映画通信
http://www.targma.jp/yanashita/

有料WEBマガジンとして、2012年12月1日よりスタート。日本映画を中心として、最新映画評が読める！ 柳下毅一郎の出没情報もあり。

本書はＷＥＢマガジン「皆殺し映画通信」をまとめ、加筆修正したものです。

企画編集 清義明（オン・ザ・コーナー）
デザイン 川名潤（prigraphics）
イラスト 三留まゆみ
ＤＴＰ アワーズ

皆殺し映画通信 天下御免

発行日 2015年2月12日 初版

著者 柳下毅一郎

発行人 坪井義哉
発行所 株式会社カンゼン
〒101-0021 東京都千代田区外神田2-7-1 開花ビル4F
TEL 03（5295）7723 FAX 03（5295）7725
http://www.kanzen.jp/ 郵便振替 00150-7-130339

印刷・製本 株式会社シナノ

ISBN 978-4-86255-292-1 Printed in Japan
定価はカバーに表示してあります。
本書に関するご意見、ご感想に関しましては、kanso@kanzen.jpまでEメールにてお寄せ下さい。お待ちしております。

YANASHITA CINEMA MASSACRE

日本映画
76本
タブーなしの
公開処刑!!

こんな映画いったい誰が観に行くんだよ!?

〝観るな危険!!〟の
地雷映画てんこ盛り！
殺し屋稼業もラクじゃない!?

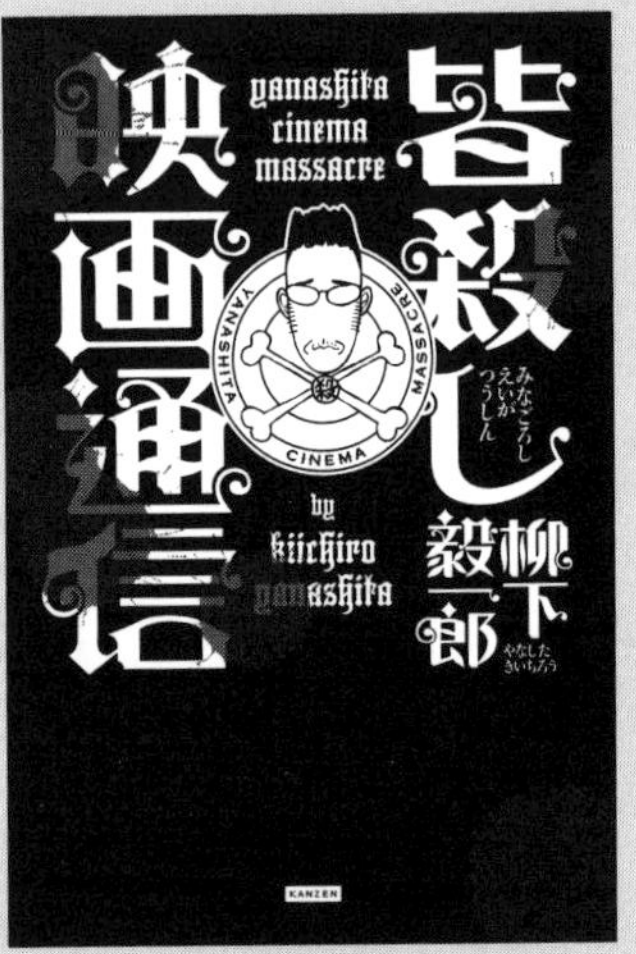

「ダメ映画をついつい見てしまう病」
にかかっている
激辛映画評論家・柳下毅一郎が、
日本映画をメッタ斬り！

皆殺し《みなごろしえいがつうしん》映画通信

柳下毅一郎 著

特別企画

皆殺し映画放談 2013日本映画をメッタ斬り!

柳下毅一郎（映画評論家）×**松江哲明**（ドキュメンタリー監督）

1,680円（税抜）　KANZEN